技術者・研究者のための

特許
検索データベース
活用術

[第2版]

元 技術者・研究者、サーチャー(特許検索競技大会 準優勝)

弁理士 小島 浩嗣【著】

── 特許調査、検索、分析の実際 ──

秀和システム

　技術者・研究者の方々には、特許検索データベースを日常的に使いこなして、一大発明を成し遂げてほしい！！　そんな気持ちで、私はこの本を書きました。

　私自身も技術者・研究者でした。私が現役だった頃には、「年に特許○件のノルマ」、「他社特許を侵害しないように監視しろ」、「技術動向を把握しろ」、「他社の方向性を見極めろ」等々、様々なプレッシャーがありました。その一方、デバッグなど設計開発日程に追われ、歩留まり向上やコスト低減、出荷した製品の不良解析等々に追われていました。その結果、「特許が重要なのはわかっているけれど、忙しくてとても手が回らない」という状況でした。

　その後、私はサーチャーに転身することになりました。サーチャーというのは特許調査の専門家です。知財担当者や発明者から注文を受けて、日々、出願前の公知例調査、他社特許の無効化調査、出願動向調査などを行っていました。サーチャーをしながら、「特許調査の過程で得られる知見は、技術者・研究者にこそ知得してもらいたい」と思いました。特許調査の過程では、その分野にどんな課題があってどのように解決されてきたかなど技術潮流が見えてきます。現役の技術者・研究者なら、論文や製品情報、業界動向など、特許以外の情報と相まって、担当する技術の進むべき方向が見え、発明ネタも拾えるでしょう。現実の技術潮流から見えてくる発明は、単なる思い付きよりもずっと価値の高い特許に直結するはずです。

　このように技術潮流を知ることは、価値の高い特許を生み出すための培地とも言えるものです。技術者・研究者の方々には、特許検索データベースを日常的に使いこなして、そんな技術潮流を感じ取って、一大発明を成し遂げていただきたいのです。

　ところが、昨今は特許検索データベースがとても使いやすくなった反面、特許情報が技術者・研究者からはむしろ遠い存在になってきていると感じています。

　私が就職した1980年代は、パソコンはおろかワープロですら課に1台の時代で、特許公報（正確には出願特許公報の抄録なのですが、当時はそんなことは理解していませんでした）の冊子が研究者に回覧されていました。自分の机の公報を数日以内に見て気になる特許に印をつけておくと、後日そのページを送ってもらえました。何冊も溜めてしまってよく叱られました。当時はこんな原始的な方

法でしか特許情報にはアクセスできませんでしたが、逆に、日常的に特許情報に接していたことになります。そのお陰で、他社がどんな課題に対してどんな研究をしているかなどをしっかり把握していました。そうはいっても、残念ながら一大発明はできませんでしたが……。

　その後、特許検索データベースが普及してきて、いつでも好きな時に好きなように特許検索ができるようになりました。それに伴って、公報の回覧はなくなりました。しかし、「いつでも好きな時に」が曲者でした。「いつか呑みに行こう」が実現しないのと同じように、「いつでも好きな時」はほとんど来なくなりました。多くの技術者・研究者にとっては、公報を読む機会がなくなっただけでは済まず、特許情報に接する機会がずっと少なくなってしまいました。

　管理職の方々は、「高価な特許検索データベースを与えているのだからどんどん使え」と、思っていらっしゃるでしょう。ところが、与えられている技術者・研究者側は、「特許が重要なのはわかっているけれど、忙しくてとても手が回らない」という状況で、特許検索に割ける時間はほとんどないのです。しかも、せっかく時間を作って特許検索してみても、なかなか思うような検索ができません。ヒット件数が0件だったり、ピント外れの特許しかヒットしなかったり、何千件もヒットしてとても評価し切れなかったり、右往左往してしまうのです。「時間をムダにしてしまった」、「特許検索は難しい」などという虚しい感想だけが残ります。

　特許検索は本当に難しいのでしょうか？　私はサーチャーをやってきて、ちょっとした勘所さえつかめれば、目的の特許、それらしい特許を短時間で見つけることは、比較的簡単だということがわかってきました。さらに、特許検索の思考過程は、プログラムデバッグや不良解析の思考過程とよく似ていることもわかってきました。ですから、技術者・研究者にとって、特許検索は簡単に習得できるばかりでなく、得意分野にすらできるはずです。

　技術者・研究者の皆さんには、特許検索データベースを使いこなして、日常的に特許情報に接することで技術潮流を把握して、一大発明を成し遂げていただければ幸いです。

2017年2月＆2022年8月　　　　　　　　　　　　弁理士　小島 浩嗣

技術者・研究者のための
特許検索データベース活用術
［第2版］
―特許調査、検索、分析の実際―

目次

第1章 特許情報を活用して一大発明を創生しよう！

第2章 基礎知識 J-Plat Patの使い方と特許制度・特許分類

第3章 短時間で「それらしい特許」を見つけるために！

第4章 特許文献情報を統計として活用するために！

第5章 検索事例Ⅰ 短時間で「それらしい特許」を見つける検索

第 **1** 章

特許情報を活用して 一大発明を創生しよう!

どうやったら、発明できるか?——これは、技術者・研究者の方には愚問でしょう。それでも、特許情報をうまく活用すれば、より効率的に、より質の高い発明を創生できるはずです。この章ではまず、特許情報をどのような場面でどのように活用するとよいかを、見ていきましょう。

1-1 「一大発明」を創り出すには

> 「大発明」とは何でしょう？　革新的であれば、それでよいのでしょうか？
> 「大発明」＝「よい特許」でしょうか？　まずは目指すものをはっきりさせましょう。

● 「よい特許」はタイムリーな発明

　ノーベル賞を目指すなら、革新的な大発明がよいでしょう。しかし、よい特許を目指すとなると、事情は少し変わってきます。

　特許は一般に出願から最長20年で権利が消滅してしまいますから、タイムリーであることが重要です。発明品がよく売れる時期と特許権を持っている時期とが一致していることが、よい特許の条件であると言えます。

　一方、特許は先に出願した人に独占的に権利が与えられます（これを**先願主義**と言います）。ですから、ライバルより少しだけ先行していることが重要です。先行し過ぎていたり、方向性が違っていたりしたら、斬新な発明は生まれても、残念ながらよい特許は生まれません。

　では、ライバルよりも少しだけ先に行くにはどうしたらよいでしょうか？　それは、自分なりに技術潮流のイメージを持っていることではないでしょうか？

● 技術潮流をつかもう

　あなたがある製品の開発・設計を担当されているとしましょう。

　その製品が搭載される装置のメーカーさんが、どんな技術開発をされているかを知っておくことは、顧客ニーズを捉えるという意味でとても重要です。

　あなたの開発する製品を構成する部品のメーカーさんが、どんな技術開発をされているかを知っておくことも重要です。開発された技術によって進化した部品が、あなたの製品の性能や機能に、どんなブレイクスルーをもたらしてくれるかを精度よく予想することができるからです。つまり、そのブレイクスルーをより効果的に利用するために、他にどんな技術開発をしておくべきかを予想して先手を打っておくことができます。あなたの製品を作るための製造技術・製造装置についても、同じようなことが言えるでしょう。

技術潮流をつかもう（1-1）

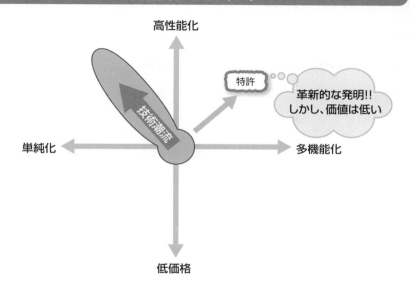

●「一大発明」を創り出すには

　このように、ご自分の担当する技術だけではなく、周辺の技術潮流をイメージしながら、日常の研究・開発・設計を進めていると、何かのきっかけでパッとひらめくように、一大発明が生まれるのではないでしょうか？

　残念ながら、私自身は、一大発明をした経験がありませんから、空想するしかありません。しかし、偉大な発明者であっても、単なる幸運で一大発明が成し遂げられたのではなく、日頃の努力と失敗の積み重ねが必ずあったのではないでしょうか。幸運をつかみ取る素地は、日頃から培っておられたはずです。

　日頃から技術潮流をイメージしておくことは、幸運が舞い降りたときにその幸運を確実につかみ取るために培っておくべき素地として、とても重要だと思います。技術開発の方向が間違っていないこと、顧客ニーズに合致していること、要素部品や製造技術・製造装置で開発された技術をタイムリーかつ効果的に利用できること、などの条件がすべて満足されるからです。

1-2 特許検索データベースは宝の山！

特許検索データベースは、利用価値と利用しやすさという点で、数あるデータベースの中でも突出して優れています。どういう点で優れているのかを、まず知っていただきたいと思います。

● 特許検索データベースは利用価値が高い！

特許文献のデータベースは、利用価値が極めて高い上、とても利用しやすく設計されています。図1-2に、特許文献のデータベースにどのように文献が集められ（これを蓄積と呼んでいます）、どのように活用されるかを模式的に示します。

特許文献データベースの運用と活用（日本の例）（1-2）

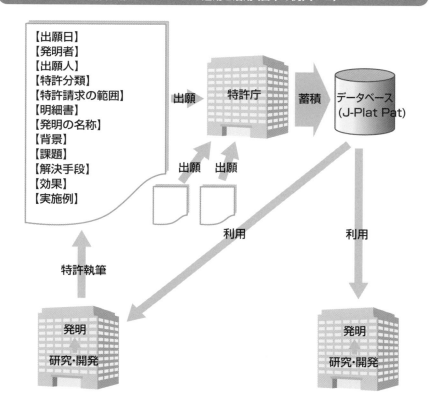

　研究・開発を通じて発明が生まれると、特許を書いて特許庁へ**出願**します。特許庁では出願された特許をすべてデータベースに蓄積します。特許庁は、公開してよい時期（日本では原則として出願日から1年6か月後）が来ると、**公開公報**を発行します。これを**出願公開**と呼びます。その後（その前でもよいのですが）**審査**を経て特許として**登録**されると、特許庁は**特許公報**を発行します。データベース上では、発行された公開公報や特許公報などの公報が閲覧できるようになります。技術者・研究者はこれを見て活用することができるわけです。図1-2は日本の例ですが、どの国/地域でも大きくは変わりません（図1-3）。

特許文献データベースの運用と活用（各国/地域も同様）（1-3）

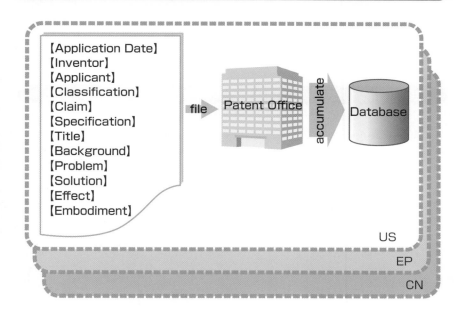

● 最新の発明だから、そもそも利用価値が高い！

　世界中で鎬を削って行われている技術開発の最先端のアイデアが、先を競って**特許文献**という形に記述されて、集められているわけですから、後に続く技術者・研究者にとって、そもそも利用価値が高いはずなのです。利用価値が高いからこそ、発明者に**特許権**という独占排他的な権利が与えられるのです。もちろん、自分にとっ

ては利用価値がないとか、アイデアそのものの優劣によって利用価値が高くないものも含まれますが、全体としては利用価値が極めて高いと言えます。

● 長期間にわたって世界中の発明を網羅しているから利用価値が高い！

　特許文献のデータベースには、このように利用価値の高い技術情報が、ほとんどすべての技術分野が網羅され、かつ、長年にわたって膨大に蓄積されています。たとえば、**特許情報プラットフォーム（J-Plat Pat）**[※1]には、日本の特許・実用新案に関する公報だけでも累計2000万件、米国、欧州、中国国際特許出願（WO）まで含めれば、累計6000万件を超える文献が蓄積されています（図1-4）[※2]。

● 1986年の文献から検索対象

　古い方は1986年から検索可能な状態で蓄積されています。

　特許制度の歴史をひも解けば、1642年イギリスの専売条例、日本では1885年

特許情報プラットフォーム（J-Plat Pat）に蓄積されている公報の累計数（1-4）

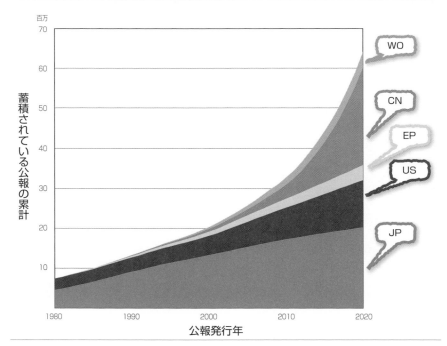

※1　URL：https://www.j-platpat.inpit.go.jp/web/all/top/BTmTopPage
※2　2022年5月現在、J-PlatPatでFIまたはIPCについて何らかの分類コードでヒットする文献数

（明治18年）の**専売特許条例**まで遡ることができます。ですから、その当時の特許文献までもデータベースに蓄積することが可能なのです。現にJ-Plat Patには明治18年当時の文献から蓄積されています。ただし、J-Plat Patでは番号照会ができるだけで、キーワード検索などはできません。

　最新の文献がどんどん追加されて、その累計数は年々増えていきます。特に最近は、中国出願が急増しています。J-Plat Patに蓄積されている海外の文献は、その国/地域で発行された文献の一部にしか過ぎません。有償の特許検索データベースには、もっと多くの海外の文献やもっと古い日本の文献までを、蓄積しているものもあるでしょう。

　このように特許文献のデータベースには、長年にわたって、かつほとんどすべての技術分野の、膨大な技術情報が蓄積されているのです（図1-5）。

統計情報としての価値も高い（1-5）

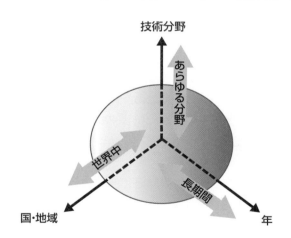

● 統計情報としての価値も高い

　したがって、特許文献のデータベースには、「どのような技術が、いつ、どのような規模で研究・開発されてきたか」という**統計情報**が反映されていることになります。しかもその統計情報には、ほとんどすべての技術分野が網羅されています。もしも、世界中の技術者・研究者に対して「今、どんな技術分野でどんな課題について、

15

どんな研究・開発をしているのですか？」というアンケートを100年以上取り続ければ、そして世界中のすべての技術者・研究者が正直に答えてくれれば、同様な統計情報が得られるでしょう。しかし、そんなアンケートには莫大な費用が掛かりますし、いくら費用をかけても正直な回答が得られるとは限らず、まったく現実的ではありません。しかし特許情報からであれば、それに匹敵する素晴らしい統計情報が得られるのです。

このように、特許文献のデータベースは、個々の特許文献に記載されているアイデアそのものの利用価値だけではなく、全体として見たときの統計情報としての利用価値も、極めて高いのです。

● 特許検索データベースは利用しやすい！

特許文献のデータベースは、このように膨大な文献数を誇る上に、とても利用しやすく設計されていると言えます。

その理由はまず、形式的に同じ項目が揃っていることです。特許出願に含まれる情報には、出願日、発明者、出願人などの書誌的事項の他、内容面は、**特許請求の範囲、明細書及び図面**で構成され、明細書には、**発明の名称、背景、課題、解決手段、効果、実施例**などが含まれます。このような形式面での共通性は、全世界レベルに及んでいます。項目名がそれぞれの国/地域の言語に代わるだけで、内容はほとんど同じです（図1-2、図1-3参照）。もちろん、明細書の構成（章立て）など、細かい点では違いがありますが、これほど世界各国で共通化されているデータベースはないと思います。

これら項目を検索の対象項目として指定することによって、高い精度で多様な検索をすることができます。たとえば、「『特許請求の範囲』にキーワード"A"が使われ、かつ、『実施例』にキーワード"B"が使われ、かつ、『出願人』が"X社"である特許」などという検索ができるのですから、インターネットの検索サイトで「A　B　X社」などと入力して検索するよりも、ずっと精度が高いのです。

● 特許分類コードが付与されているから、利用しやすい！

特許文献にはそれぞれ**特許分類コード**が付与されているために、さらに、利用しやすくなっていると言えます。文献数が膨大であるにも関わらず、技術的な専門家が内容を読んで評価した上で、技術分類されているのです。この特許分類コードを

利用すれば、さらに精度の高い検索が可能です。

● 利用価値が高い、かつ、利用しやすい

　このように、特許文献のデータベースは、長い期間、広い技術分野及び国際的にも広範囲であって、文献の蓄積量が膨大であり、精度の高い検索が可能なように極めてよく整備されていますから、利用価値が極めて高いし、かつ、とても利用しやすく設計されていると言えます。

　今、流行のビッグデータは、その量では特許文献をはるかに凌ぎ、その利用価値が高いことはまちがいありません。しかし、利用しやすさでは特許文献データベースよりも著しく劣ります。ビッグデータは、もともと関係の無かったデータを無作為に集めたものですから、精度よく検索することは期待できません。むしろ、利用する人の恣意的な思惑を排除して、意外な発見を期待するという特長があります。逆に言えば、恣意的な思惑を排除するために、検索のしやすさを無視して無作為に集めることが重要なのだと思います。

● 特許検索データベースを活用しよう！

　特許情報も、ある意味では無作為に集められています。世界中の技術者・研究者が誰に強制されることもなく（上司には強制されるかもしれませんが）、自発的に書いて提出したものですから。したがって、それを利用する人にとっては、利用価値の高い情報から利用価値のない情報までが混在する、玉石混交の情報だということになります。特許情報はただ集めただけでは**宝の山**とは言えず、適切にふるいにかけて**石**を取り除き、自分にとって利用価値の高い**玉**を集めてこそ**宝の山**になります。その作業が特許検索なのです。

　自分の担当する技術だけではなく、周辺の技術潮流をイメージしながら、日常の研究・開発・設計を進めていると、何かのきっかけでパッとひらめくように、一大発明が生まれるのではないか、というお話をしました。そして、特許文献のデータベースは、極めて高い利用価値を持っていますので、特許検索という作業によって、たくさんの**石**に交じっている、自分にとって利用価値の高い**玉**を集めて**宝**にすることができるというお話をしました。では、どんな活用場面があるでしょうか？

1-3 特許情報を日常の業務に取り込もう！

特許情報を活用するには、まず、日常的に特許情報に接するようにしましょう。そのためには、特許検索データベースを使いこなせるようになるのが早道です。

● アイデアを思いついたら軽く特許検索

技術潮流をイメージして研究・開発・設計に従事していると、ちょっとしたアイデアを思いつくことはよくあると思います。それに特許のノルマも……。そこで、思いついたアイデアをそのまま特許に書こうと、いろいろと細かな検討にのめり込んでいきます。大発明と信じて……。ところが、実際には何年も前に誰か別の人が出願していたということがよくあります。そんなムダな時間は、忙しい日常からは排除したいではありませんか。

ですから、日常の業務から、何らかのきっかけで発明をパッとひらめいたら、同じ発明がすでに特許出願されていないかを、すぐに調べてみるべきです（図1-6）。

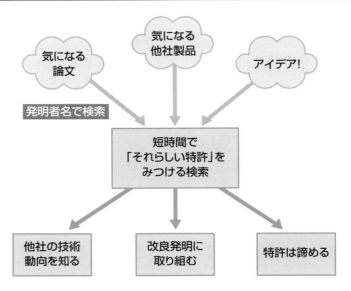

アイデアを思いついたら軽く特許検索（1-6）

発明者名で検索

気になる論文
気になる他社製品
アイデア！

短時間で「それらしい特許」をみつける検索

他社の技術動向を知る
改良発明に取り組む
特許は諦める

● 思いついたアイデアがすでに特許出願されていてもがっかりしない

　同じ発明がすでに特許出願されていることがわかったとしても、あまりがっかりする必要はありません。同じ業界の少なくとも１人とおそらくその上司などの数人は、その発明の良さをわかってくれていて、「特許出願しよう」という結論に至ったことがわかるからです。要するに時期が遅かっただけで、発明そのものの筋は良かったのです。

● さっさとあきらめて頭を切り替えるのも賢い選択

　ここで簡単にあきらめてしまうのも、一つの賢い選択肢です。同じ発明が何年も前に特許として出願されていたのであれば、そのアイデアを出発点にしていろいろ改良発明をしても、その改良発明もすでに特許出願されている可能性があるからです。もし改良発明についての特許出願がまったくなければ、そのアイデア自体の将来性も低かったと考えるべきでしょう。あきらめることによって、他の重要課題に取り組むことができるのですから、それも賢い選択の一つだと思います。

● あきらめずに改良発明に取り組むのも選択肢

　逆にあきらめないという選択肢もあります。同じ発明だと思っても、詳しく検討してみると、必ず何らかの違いが見つかります。さらに、その同じ発明が生まれた時期と現時点では、何年かの開きがあるのですから、周辺技術の進歩もあるでしょう。また、解決すべき課題の優先順位が変化してきているかもしれません。したがって、ささいな違いであっても、とても重要な技術的意義が生まれていることがあります。このように、新たな技術的意義が見つかれば、改良発明の方向もそれに合わせて変えていかなければなりません。こんなところに、一大発明のヒントが隠れているのではないでしょうか？

● 他社から出願されている特許が見つかるかもしれない

　また、ちょっとしたアイデアについての特許検索をやってみたら、自社の製品に採用しようとしていた別の技術が、他社からすでに特許出願されていたことに気付くこともあります。

　気付きさえすれば、いろいろな対処方法があるでしょう。知財部門に相談するとか、特許調査専門のサーチャーに依頼してもっとしっかりと調査するとか、製品に

採用する設計を変更するとか……。

　このように、技術者・研究者の方々には、ママチャリで近所のコンビニに買い物に行くような気軽さで、特許検索を日常に取り込んでもらいたいのです。

● 先人の特許から学び、先人の特許を超えよう

　特許検索をして特許公報を読んでいると、いろいろなことがわかってきます。

　先人の特許（通常は出願段階の「公開公報」に過ぎず、まだ特許されてはいないのですが、細かいことは気にせず、この本では「特許」と呼ばせていただきます）には感心させられるばかりでしょうか？　そうでもないはずです。「な〜んだ。こんなことでも特許になるのか」とか、「私ならそんなことはしないのに」とか、「この特許にはまだこんな欠陥（課題）があるんじゃないか」とか。自分で発明をするよりも、他人の発明のアラを探す方がずっと簡単です。

　発明＝課題＋解決手段です。先人の特許を読んで、同じ課題に対して別の解決手段を思いついたら、それはすでに一つの発明です。また、新たな課題を見つけ出し、その解決手段を思いついたら、それも立派な発明です。特許になるかどうかは別問題ですが、まず発明がなければ、特許にはたどり着きません。「私ならそんなことはしないのに」は、別のもっとよい解決手段であり、「この特許にはまだこんな欠陥（課題）があるんじゃないか」は、新たな課題の発見なのです。

　特許検索を日常に取り込んだら、先人の特許から学び、先人の特許を超えましょう。

● ライバルの向かう方向を知ろう

　このようなシチュエーション以外にも、特許情報を活用すべき場面が多々あります。

　たとえば、同業他社が学会発表した技術があれば、必ず発表前に特許出願がされているはずです。特許文献は学術論文とは少し違った観点で書かれていますから、論文から得られる学術的な知見とは違って、特許文献からは、工業製品としての特徴や製造方法について、工業的な知見が得られることが期待できます。

　また、ライバル会社が新製品を発表したときには、その製品に採用されている技術の特許が、どういう状態にあるのかを知っておく必要があります。自社で発売中あるいは開発中の製品と同じ方向を向いている場合が多いでしょう。相手から特許

権侵害で訴えられないように準備する必要があるかもしれません。逆に、自社の特許を活用することができるかもしれません。これは、ライバル会社に限った話ではありません。あなたの製品を買って使ってくれる顧客やそのライバル会社の新製品についても同様です。また、あなたの製品に搭載される部品や使われている部材、あなたの製品を製造するための製造装置などについても同様です。

　特許検索を日常に取り込んだら、自然に、ライバルの技術動向や出願動向が気になるでしょう。ライバルの製品や学会発表でちょっと気になる技術があったら、やはり気軽に特許検索をしてみましょう。（図1-7）

　ライバルの向かう方向が、自社と同じ方向で、自社の方が先行しているなら、ライバルから**実施料（ロイヤリティ）**をもらうことができたり、ライバルの参入を抑えて市場を独占したりすることができるかもしれません。一方、ライバルの方が先行していたら、ライバルの特許網に引っかからないように、事前に手を打つことができるでしょう。

　日常的に自社・他社の特許公報を目にするうちに、自然に、技術動向や他社動向のイメージが形作られていきます。網羅的な特許調査が必要になったら、専門家であるサーチャーに任せればよいのです。まずは、技術者・研究者が漠然としたイメージを持つことが重要なのです。

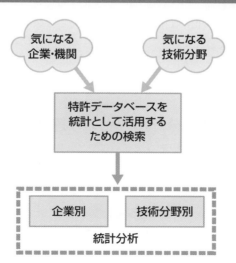

特許データベースを統計として活用（1-7）

● 上流と下流の技術動向も知ろう

　特許検索を日常に取り込むことができたら、少し守備範囲を広げてみるのも面白いと思います。

　自分が担当している製品が何かの部品なら、その部品が搭載される製品の技術動向を知ることはとても重要でしょう。いわゆる下流の技術動向です。顧客がどんな出願をしているかを調べれば、自分が担当している製品 (部品) に対して、将来要求されるスペックや機能をイメージすることができます。現実の顧客、これから自社製品を売り込もうと考えている顧客、業界をリードしている顧客、それぞれの動向を見比べてみるのも面白い試みです。

● 周辺技術のブレイクスルーを知る

　自分が担当している製品に使っている部品や原料、自分が担当している製品のための製造装置の技術動向を知ることも、1-1節でお話ししたようにやはり重要でしょう。自社製品のロードマップの実現可能性を高めるには、部品や原料、製造装置のブレイクスルーをタイムリーに活用していく必要があります。

　部品や原料のスペックを数%向上できるというようなことをうたっている特許が主流なら、そのスペックにあまり大きなブレイクスルーを期待せずに、自社製品のロードマップを考えます。一方、「1ケタ向上できる」などの飛躍的な効果をうたっている特許が見つかれば、その部品・原料の業界ではブレイクスルーが起きていることが期待できます。「1桁向上」を前提とすると、自社製品の機能や性能の考え方もずいぶん変わってくるはずです。一部の部品・原料のスペックが「1桁向上」すると、ほとんどの場合、それを使った製品全体では、ボトルネックの箇所が変わるからです。

● 精度の高い技術動向分析は、少しだけ遅れる

　特許はとてもよく整理されたデータベースです。うまく活用すれば高い価値を生み出すことができます。読者のほとんどは「そんなことは言われなくてもわかっている」と思っておられるでしょう。そして、特許を含むありとあらゆる情報から技術動向を分析する専門のコンサルティング会社などもあります。

　そのような会社による分析結果は、数万円、数十万円といった価格で購入することができます。それはそれで価値の高い、精度の高い分析です。しかし、そのような

分析結果に触発されて発明して特許出願しても、だいたいは少しだけ遅すぎます。その分析結果は、販売された時点で、お金さえ払えば誰にでも手に入れられる情報なのですから。

● 価値の高い特許は情報がまとまる前の混沌から生まれる

　ある分析結果から発明を思いつくかどうかで、一流の技術者・研究者か二流の技術者・研究者かに分かれます。本当は、発明などしなくても一流、超一流の技術者・研究者の方々はたくさんおられますが、ここでは便宜上、こんなふうに分けさせてください。

　では一流の技術者・研究者が思いつく発明はすべて価値の高い特許になるでしょうか？　そんなに甘くはありません。１つの分析結果から一流の技術者・研究者が思いつく発明は、皆、似たり寄ったりで、早い者勝ちになります。そして、少しずつ違いますから、限られたパイを分け合うことになります。

　こんなふうに、１つの分析結果が綺麗にまとめ上げられた時点では、もうすでに、早い者勝ちの状態になっていて、先進的な発明は生まれないと考えるべきです。先進的な発明を生み出すためには、情報がまとまる前の混沌とした状態から何かを感じ取って形作ることの方が重要だと思います。

● オリジナルデータベースを作ろう

　ここまででご紹介したように、いろいろなシーンで特許情報を活用することができたら、一大発明にグッと近づきそうです。

　技術潮流や他社の動向については、ただ漠然としたイメージを持つだけではなく、一歩進んで自分のオリジナルデータベースを作るのがお勧めです。図1-8は、私が提案するオリジナルデータベースの活用方法です。詳しくは、後の章で何度か引用しながら説明していきますので、この章ではイメージだけをご理解ください。

気になる
企業・機関

気になる
技術分野

気になる
論文

気になる
他社製品

アイデア！

特許データベースを
統計として活用する
ための検索

発明者名で検索

短時間で
「それらしい特許」を
みつける検索

csvダウンロード

出願番号	公報番号	発明の名称	出願人	出願日	特許分類	ファミリー	独自分類	コメント

・B社はどんな分野に
　シフトしたのか？
・C社の海外戦略は？

分析
見える化

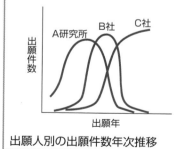

出願人別の出願件数年次推移

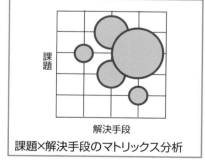

課題×解決手段のマトリックス分析

24

● 日常の特許検索で見つけた特許をどんどん蓄積

　自分のアイデアやライバルなど他社の技術について、日常的に特許検索をした過程で見つけた、ちょっと気になる特許などは、要約などを表にして蓄積していくとよいでしょう。後からグラフや特許マップを作るために、MS-Excelなどのスプレッドシートにどんどん蓄積しておくのがよいと思います。その時に、自分なりに分類や評価、どんな点が気になったのかなどのコメントも記入して残します。

● オリジナルデータベースの規模が大きくなったら分析へ

　このように、まずは特許検索を日常に取り込んで、少しずつオリジナルデータベースを積み上げていきます。ある程度データベースの規模が大きくなってくる頃には、自然に何らかの範囲で客観的なデータ分析をしたくなってきます。

　たとえば、気になる技術分野に含まれる特許を集めてみます。また、気になる企業や研究機関に着目して集めてみるのもよいでしょう。ただ集めただけではもったいないので、分析や見える化をします。その時に、どんな検索範囲でどんな特許文献を収集し、どんな風にまとめようという、イメージが湧いてきていれば、特許調査の専門家に外注するのがよいでしょう。もしまだまだイメージが固まっていなければ、少し自分で試行錯誤してみることをお勧めします。そうすると、だんだんとイメージが固まってきます。

● 外注して作ったデータベースもその後どんどん更新

　専門家に外注するなどして作成した、客観的なデータベースは、そのままにせずに、その後自分なりに気になった特許をどんどん追加して更新していくべきです。客観的データベースの中で、自分のアイデアがどんな位置にあるのか、ライバルなど他社の技術がどんな位置にあるのか、といった位置付けを自然に認識しながら、データベースは常にその新鮮さを保たれることになります。

　このように、自分にとって利用価値の高い特許情報を日常的に収集して新鮮さを保っていれば、常に技術潮流をイメージして自分の立ち位置を把握しておくことができます。何かのきっかけで一大発明をパッとひらめくことができるでしょう。

1-4 特許マップを作ろう!

特許情報を日常業務に取り込むことができたら、次の段階は、特許情報の統計的な側面の利用も考えましょう。統計情報として扱うことによって、客観性が高まり、上司や顧客などに対する説明に使う場合にも強い説得力を持ちます。

● 特許マップは自分で作ろう

技術潮流をイメージして自分の立ち位置を把握するために、とても有効なツールの1つに**特許マップ**があります。いわゆる「見える化」ですね。特許を統計情報として処理して傾向を見つけ出したり、定量的な評価をしたりすることができます。特許マップは専門の特許調査会社やコンサルティング会社に依頼して作成してもらうことも、また、そのような会社が作成したデータを購入することもできるでしょう。

読者の方々が「忙しくて特許にはとても手が回らない」ことはわかっています。それでも、私がお勧めするのは、「特許マップは自分で作ろう」ということなのです。前節でお勧めしたオリジナルのデータベースを作り、それをベースに「見える化」をして、独自の特許マップを自分で作りましょう。

● Excelを使って特許マップを作る

技術者・研究者の得意技を駆使して、簡単に特許マップを作る方法をご紹介したいと思います。「得意技」として想定しているのは、マイクロソフト (MS-) Excelのグラフ機能です。**ピボットテーブル**や**マクロ**まで使えればもっと強力です。

気になる技術分野や気になる企業・機関の特許データをExcelなどの表形式で入手できれば、その後の分析は、技術者・研究者の得意技に持ち込めます。たとえば、出願人別の出願件数年次推移を示すグラフや、課題×解決手段を分析したマトリックスを作ることができます (図1-8)。この他にも、分析方法のアイデアは、いくらでもあるでしょう。

● 作った特許マップは、その後のメンテナンスが重要

このように自分で作った特許マップでも、専門家に依頼して作ってもらった特許マップでも、完成したときには熱心に見て何とか技術潮流を学び取ろうとしますが、その後、きれいなままファイリングしてキャビネットに収めてしまい、何かのときに再発見して「そんな分析をやったな～」という感慨を持つことは少なくないのではないでしょうか？　これはとてももったいないことだと思います。

特許マップには、その後も最新の情報をどんどん書き加えて更新していくべきでしょう。書き加えられる特許が、特許マップのある領域に集中していれば、当然、その領域の技術が最近の注目技術であることがわかるわけです。注目技術の変遷にいち早く気付くことができるでしょう（図1-9）。

● 気になった技術に関連して見つけた特許をどんどん追加

1-3節で述べたように、ちょっと思いついたアイデアについて、似たような特許が出願されていないかを調べてみたり、気になった他社の学会発表や製品などについて調べてみたりして抽出した特許を、出来上がった特許マップにどんどん書き込んでいくのがよいでしょう。そうすれば、特許マップの中での自分のアイデアの位置付けがはっきりします。また、他社の技術についても同様です。このとき、注意すべきなのは、自分が思いついたアイデアは、まだ出願されていないのに対して、他社からはもうすでに出願され、出願公開もされているということで、少なくとも2年くらい遅れているということです。

● 特許マップを網羅的に更新して新鮮さをキープ

自分の思いつきや気になった他社技術だけでは、特許マップの全体を網羅的に（漏れなく）更新していくことは困難です。ですから、特許マップを更新するための検索式を作って、モニタリングを続けていくことがよいでしょう。

たとえば、「ある技術分野」を「表示装置」として、長年にわたってモニタリングし続けてきた技術者・研究者がいたとしましょう。その技術者・研究者は、ブラウン管が白黒からカラーになり、液晶とプラズマのせめぎ合いを見つつ、有機ELディスプレイの動向にも関心を持つことができたのではないでしょうか？

そして、その時々における技術的な関心が高輝度から高画質、高精細に変化し、合せてコストの低減や軽量化、低消費電力化などの付随的な側面への関心が高まり、

さらにタッチパネルを混載するなどの機能を付加する方向へ関心が向いたことも、知ることができたはずです。

そして、もしその技術者・研究者に先見の明があれば、重要な技術を先取りした発明をして、素晴らしい特許を取れたでしょう。このときに、特許マップを作って、日々、最新の特許情報を反映させて、新鮮さを保つことができれば、技術潮流をイメージするための強力なツールになることは明らかでしょう。

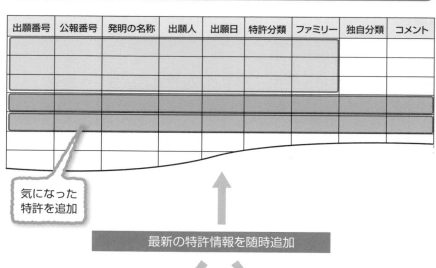

オリジナルデータベースを随時更新して新鮮さをキープ（1-9）

出願番号	公報番号	発明の名称	出願人	出願日	特許分類	ファミリー	独自分類	コメント

気になった
特許を追加

最新の特許情報を随時追加

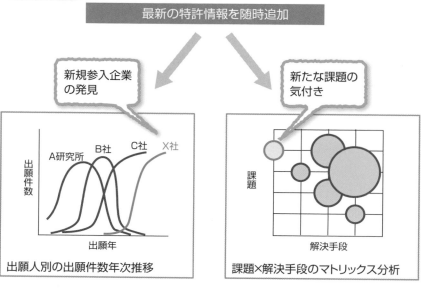

新規参入企業
の発見

新たな課題の
気付き

出願人別の出願件数年次推移

課題×解決手段のマトリックス分析

● 特許マップには、漏れvs.ノイズのトレードオフがある

　技術潮流のイメージを持つために、特許マップを作って、日々、最新の特許情報を反映させて、新鮮さを保つべきだという話をしました。あなたが思いついた発明と同じ発明の特許出願や、ライバル会社の新製品に関連する特許出願は、当然、その特許マップに網羅されているとお考えになるでしょう。しかし、必ずしもそのようにうまくいくとは限りません。後述しますが、完璧な検索式というものはなく、必ず漏れとノイズのトレードオフが存在します。

　日々公開される特許を日常的にモニタリングしながら、技術潮流のイメージを最新の状態に保つときには、日々公開される特許を読んで評価し、特許マップの中に位置づけ、重要なら追記することになるでしょう。

　このとき、モニタリングする特許の件数が多ければ多い程、漏れは少なくなりますから、あなたが思いついた発明と同じ発明の特許出願や、ライバル会社の新製品に関連する特許出願が特許マップでカバーされている可能性が高くなります。一方、ノイズも多くなりますから、公開される特許を読んで評価し、特許マップに追加すべきかどうかを判断するための労力が、ノイズの増加に伴って大きくなることになります。

　要するに、漏れなくモニタリングするためには、それ相応の労力が必要だということです。現実的に掛けられる労力には限度があるので、ある程度の漏れを許容せざるを得ないことになります。

● 特許マップから、技術潮流を把握

　したがって、技術潮流のイメージを持つためには、特許マップを作って、公開される特許を日常的にモニタリングすることによって、最新の状態に保つのと並行して、そのモニタリングから漏れる特許を適宜ピンポイントで抽出して、特許マップを修正していくのがよいでしょう。また、あなたが発明を思いついたときや、他社から論文や新製品が発表された時点で、あなたが描いていた技術潮流のイメージは正しかったのか、修正を要するのかを検証して修正していきます。このとき、他社から発表された論文や新製品の評価をする上で、業界全体の技術潮流をイメージしておくことは、その評価の客観性を担保するために、必須の要件だと思います。

　このように、特許マップを１つのツールとして、技術潮流のイメージを持つことは、一大発明を創生する素地を培うという意味で、とても有効だと思います。

短時間でそれらしい特許を見つける検索技術を身につけよう

特許検索を日常に取り込み、さらにオリジナルのデータベースを作るためにはどんなスキルを身につけるべきでしょうか？

　まず身につけるべきスキルは、「短時間で**それらしい特許**を見つける検索技術」です。

● ほんとうに「特許検索は難しい」のか？

　まだまだ発明とは呼べないようなちょっとした思いつきであったり、ちょっと気になった他社の技術であったり、そんなちょっとした技術を調査主題にして、30分とか1時間程度の短時間の特許検索で、関連する特許文献を見つけられるようになったら、とても便利だとは思いませんか？

　「特許検索は難しい」とか「特許検索は時間がかかる」と言って敬遠しているのは、30分とか1時間ではまともな特許文献が見つからないからではないでしょうか。もちろんそんな短時間では、ちゃんとした特許調査とは呼べません。たとえば、特許庁が出願審査のために行う先行文献調査は、何日間かかけておられるようです。一方、技術者・研究者が忙しい日常業務から、そんなに長時間を特許調査に充てることは、到底無理でしょう。

● それらしい特許なら短時間でも見つけられる

　しかし、「ちゃんとした特許調査」が無理でも、**それらしい特許**を見つけるくらいはできるのではないでしょうか？　ちょっとした隙間の短時間に**それらしい特許**をさっと見つけて、何らかの手応えを得ることはとても有意義です。「ちょっとした思いつき」や「気になる技術」が、「もっと本腰を入れて考えてみよう」とか、「ありふれた技術だから、忘れて先に進もう」とか、今後の進め方を、自信を持って判断できるわけですから。

　「そうは言っても、特許検索は難しくて時間がかかる上に、必ずしもまともな結果が得られる保証がない」という反論が聞こえてきそうです。

● かけた時間に見合った結果が見込める検索を目指そう

ところが、そうでもないのです。少しコツさえつかめれば、目的の特許を短時間で確実に見つけることは、それほど難しい事ではありません。特許文献のデータベースは、1-2節で説明したように、精度の高い検索が可能なように極めてよく整備されているからです。特許文献の形式面を理解してうまく利用し、さらに、特許分類という強い味方を利用すれば、システマティックに効率よく検索することができます。そして、そのような論理的な思考は、技術者・研究者が最も得意とするところなのです。

この本では、かけた時間に見合う程度の**それらしい特許**が発見できるような、特許検索を目指します。30分で特許庁の審査並みの特許調査を目指しても、そんな魔法のような特許検索などはありませんから、無理なものは無理です。30分かけたら30分かけたことに見合う結果、2時間かけたら2時間かけたことに見合う結果が、確実に得られれば、それでよいではありませんか？　とにかく、時間をかけたけれどもムダになってしまったというような事がなくなるように、かけた時間に見合う程度の**それらしい特許**の発見を目指します。

1-6 特許文献を統計として扱う ための技術を身につけよう

もう一つ身につけるべきスキルは、特許文献を統計として扱うための技術です。「短時間で**それらしい特許**を見つける検索技術」だけでは、特許マップを作ったりグラフを作ったりするには、件数が少なすぎます。件数の多寡よりも何よりも客観性に欠けるという欠点があり、適切な判断ができない恐れがあります。

● 統計として扱うのに相応しい量の特許文献を集める

「短時間で**それらしい特許**を見つける検索技術」は、これから詳しく説明しますが、漏れとノイズをバランスしながら、探索範囲を絞ったり広げたりする技術だと言い換えることができます。ですから、同じ検索技術を、統計として扱うのに相応しい量の特許文献を集めるためにも使うことができます。

では、集めた特許文献を統計として扱うためには、さらにどんなスキルが必要なのでしょうか?

それは、どんな文献集合を対象にして、どんな分析をするかを決めるスキルでしょう。残念ながらこのスキルは一般的にこう進めたらよいというような、定番があるわけではありません。

これからご説明する予備知識を大まかに頭に入れた上で、分析の目的を段階的にブレークダウンして、具体的なアプローチを決めることになります。後段では幾つかの分析手法をご紹介したいと思いますので、それを参考にしながら、採用できるアプローチの種類を増やしていただけるとよいと思います。

第 **2** 章

基礎知識
J-Plat Patの使い方と
特許制度・特許分類

特許制度に則って、1件の特許出願から何件かの特許
文献が発行されることがあります。また、制度変更に
伴って発行される文献が変わることもあります。この章
では、基礎知識としてJ-Plat Patの基本的な使い方を
説明する中で、特許制度を変遷とともに紹介し、あわせ
て特許分類についても紹介していきます。

2-1 J-Plat Patとは

J-Plat Patは、特許・実用新案、意匠、商標という知的財産権について、日本国特許庁が法律に基づいて行う公開行為の一部を担っています。他の特許検索データベースの元データも、日本国出願についてはすべて特許庁から提供されていますから、J-Plat Patについて知っておくことは、決してムダにはなりません。

● J-Plat Patは日本国特許庁からの公開

J-Plat Pat (https://www.j-platpat.inpit.go.jp/) (図2-1) は、正式には「特許情報プラットフォーム」といいます。独立行政法人　工業所有権情報・研修館によって管理、運営されおり、そのホームページ (http://www.inpit.go.jp/) からリンクが張られています。特許庁のホームページ (https://www.jpo.go.jp/) にもリンクがあります。

特許情報プラットフォーム J-Plat pat の入り口(2-1)

● 特許の審査・審判情報から意匠、商標まで

　J-Plat Patに進むと、「簡易検索」の画面が現れます（図2-1）。上の方には「特許・実用新案」、「意匠」、「商標」、「審判」のバナーがあります。「簡易検索」を使うことはほとんどありません。「意匠」と「商標」と「審判」に興味がある方は自力でどうぞ。「ヘルプデスク」ではメールや電話でサポートしてもらえます。マニュアルや講習会テキストが、INPITのサイトhttps://www.inpit.go.jp/j-platpat_info/reference/index.htmlに掲載されています（図2-2）。

特許情報プラットフォーム J-Plat pat のマニュアル（2-2）

　「特許・実用新案」には、「特許・実用新案番号照会／OPD」「特許・実用新案検索」「特許・実用新案分類照会（PMGS）」の３つのメニューがあります。それぞれ、簡単に説明しましょう。

● 特許・実用新案番号照会／OPD

　特許や実用新案の番号がわかっているときに、その番号を入力して照会します。日本の特許・実用新案だけでなく、アメリカ、EPO、WIPO、中国、韓国などいろいろな国・地域の特許・実用新案文献にアクセスできます。EPOは欧州特許庁で欧州広域特許、WIPOは世界知的所有権機関で国際特許（PCT）出願の文献にアクセスすることができます。（日本特許文献の照会については、2-2節〜2-8節で詳し

〈説明します。〉

　OPDというのはOne Portal Dossierの略で、各国の審査の状況や手続書類など、いわゆる「ドシエ情報」を入手できます。

● 特許・実用新案検索

　キーワードや特許分類を使った文献検索です。日本特許だけでなく、外国特許や非特許文献も検索することができます。本書では日本の特許・実用新案の検索について、J-Plat Patの使い方を2-14節〜2-16節で、検索式の立て方からはじまる具体的な検索手法を第3章以降で、紹介しています。

● 特許・実用新案分類照会（PMGS）

　特許分類コードの定義を調べることができます。PMGSはパテントマップガイダンスシステムの略で、J-Plat Pat以前のIPDLの頃からの呼び方です。特許分類そのものについても含めて、2-9節〜2-13節で詳しく説明します。

COLUMN　ぷらっと（Plat）寄って、ぱっと（Pat）見つけられる

　「J-Plat Pat」という略称には、「『ぷらっと』寄って、情報を『ぱっと』見つけられるような、ユーザフレンドリーなサービスが提供できるように」という願いが込められているそうです。私はこの考え方には諸手を挙げて賛成です。本書を書こうと思った動機もそこにあります。「ぷらっと寄って」は第1章でお話しした「特許検索を日常に取り込み」と通じ、「ぱっと見つけられる」は「短時間で**それらしい特許**を見つける検索技術」と通じるところがあります。

2-2 特許・実用新案番号照会

「特許・実用新案番号照会」は、公報番号や出願番号、特許番号などの文献番号がわかってさえいれば、日本国特許庁が管理するすべての特許・実用新案文献にアクセスすることができます。

● 公報番号や出願番号、特許番号がわかっているときに便利

特許・実用新案番号照会（図2-3）は、公報番号や出願番号、特許番号がわかっている場合に、その内容、付与されている特許分類コード、或いは、経過情報などを調べる目的で使います。

たとえば、製品本体や包装、或いは広告などに、「特許第○○○○○○号取得」などと書かれている場合に、どんな特許かを調べる時に利用できます。技術的な内容や、発明者は誰か、出願日はいつか、特許権者は誰か、などの書誌的事項の他、文献全体をpdfフォーマットでダウンロードすることができ、データベースに蓄積されていれば「経過情報」や「審査書類情報」にアクセスすることもできます。

「特許・実用新案番号照会」の入力画面（2-3）

● 特許・実用新案番号照会からアクセスできる文献

「発行国・地域/発行機関」で日本だけでなく他の国、地域、機関から発行される特許文献にもアクセスすることができますが、本書では日本の文献について説明します。「番号種別」のプルダウンメニュー (図2-4) から、照会対象の文献番号を選びます。

特許出願番号は、明治の昔からの新旧特許に付されている番号です。公開番号・公表番号(A)、公告番号(B)、特許発明明細書番号(C)までが特許文献の公報です。時代とともに特許制度が変遷してきているのに合わせて、発行される公報も変わってきています。実用新案出願番号も、明治の昔からの新旧実用新案登録出願に付されている番号です。こちらも制度が変遷してきていて、発行される公報もそれに合わせて変わってきています。最後の「公開技法」も含めて、次節からの「2-3日本の制度と文献」「2-5特許・実用新案制度の歴史」「2-6優先権制度」で詳しく説明します。

国際公開番号 (日本)(A1)と国際出願番号 (日本) は、(実は、上述の特許と実用新案の公表番号も) 国際特許出願に関する文献です。「2-7国際特許出願 (PCT出願)」で詳しく説明します。

特許・実用新案制度には、本書では詳しく紹介しませんが、それぞれ審査や査定の続審として位置づけられる、拒絶査定不服審判、無効審判、訂正審判などがあり、J-Plat Patからそれらの書類が入手できます。

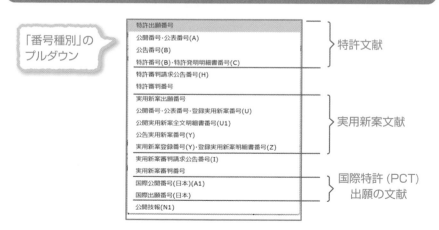

「特許・実用新案番号照会」で入手できる日本の特許・実用新案文献 (2-4)

日本の制度と文献

現在の日本の特許制度について、特許文献との関係に絞って説明します。発明が生まれてから、いつどんな特許文献が発行されるのか、というイメージを形作ってください。統計データとして同じ「1件」でも文献の種類によって性格や重みが違うのです。

● 特許公報の役割は、技術文献と権利証

発明をした人が模倣されることを恐れて、技術内容を秘密にしてしまうと、技術の進歩には弊害になってしまいます。特許というのは、積極的に発明の内容を公開してもらうことを促すために、公開の代償として一定期間（通常は出願から20年）、国家が発明者に（または発明者から権利を譲り受けた者に）独占排他権を与えるものです。そういう趣旨ですから、発明の内容は必ず公開されます。

したがって特許文献は、独占排他権である特許権の範囲を規定する**権利証**としての役割と、発明の内容を公開する**技術文献**としての役割を担っています。

● 特許と実用新案

日本には、発明を保護するために、**特許**と**実用新案**の2つの制度があります。

どちらも「自然法則を利用した技術的思想の創作」とされ、特許は実用新案よりも「高度なもの」とされていますが、どちらが高度かというのは、価値観によるので、あまり重要ではありません。

特許では**発明の名称**、**発明者**など、**発明**という言葉を使うのに対して、実用新案では考案の名称、考案者など、考案という言葉を使います。**特許権も実用新案権も**、独占排他的権利として発生しますから、少なくともその権利発生時点には、公報が発行されます。上述した**権利証**としての役割です。

● 特許制度

現在の特許制度では、特許は出願された後、原則として出願日から1年6か月で出願公開されます（図2-5）。これが**公開特許公報**です。「特開20xy-abcdef」のような公開番号で識別されます。

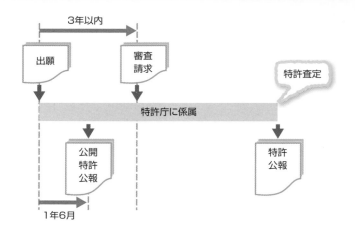

● 特許権の発生で「特許公報」

出願公開の後（その前でもよいのですが）審査請求されて、特許庁による審査を経て特許要件が認められれば特許査定を受け、登録 ☞1）という手続きを経て晴れて特許権という独占排他権が発生します。めでたく特許権が発生すると、特許公報が発行されます。「特許第hijklmn号」という特許番号がそのまま公報番号になっています。特許出願がされてから特許が登録されるまでは、「特許庁に係属している」と表現されます ☞2）。

日本には特許以外に実用新案制度があり、国際特許出願もあります。出願されたことを知らしめる公報を公開公報と総称し、特許権などの権利が発生したことを知らしめる公報を登録公報と総称することにします。

● 拒絶査定では「特許公報」は発行されない

一方、特許庁による審査で特許要件が認められなければ、拒絶査定がされ、それが確定すると特許庁への係属は解かれ、特許公報は発行されません（図2-6）☞3）。

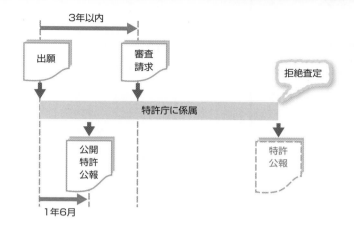

特許出願から拒絶査定が確定するまでは特許庁に係属 (2-6)

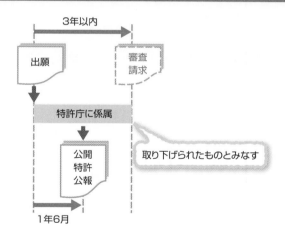

審査請求されないと、みなし取り下げになる (2-7)

● 審査請求されなければ「特許公報」は発行されない

　審査請求には出願から3年という期限が定められていて、その期限内に審査請求がされなければ、特許庁では出願が取り下げられたものとみなして ☞4）、係属が解かれます（図2-7）。「**みなし取り下げ**」と呼びます。当然ながら審査は行われず、特許公報が発行されることもありません。

このように、現在の特許制度では、1つの発明、1件の特許出願に対して、原則として1件から2件の特許文献が発行されることになります。

● 1件の出願から、複数の「分割出願」

1件の特許出願に複数の発明（たとえば発明Xと発明Y）が含まれている場合があり、その場合には、**分割出願**することができます（図2-8）。「複数の発明」とは言っても、通常は同じ発明を異なった観点でとらえ直したものです。たとえば、ある化合物の物自体としての発明と、その化合物の製造方法の発明です。

出願Xの出願時の明細書に、発明Xと発明Yの両方が記載されていることが前提です。出願Xでは発明Xの方だけが特許請求の範囲に記載され（クレームされ）、発明Xが審査の対象ですから、特許公報Xは発明Xについての特許になります。もう一方の発明Yは分割出願Yのクレームに記載されて審査されます。発行される特許公報Yは、発明Yについての特許になります。

初めの出願Xのことを**基礎出願**または**親出願**、分割出願Yのことを**子出願**と呼びます。「子出願」からさらに分割出願することも可能で、その場合は「孫出願」です。

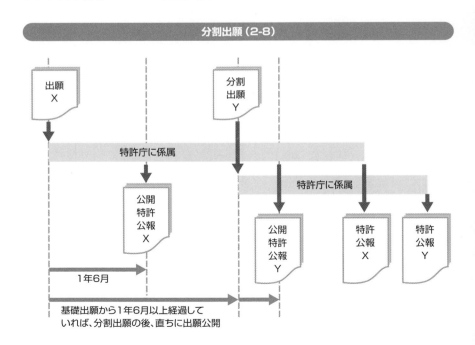

分割出願（2-8）

基礎出願から1年6月以上経過していれば、分割出願の後、直ちに出願公開

　「親出願」と「子出願」では、特許請求の範囲（クレーム）は異なりますが、一般には明細書の記載は同じです。上述の通り親出願の明細書に発明Xと発明Yの両方が記載されていることが前提となっていますから、公開特許公報Xの明細書には、分割出願でも発明Xと発明Yの両方が記載されたまま公開されます。分割出願Yの段階で明細書から発明Xの部分を削除しても、出願人にとってメリットはないので、公開特許公報Yの明細書も同じ内容になります。特許公報XとYの明細書部分についても、同様です。

　このように、分割出願がされると、元々は1件の特許出願から複数の公開特許公報と特許公報が発行されることがあります。

● 実用新案制度

　実用新案には、無審査登録制度が採用されています。出願された実用新案は、新規性や進歩性などについての実体的な登録要件を審査されることなく、基礎的な登録要件の審査だけでそのまま登録されて、登録実用新案公報が発行されます（図2-9）。ですから、特許とは違って、1件の考案（発明）について発行される特許文献の数は、1件だけです。

実用新案制度による公報（2-9）

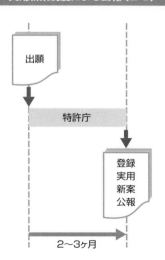

● パリ条約に基づく優先権と国内優先権

現在の日本の特許制度には、パリ条約に基づく優先権と国内優先権という重要な優先権制度があります（図2-17,2-18）。詳しい説明は、2-6節に譲ります。

● 国際特許出願（PCT出願）

またこの他に、国際特許出願（PCT出願）された特許があり、これについては「公開特許公報」の代わりに(WIPO)から「国際公開」が発行されます。日本では、公表特許公報が発行され、再公表特許が発行されてきましたが、2022年1月から再公表特許が廃止されました。詳しい説明は、2-7節に譲ります。

 さらに詳しく知りたい方のために

☞1)「登録」というのは、不動産の「登記」と同じように、特許権の存在を国家が管理している「原簿」に記載するということで、国家が特許権を与えたことを公に知らしめる行政手続きです。具体的には、特許査定がされた後、出願人は所定の期間内に特許料を納付します。特許権が発生した後は、「出願人」は「特許権者」になります。

☞2) 行政法上の法律用語です。「特許出願」は「特許出願事件」と呼ばれ、特許するか拒絶するかの査定は、「処分」と呼ばれます。出願によって事件が発生してから、処分が確定するまでの間、特許庁に事件が「係属」します。

☞3) 拒絶査定に不服がある場合には、審判に進むことができ、さらにその結果である審決に不服がある場合には、裁判に訴えることができますが、最終的には特許査定か拒絶査定かのいずれかに「確定」します。

☞4) 審査請求期限の出願後3年を過ぎても審査請求されなかった特許出願は、「取り下げたものとみなす」という規定（特許法第48条の3第4項）があります。この規定によって取り下げたものとみなされた特許出願は、それ以降は審査を受けることができず、したがって、特許権が発生することもありません。審査請求期限は、以前は、出願後7年でしたが、平成11年改正によって2001年（平成13年）10月1日以降の出願に対しては現行の3年になりました。見なし取り下げになった特許出願も、データベース上は技術文献としてそのままずっと残ります。

J-Plat Patの特許・実用新案番号照会の例

番号照会した特許文献は、書誌、請求の範囲、明細書、図面などの内容の他、文献単位PDFや審査などの経過情報にアクセスすることができます。

● 特許・実用新案番号照会

　特許第6469758号を一例として説明しましょう。ユニクロが特許侵害で訴えられたセルフレジに関する特許です。「番号種別」を「特許番号(B)……」とし、「番号」には「6469758」を入力して「照会」します（図2-10）。その結果、出願番号、公報番号ともに特許番号のリンクが表示されます（図2-11）。図2-5を引用して説明しましたように、1件の特許出願から公開特許公報がまず発行され、その後審査で特許査定され特許として登録されると、特許公報が発行されます。「特許番号」は「登録番号」と表示されます。不動産の登記に対応するのが特許権の「登録」です。

「特許・実用新案番号照会」の例（2-10）

検索対象
- ◉ 文献　○ OPD照会

入力種別
- ◉ 番号入力　　　入力した番号単独で検索します。番号を複数入力する場合は、それぞれをスペースで区切り入力してください。
- ○ 番号範囲入力　指定した番号の範囲で検索します。
- ○ DOCDB形式入力　入力した番号単独で検索します。国・地域コードを、番号に含めて入力してください。 ?

発行国・地域/発行機関	番号種別	番号
日本(JP)	特許番号(B)・特許発明明細書番…	6469758

● 追加

🔍 照会　　クリア

「特許・実用新案番号照会」の結果（2-11）

複数PDFダウンロードは、最大5案件まで選択できます。

No.	出願番号 ▲	公開番号 ▲	公告番号 ▲	登録番号 ▲	審判番号	その他	各種機能
1 ☐	特願2017-093449	特開2018-190255	-	特許6469758	全部異議2019-700625 無効2021-800068 無効2019-800078	-	📄 分割 📄 経過情報 📄 OPD ↗ URL

● 特許・実用新案番号照会された特許文献の表示

「登録番号」の「特許6469758」のリンクをクリックすると、特許文献の内容が表示されます（図2-12）。

画面左側に「書誌」が右側に「図面」が表示されます。書誌には、特許番号、出願番号、公開番号の他、発明の名称、特許権者などが含まれています。紙面の制約で下の方は図示できませんが、下の方には「請求の範囲」「詳細な説明」「図面」が表示されます。

上側には、「公開公報」「文献単位PDF」「経過情報」「OPD」「検索キー」「URL」の5つの簡単なバナーが表示されます。「公開公報」をクリックすると、表示される文献が特開2018-190255にかわります。先頭のバナーは「登録公報」になりますので、これをクリックすれば元の特許6469758に戻ります。「文献単位PDF」からは、公報のpdfファイルをダウンロードすることができます。「検索キー」を選ぶと、この特許に付与されている特許分類コードを表示する画面がポップアップされます。「URL」は、パーマネントリンクです。

照会された特許文献の表示 (2-12)

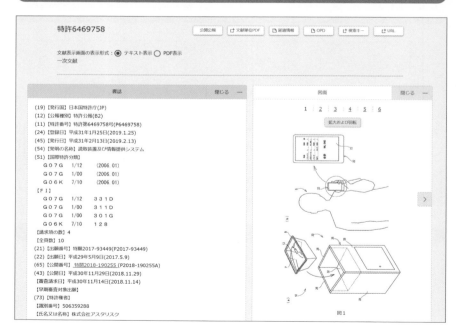

● 経過情報などの入手

経過情報を選ぶと図2-13に示す画面がポップアップされ、経過記録の他、出願情報、登録情報、審判情報、分割出願情報などが入手できます。出願情報は、特許出願の基本的な情報です。登録情報からは、特許権の存続状態がわかります。この例のように、審判が行われていれば審判情報が、分割出願がされていれば分割出願情報が表示されます。

照会された特許文献の経過情報 (2-13)

● ワン・ポータル・ドシエ（OPD）照会

　「OPD」を選ぶと特許ファミリーの情報を表示する画面がポップアップします。特許ファミリーというのは、1件の特許出願から派生した一連の国内・国外の特許を指します。「一連の」というところには、後述の「優先権制度」（2-6節）や「国際特許出願」（2-7節）が関係していて、厳密には何通りかの定義がありますが、「派生した一連の国内・国外の特許」というくらいの理解でも十分でしょう。この例では、日本特許だけですが、海外の特許文献が含まれている場合もあります。

特許ファミリーの情報（2-14）

国・地域コード	出願番号 ▲	出願日 ▲	公開番号	登録番号	各種機能
JP	JP.2017093449.A	2017-05-09	JP.2018190255.A	JP.6469758.B2	経過情報 / 分類・引用情報 / 書類一覧 開く
JP	JP.2019005597.A	2019-01-16	JP.2019067454.A	JP.6518848.B2	経過情報 / 分類・引用情報 / 書類一覧 開く
JP	JP.2019079932.A	2019-04-19	JP.2019125395.A	JP.6541143.B1	経過情報 / 分類・引用情報 / 書類一覧 開く
JP	JP.2019079933.A	2019-04-19	JP.2019153324.A	JP.6532075.B1	経過情報 / 分類・引用情報 / 書類一覧 開く
JP	JP.2019079934.A	2019-04-19	JP.2019125396.A	-	経過情報 / 分類・引用情報 / 書類一覧 開く

2-5 特許・実用新案制度の歴史

> J-Plat Patには、特許制度が始まった明治時代からの特許文献が蓄積されていて、番号照会すればアクセスすることができます。特許制度の変遷とともに、発行されてきた文献を紹介しましょう。

● 長い歴史を通してみると、いろいろな特許・実用新案文献

特許・実用新案制度には長い歴史があり、制度の変遷に伴って、発行される公報の種別が変わってきました。現時点でJ-Plat Patに蓄積されている公報には図2-15のようなものがあります。横軸に公報発行年をとって、上に特許関連の公報、下に実用新案関連の公報を示しました。

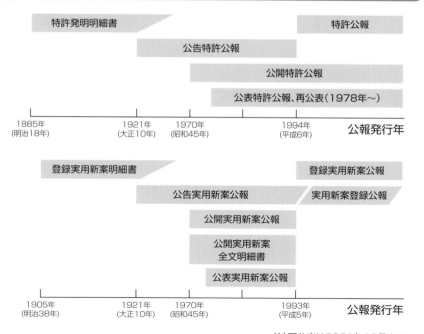

特許情報プラットフォーム（J-Plat Pat）に蓄積されている公報の種類（2-15）

注）再公表は2021年12月まで

制度が変わって新しい公報が発行されるようになっても、同じ時期に改正前の制度に基づく公報も発行される場合があります。経過措置です。特許・実用新案制度の変遷とその時の制度に則って発行されてきた公報の種別について、もう少し詳しくご説明しましょう。

古い歴史については、特に、技術者・研究者の方々に知っておいていただく必要性は高くないのですが、歴史というものを知るのはそれなりに楽しいものです。

さらに詳しく知りたい方は、資料1, 2（2-26～2-29）も合わせてご参照ください。特許制度と実用新案制度それぞれの変遷と、その制度に則って発行された公報（正確には「公報」に含まれない文献も含みます）を詳しくまとめたものです。

● 特許制度は明治18年の専売特許条例から

日本の特許制度の歴史は、明治18年（1885年）の専売特許条例公布に遡ります。この制度では特許権が発生した発明に特許発明明細書が発行されました。特許第1号は、東京府平民堀田瑞松氏が明治18年7月1日に出願し、同年8月14日付で特許された「第一号専売特許証」の明細書の内容が公開されたものでした。「堀田錆止塗料及ビ其塗法」となっていて、当時の特許権の存続期間は15年でした。この時代にはまだ出願公開制度はなかったので、現在の「公開特許公報」に相当する公報は発行されていません。

● 特許法制定と「公告特許公報」

その後、明治32年（1899年）に特許法が制定され、大正10年（1921年）の法改正で異議申立制度が始まります。

この異議申立制度に則って発行されるようになったのが、公告特許公報です。ひらたく言えば、「特許庁の審査では特許してもよいと判断しましたが、国民の皆さん、いかがですか？」と問うものです。一定の期間内に異議が申し立てられないか、または、申し立てられた異議によっても特許庁による審査の「特許を与える」という結論が変わらなければ、特許権が付与されます。

異議申立制度が始まっても、それ以前に出願された特許に対しては、経過措置として異議申立制度が適用されませんでした。そのためその後も特許発明明細書は発行され続け、昭和30年（1959年）に特許第216,017号が発行されたのが最後になっています。

● 昭和34年法

昭和34年（1959年）に、現在の**特許法**の基礎となっている昭和34年法が制定されました。特許法の目的が明記され、**発明**などが定義されました。新規性・進歩性などの現行法のような特許要件が規定されたのも、この昭和34年法です。このように昭和34年は、特許制度にとって記念すべき年ではありますが、発行される公報の種別に変化はありませんでした。

● 出願公開制度（「公開特許公報」の発行）と審査請求制度の始まり

その後の昭和45年（1970年）法改正によって、**出願公開制度**と**審査請求制度**が導入されます。これを受けて初めての**公開特許公報**は、翌年の昭和46年（1971年）に発行されました。記念すべき第1号（特開昭46-1号）は、ドイツのハンス・クラウゼ氏発明による「複数の部分からなる羽口接続部」です。

このときには、出願された特許は、出願から1年6か月を経過すると原則としてすべてが**出願公開**され、すなわち**公開特許公報**が発行され、その後（その前でもよいのですが）、**審査請求**されて特許庁による**審査**を経て、特許庁が特許要件を満足していると判断すると、**公告特許公報**が発行されました。その後一定の**異議申立**期間を経て、実際に特許されました。

● 国際特許出願（「公表特許公報」と「再公表」の発行）の始まり

日本は、1975年（昭和50年）に**世界知的所有権機関（WIPO**※1**）**に加盟し、1978年（昭和53年）から**特許協力条約（PCT条約）**に基づく、**国際特許出願（PCT出願）**の受付が始まりました。これに伴って、WIPOから国際公開がされますが、日本国内では公表特許公報と再公表の発行が始まりました。再公表は、2022年1月に廃止されました。公表特許公報と再公表の違いについては、2-7節でもう少し詳しく説明します。

● 付与後異議申立制度（「特許公報」の発行）の始まり

その後、1994年の平成6年法改正において、それまで長く続いた異議申立制度が、**付与後異議申立制度**に改正されました。

※1　世界知的所有権機関（WIPO: World Intellectual Property Organization）は、知的財産権（IP: Intellectual Property）制度の発展を担当する国連の専門機関です。

特許庁の審査を経てまずは特許権を発生させて特許公報を発行し、この特許公報の発行から一定期間内に異議申立を受け付ける制度です。異議申立が認められると、特許は取消になりますが、異議申し立てがないか、あっても「特許を与える」という審査結果（特許査定）が覆らなければ、そのまま特許権が存続します。

● 特許番号は、飛んでいる！

異議申立制度が、「付与前」から「付与後」に変わっただけですが、発行される公報は公告特許公報から特許公報に変わりました。特許公報に記載された特許番号は、特許第2,500,001号から始まっています。この番号は特許第2,500,000号が存在していてその次の番号というわけではなく、それまでの流れから飛んでいます。

それまでの「（付与前）異議申立制度」では、異議申立期間を経て特許されたものには、「特許第○○○○○○号」という特許番号が付けられていますが、特許公報は発行されませんでした。平成6年改正法の施行後に出願された特許については、公告特許公報は発行されずに特許公報が発行されるように変わりました。ただし経過措置として、平成6年改正法の施行日前に出願された特許については、施行日後であってもしばらくは公告特許公報が発行され続けました。1996年（平成8年）に発行された特公平08-034772は、1997年（平成9年）に特許第2,129,250号になっています。

特許公報が特許第2,500,001号から始まっているのはこのような経過措置で、平成6年改正法の施行後に登録される特許の特許番号との重複を避ける意味があります。特許番号を統計的に扱うときには、このような不連続があることを頭の片隅に留めておくとよいでしょう。

● 実用新案制度の歴史

図2-16は、特許関連の公報[※1]と実用新案関連の公報の件数推移をグラフに表したものです[※2]。近年は実用新案登録出願の件数は年1万件を切っており、減ってきているとはいえ年20万件を超えている特許出願に遠く及びませんが、1982年頃までは同じくらいの件数でしたし、その後も1988年までは毎年20万件を超えていました。このような長いスパンで統計分析を行う場合には、実用新案の件数を無

※1 「再公表」は法律的には公報ではありませんが、件数には含めてあります。
※2 SRPARTNERを利用。2015.12.24現在。

2

視することはできません。

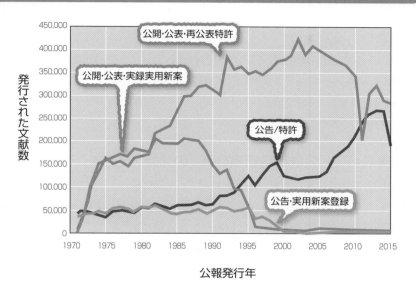

特許関連の公報と実用新案関連の公報の件数推移（2-16）

● 明治38年、実用新案法制定

　日本の実用新案制度の歴史は、明治38年（1905年）の実用新案法制定に遡ります（図2-15、資料2-28）。の特許法制定（明治32年）から遅れること6年です。

　この時代の実用新案制度でも特許と同様に、実用新案権が発生したときに登録実用新案明細書が発行されました。第1号は、林蔦次郎氏の「陶磁器成型器」の考案（覚えていますか？　特許には「発明」ですが、実用新案には「考案」という言葉を使います）で、明治38年7月1日に出願され、同年7月7日付で実用新案登録された「第1号登録実用新案明細書」でした。**登録実用新案明細書**の発行は、昭和28年（1953年）の第406,203号まで続きました。

● 異議申立制度（「実用新案公告」の発行）の始まり

　大正10年（1921年）の**異議申立制度**の導入に伴って、実用新案については、公告実用新案公報の発行が始まりました。「実用新案公告第1号」（出願は同年3月20

日）は、東京市在住の竹原為三郎氏による「洗濯器」の考案で、大正11年6月1日に発行されました。

● 出願公開制度と審査請求制度（「公開実用新案公報」の発行）の始まり

昭和45年（1970年）法改正によって、特許と同じように、**出願公開制度**と**審査請求制度**が導入されました。初めての**公開実用新案公報**は、翌年の昭和46年（1971年）に発行された実開昭46-1号で、スイスのパウル・シュテヘリ氏の考案による「紡績におけるスライバ太さ変動の検査装置」でした。

● 審査を経て「公告実用新案公報」の発行

この頃の実用新案制度は特許制度と同様に、出願日から1年6か月を経過すると原則としてすべてが**出願公開**（「公開実用新案公報」が発行）されました。**審査請求**されて特許庁による**審査**を経て、**公告実用新案公報**が発行され、その後一定の**異議申立**期間を経て、実際に**実用新案**として**登録**され、**実用新案権**が発生しました。

ただし、実用新案は特許とは異なり、明細書全文ではなく要部公開とされ、**公開実用新案公報**に記載されたのは、**書誌的事項**と**実用新案登録請求の範囲**（特許請求の範囲に相当します）と**要約**と**図面**に限られ、**明細書**は掲載されませんでした。特許発明よりも比較的簡単な考案が多く、法律の上でも「物品の形状、構造又は組合せ」（実用新案法第1条）とされていますから、**要部公開**で十分と考えられたのでしょう。明細書は、マイクロフィルムに撮って特許庁に保管され、閲覧に供されていました。当時は手数料を払って閲覧請求をしないと、明細書を読むことができなかったわけですが、現在では、J-Plat Patから**実用新案全文明細書**として公開されています。

● 国際特許出願（「公表実用新案公報」の発行）の始まり

1978年（昭和53年）からは、**特許協力条約（PCT条約）**に基づく**国際特許出願（PCT出願）**に伴って、**公表実用新案公報**の発行が始まります。第1号は「実表昭54-500001」です。

● 無審査登録制度（「登録実用新案公報」の発行）の始まり

　実用新案には、その後、平成5年法改正（1993年）で、**無審査登録制度**が導入されました。施行された1994年（平成6年）1月1日以降に出願された実用新案は、基礎的な登録要件の審査だけで、新規性や進歩性などについての実体的な登録要件を審査されないで、そのまま登録され**登録実用新案公報**が発行されました。

　第1号は「登録実用新案第3,000,001号」（1994年（平成6年）1月1日出願；出口洋一氏及び小美野光明氏の考案による「半導体製造装置用配線」）でした。

●「公開実用新案公報」と「公告実用新案公報」に代えて「実用新案登録公報」の発行

　平成5年法改正（1993年）による**無審査登録制度**の導入に伴って、施行日1994年（平成6年）1月1日以降の実用新案登録出願については、**公開実用新案公報**と**公告実用新案公報**の発行は停止されました。ただし経過措置として、施行日より前に出願された実用新案には、出願公開・審査請求・異議申立制度が適用され、施行日後も1996年（平成8年）1月1日時点で出願公告の決定がなされたものまでは、**公開実用新案公報**と**公告実用新案公報**が引き続き発行され、その後は**実用新案登録公報**の発行に変更されました。

● まぎらわしい「登録実用新案公報」と「実用新案登録公報」

　登録実用新案公報は、無審査登録制度に基づいて発行される公報で、第3,000,001号から始まり、現在も発行されています。

　一方、**実用新案登録公報**は無審査登録制度の導入に伴う経過措置として一時的に発行された公報で、第2,500,001号から始まり、現在は発行されていません。

●「公開技報」について

　図2-15からは省略してしまいましたが、**公開技報**は、1976年から発明協会（現在の発明推進協会）によって刊行されてきた文献です。自社は積極的に特許や実用新案として権利化を目指すほどではないけれども、他社に権利化されるのは阻止したいというような場合に利用されます。技術内容を公開することによって、その後に同じか類似の技術について、他者から特許出願や実用新案登録出願されても、新規性や進歩性の要件を満たされず、権利化されることがないからです。

2-6 ▶ 優先権制度

> 日本国の特許・実用新案の法制度では、パリ条約に基づく優先権と、国内出願に基づく優先権（国内優先権）との２通りの優先権制度が認められています。

● パリ優先権

パリ条約に基づく優先権は、パリ条約に加盟する他国／地域に出願（これを基礎出願または第一国出願と呼びます）した後１年以内に、日本国に出願すると、第一国出願の出願日と同じ日に出願したのと同等に扱ってもらえる権利です。条約に規定されている要件を満足すると、第一国出願の出願日が優先日と呼ばれます。パリ条約加盟国（優先権主張国）に出願した後、優先期間である１年以内に日本国特許庁に対して「パリ条約に基づく優先権主張を伴った出願」をします（図2-17）。

公開特許公報は、実際の出願日ではなく優先日から１年６か月経過したときに発

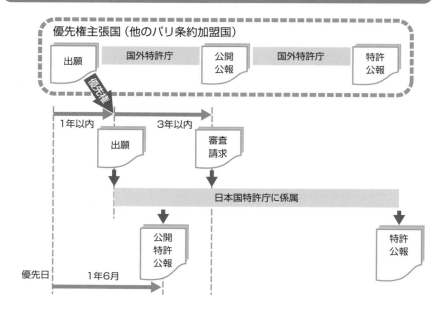

パリ条約に基づく優先権主張を伴う日本国特許出願 (2-17)

行されます。審査請求期限は実際の出願日から３年以内ですから、みなし取り下げになったかどうかは、実際の出願日から３年を過ぎたときに初めて判断できます。

● 国内優先権

　日本の特許・実用新案制度には、パリ優先権と同様に、国内出願に基づく優先権を認める国内優先権制度という制度があります（図2-18）[※1]。初めの出願を基礎出願、後の出願を優先権主張出願と呼びます。優先権主張出願は、基礎出願の出願日から１年以内に出願しなければなりません。優先権主張出願に含まれる発明のうち、基礎出願に含まれる発明は、基礎出願の出願日に出願されたものとみなされます。

　ここで、注意しなければならないのは、優先権主張出願がされると、基礎出願は取り下げたものとみなされ、その結果、出願公開されないことです。統計として出願件数を扱うときには、注意する必要があります。

国内優先権主張を伴う日本国特許出願（2-18）

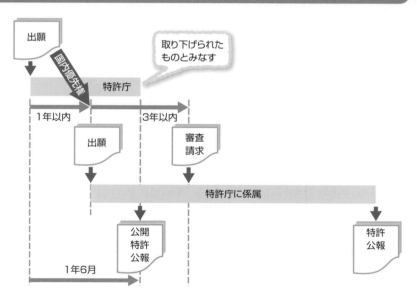

※1　特許法第41条及び実用新案法第8条。

国際特許出願
（PCT出願）

国際特許出願（PCT出願）は、特許協力条約（PCT条約）に基づく出願です。出願は
国際的ですが、特許権が発生するのは各国別です。出願件数を発明の件数を表す指標と
して使うときに、知っておくべき制度だと言えるでしょう。

● 国際段階と国内段階

　PCT条約[※1]は、1970年に35カ国が調印し、1978年に発効しました。日本で
の発効も1978年です。2022年3月31日現在の締約国は155カ国です。**世界知
的所有権機関（WIPO）**の加盟国の国民や居住者、加盟国に営業所などを持つ法人
が、**国際出願**をすることができます。国際出願には、指定国[※2]すべてに出願したの
と同じ法的効果が発生します。出願は国際的に1件だけで、その後、権利を取りたい
国/地域に移行します。移行するまでを**国際段階**、各国に移行した後を**国内段階**と
言います。

● 国際段階

　国際段階では、新規性と進歩性に関わる先行文献調査が行われて、**国際調査報告**
がされ、「見解書」が作成されます。「新規性and/or進歩性に問題がありそうだ」と
か「特許できそうだ」とかいった、少し曖昧な見解が示されるのに留まっており、実
際の審査は移行した後の各国に任されています。出願人が希望すれば、**国際予備審
査**を受けることもできます。ただし、国際予備審査でも、特許できるとかできないと
いう結論までは出せず、特許権・実用新案権を与えるかどうかの最終的な判断は、
各国に任されています。国家の主権（自治権）の問題なのです。

　国際特許出願は、このように国際調査され、**国際公開**されます。その後（その前で
もよいのですが）、出願人が指定国に移行する手続きをとると、各指定国での審査を

※1　参考文献：荒木好文著、堤卓補訂、「図解　特許協力条約」、発明推進協会。　この他、WIPOのホームページ
　　　（http://www.wipo.int/pct/ja/）も参考になります。
※2　以前は指定国を指定する方式でしたが、2004年以降は「みなし全指定」という方式に変わっています。指定し
　　　たくない国だけを指定します。

経て特許されます。国際出願（PCT出願）では、特許か実用新案かの区別はされません。国際段階では国際特許出願として扱われ、各国に移行される時に、実用新案制度を持つ国／地域に移行する場合に、特許か実用新案かを選ぶことができます。

　日本から国際出願して日本を含む各国での権利化を目指す場合（図2-19〜2-21）と、外国で国際出願された後で日本を含む各国に移行して権利化を目指す場合（図2-22〜2-24）があります。

　出願を受け付ける官庁は、管轄する**受理官庁**として行動する締約国の特許庁またはWIPOの**国際事務局**です。日本国特許庁も受理官庁の1つです。日本国民、日本の居住者、日本に工業上または商業上の営業所を持つ法人は、管轄する受理官庁が日本国特許庁なので、日本国特許庁に国際出願をすることができます。この場合の流れとその際に発行される特許文献を図2-19〜2-21に示します。図2-21は日本で初めての**再公表**とその基になった**国際公開**です。

● 国際出願

　日本から国際出願するケースでは、受理官庁として行動する日本国特許庁に出願するか、WIPOの国際事務局に直接出願するかの、どちらかを選択することができます。どちらに出願しても、**国際出願番号**が付与されます。図2-21に示した例では、「PCT/JP78/00033」です。これは日本国特許・実用新案の出願番号とは異なります。国際特許出願の言語は、管轄する締約国が定めます。日本国特許庁では日本語または英語とされています。

● 国際調査報告も国際公開に含まれる

　国際特許出願は、管轄する締約国が指定する**国際調査機関**によって、新規性と進歩性に関わる公知文献の調査が行われ、**国際調査報告**が作成されます。日本に出願されたPCT出願は原則として、日本語なら日本国特許庁が、英語なら日本国特許庁または欧州特許庁が、国際調査機関となります。

　WIPOは国際出願から18か月を経過すると**国際公開**をします。国際公開では、「WO西暦年／○○○○○○」といった**国際公開番号**が付与されます。図2-21では「WO79/00329」です。最近は「西暦年」は4桁、番号は6桁ですが、PCT条約発効直後の1979年は2桁年と5桁の番号だったのですね。**国際調査報告**もこの機会に合わせて公開されます。

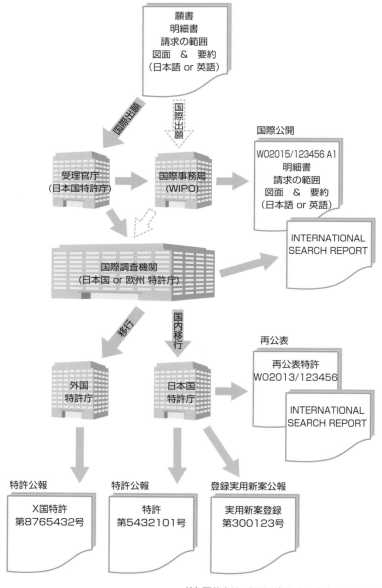

願書
明細書
請求の範囲
図面 & 要約
（日本語 or 英語）

国際出願

国際出願

国際公開

受理官庁
（日本国特許庁）

国際事務局
（WIPO）

WO2015/123456 A1
明細書
請求の範囲
図面 & 要約
（日本語 or 英語）

INTERNATIONAL
SEARCH REPORT

国際調査機関
（日本国 or 欧州 特許庁）

移行

国内移行

再公表

外国
特許庁

日本国
特許庁

再公表特許
WO2013/123456

INTERNATIONAL
SEARCH REPORT

特許公報

特許公報

登録実用新案公報

X国特許
第8765432号

特許
第5432101号

実用新案登録
第300123号

注）再公表は、2022年1月に廃止されました。

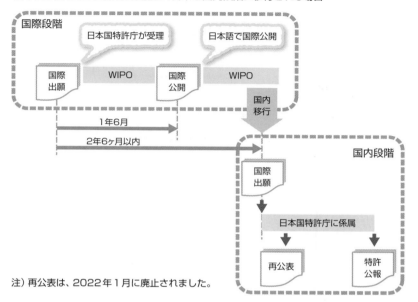

日本国が受理した国際特許出願が、日本の国内段階に移行される場合（2-20）

日本国が受理した国際特許出願が、日本の国内段階に移行される場合

注) 再公表は、2022年1月に廃止されました。

● 国内段階

　国際出願から概ね30か月の期限以内に、出願人は権利化を目指す締約国に移行（**国内移行**）する手続きをします。日本での権利化を目指すときには、日本国特許庁に手続きをします（図2-19〜2-20）。この段階以降は**国内段階**と呼ばれています。日本の**出願番号**が付与されて、日本の国内出願と同等の扱いを受けます。図2-21の例では、「特願昭54-500128」です。

　ちょっと専門的ですが、**国際段階**での準拠法は**PCT条約**であり、対応する国内法は国際出願法（特許協力条約に基づく国際出願等に関する法律）ですが、**国内段階**に移行すると、特許法と実用新案法に準拠することになります。

● 「再公表」と「特許公報」または「登録実用新案公報」の発行

　移行された後に日本国特許庁は、国際公開を再公表していました。再公表は、特許法や実用新案法に規定されているわけではなく、特許庁によるサービスですので

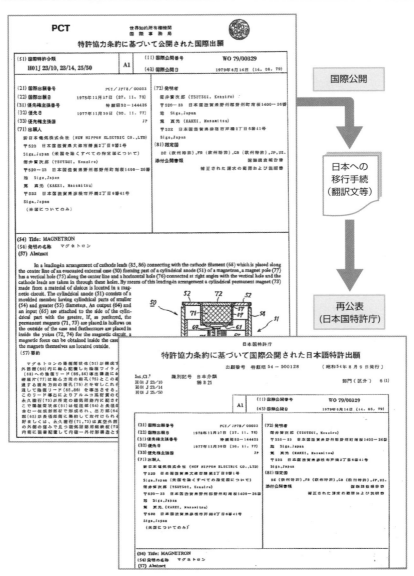

国際公開

日本への
移行手続
（翻訳文等）

再公表
（日本国特許庁）

注）再公表は、2022年1月に廃止されました。

「公報」には含まれません。したがって、「再公表**公報**」と呼ぶのは誤りです。ただし、再公表は2022年1月に廃止されました。

　その後、出願人からの**審査請求**を受けて特許庁は**審査**を行い、要件を満たせば**特許査定**をすることになり、登録したときには**特許公報**を発行します。

　実用新案に国内移行した場合には、**無審査登録制度**ですから、方式審査と基礎的な登録要件の審査だけを経て、**登録実用新案公報**が発行されます。国際段階では実用新案という扱いはありませんから、国際公開と再公表には「実用新案」という区分はなく、すべて特許として扱われます。

● 外国で出願された国際出願の日本国への移行

　一方、外国を**受理官庁**として**国際出願**された後で、日本へ移行されるケースもあります。このときの流れとその際に発行される特許文献を図2-22～2-24に示します。図2-24は日本で初めての**公表特許公報**とその基になった**国際公開**です。このときの国際出願の言語は、管轄する国が指定しますが、国際公開の言語は、PCT条約で定められており、英語、スペイン語、ドイツ語、フランス語、ロシア語、中国語または日本語のうちのいずれかです。国際公開の時期は、やはり国際出願から18か月経過後で、国際調査報告とともに公開される点も同じです。

● 「公表特許公報」の発行

　国際出願から概ね30か月の期限以内に、出願人は権利化を目指す締約国に移行（国内移行）する手続きをします。日本での権利化を目指すときには、日本国特許庁に手続きをします。このときは、日本語の翻訳文を提出します。受理した日本国特許庁は、日本の出願番号（図2-24の例では「特願昭54-500005」）を付して、**公表特許公報**を発行します。これは、「再公表」とは異なり、特許法に規定されている正式の「公報」ですから、「公表特許公報」と呼ばれます。

● 「特許公報」または「登録実用新案公報」の発行

　その後の流れは、日本から出願された場合と同じで、特許は審査請求を受けて審査され、特許登録されれば**特許公報**が発行され、実用新案は無審査登録制度により、**登録実用新案公報**が発行されます。

　このように、1件の発明からたくさんの特許文献が発行され得るということ、ま

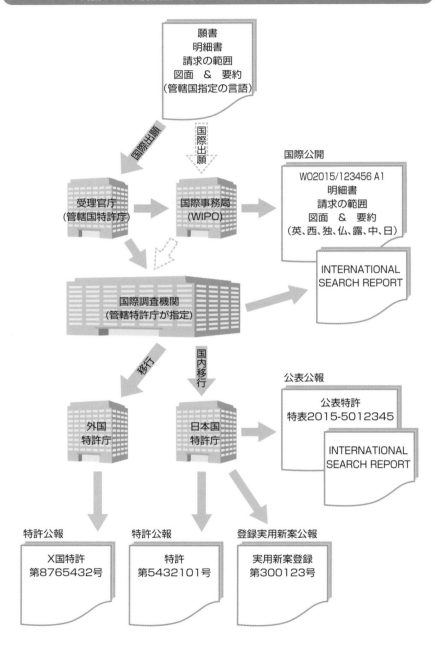

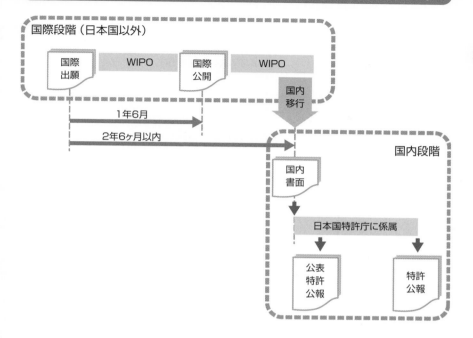

WIPOまたは日本以外が受理した国際特許出願が、日本国に移行される場合（2-23）

国際段階（日本国以外）

国際出願 — WIPO — 国際公開 — WIPO — 国内移行

1年6月

2年6ヶ月以内

国内段階

国内書面

日本国特許庁に係属

公表特許公報　　特許公報

た、発行される時期もいろいろ規定があるということをご理解いただけたと思います。国内出願の**出願公開**が出願日から1年半であるのに対して、公表公報や再公表などが発行される時期は、**国際出願**から2年半（30か月）と少し遅いので、注意が必要です。たとえば、技術動向調査で特許文献の件数を数えて統計処理する場合や、ある技術について他社から「日本には出願されていない」と結論づけることができる時期に影響します。

　なお、出願公開の時期や国内移行の期限は、出願日や国際出願日を基準にするということでお話ししましたが、**パリ条約**の**優先権**主張を伴っている場合には、さらに1年近く前の**優先日**が基準日になりますので、もう少し複雑になります。

PCT

WORLD INTELLECTUAL PROPERTY ORGANIZATION
International Bureau

INTERNATIONAL APPLICATION PUBLISHED UNDER THE PATENT COOPERATION TREATY (PCT)

(51) International Patent Classification:	A1	(11) International Publication Number:	WO 79/00187
H02K 19/38		(43) International Publication Date:	19 April 1979 (19.04.79)

(21) International Application Number: PCT/GB78/00018

(22) International Filing Date: 2 October 1978 (02.10.78)

(31) Priority Application Number: 41682/77

(32) Priority Date: 6 October 1977 (06.10.77)

(33) Priority Country: GB

(71) Applicants: ASSOCIATED ELECTRICAL INDUS-- TRIES LIMITED; 1 Stanhope Gate, London, United Kingdom W1A 1EH *(for all designated States except US)*. BEEDHAM, Edgar; 176 Rugby Road, Binley Woods, Coventry, United Kingdom CV3 2BA *(for US only)*.

(72) Inventor: BEEDHAM, Edgar; 176 Rugby Road, Binley Woods, Coventry, United Kingdom CV3 2BA.

(74) Agent: WINGATE, Pope, Michael, Bertram; The General Electric Company Limited, Central Patent Department, Hirst Research Centre, Wembley, Middlesex, United Kingdom HA9 7PP.

(81) Designated States: CH, DE, GB, JP, SE, US.

Published with:
International search report

24 Aru. 19.9

(54) Title: SYNCHRONOUS MACHINES

(57) Abstract

Synchronous machines for which, for reason of size or physical arrangement, normal excitation arrangements are not practicable. The invention provides a synchronous machine having a brushless A.C. exciter whose armature comprises a series of separate segments (5, 7) arranged with substantial gaps therebetween. Each segment (5, 7) preferably comprises an independently wound and impregnated core section mounted on a frame. The invention may be used in a rim-type hydro-generator.

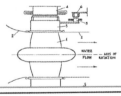

国際公開
（WIPO）

日本への
移行手続
（翻訳文等）

公表特許公報
（日本国特許庁）

---

⑯日本国特許庁

㊽公表特許公報 （A）

⑪特許出願公表

昭54—500001

㊿Int.Cl.³	識別記号	㊼日本分類	庁内整理番号	㊸公表 昭和54年（1979）7月26日
H 02 K 19／38		55 A 31	7509—5H	

部門（区分） 4（2）

審査請求 未請求

（全4頁）

㊾同期機械

㉑特　　願　昭54—500005
㉒出　　願　昭53（1978）10月2日
　翻訳文提出日　昭54（1979）6月4日
㊼国際出願　PCT／GB78／00018
㊻国際公開番号　WO　79／00187
㉚国際公開日　昭54（1979）4月19日
　優先権主張　㉛1977年10月6日 ㉝イギリス（GB）
　　　　　　㉛41682／77
㉒発明者　ビーダム・エドガー

㉑出　願　人　イギリス国コベントリイ・シー・ブイ3・2ビー・エイ・ビンリイ・ウッズ・ラグビイ・ロード176
　　　　　　アソシエーテッド・エレクトリカル・インダストリース・リミテツド
　　　　　　イギリス国ロンドン・ダブリュー1エイ1イー・エッチ・スタンホープ・ゲート1
㊽代　理　人　弁理士 飯田伸行
㊿指　定　国　CH，DE，GB，J P，SE，US

特許公報の構成

公開公報や特許公報などがどのような項目で構成されているかということは、特許検索データベースとしては、実際にお使いになる検索ツールに実装されているかどうかは別として、そのまま検索対象の項目として利用することが可能だということになります。検索データベースの検索対象項目という視点で、ご説明しましょう。

● 特許制度に登場するいろいろな「書面」

日本の特許制度では、特許庁に書面を提出することによっていろいろな手続きをし、特許庁からも書面でいろいろな通知がされます（図2-25）。

出願書類には、願書と呼ばれる**特許願**の他、**明細書**、**特許請求の範囲**、**図面**、**要約書**が含まれます。その他、審査段階の書面には、**拒絶理由通知**や**手続補正書**、**意見書**などが含まれます。これらの書面は、**J-Plat Pat**では、**経過情報**として照会して、閲覧することができます（2-4節、図2-13参照）。

● 審査書類

まず、経過情報に登場する**審査書類**について説明します。

現在の日本の**特許出願書類**は、願書の他、明細書、特許請求の範囲、必要な図面及び要約書とされています。特許請求の範囲が独立した書面ではなく、明細書に含まれていたり、「発明の名称」を記載する書類が変更されたり、制度上多少の変遷はありますが、大きくは変わっていません。特許法では「必要な図面」とされ、図面が添付されていない特許出願もあります。実用新案では図面は必須です。また、「特許請求の範囲」は長いので、英語の「claim」から「クレーム」と呼ぶことが多いです。

特許は、**出願**された後、**審査請求**を待って、特許庁による**審査**が開始されます。**審査請求書**、特許庁からの「拒絶理由通知」、これに応答する「意見書」や「補正書」、審査の結論である、**特許査定**や**拒絶査定**、拒絶査定に不服がある場合の**審判請求書**、審判の結論である**審決公報**などが、**審査書類情報**に含まれます。

出願書類には、「書誌的事項」と「技術文献としての情報」と**特許分類**とがあります。「特許分類」は出願後に特許庁によって付与されます。

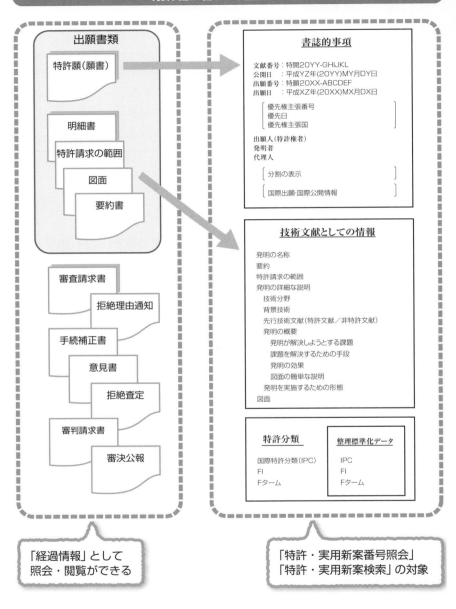

出願書類

特許願（願書）

明細書

特許請求の範囲

図面

要約書

審査請求書

拒絶理由通知

手続補正書

意見書

拒絶査定

審判請求書

審決公報

書誌的事項

文献番号：特開20YY-GHIJKL
公開日　：平成YZ年（20YY）MY月DY日
出願番号：特願20XX-ABCDEF
出願日　：平成XZ年（20XX）MX月DX日

優先権主張番号
優先日
優先権主張国

出願人（特許権者）
発明者
代理人

分割の表示

国際出願・国際公開情報

技術文献としての情報

発明の名称
要約
特許請求の範囲
発明の詳細な説明
　技術分野
　背景技術
　先行技術文献（特許文献／非特許文献）
　発明の概要
　　発明が解決しようとする課題
　　課題を解決するための手段
　　発明の効果
　　図面の簡単な説明
　発明を実施するための形態
図面

特許分類	**整理標準化データ**
国際特許分類（IPC）	IPC
FI	FI
Fターム	Fターム

「経過情報」として
照会・閲覧ができる

「特許・実用新案番号照会」
「特許・実用新案検索」の対象

● 書誌的事項

　書誌的事項には、文献番号や**出願番号**などの識別情報と、**出願日、公開日、公表日、優先日**などの日付けの情報と、**発明者、出願人**などの人的な情報と、**国際出願**や**優先権主張、分割出願**などについての関連情報が含まれます（図2-25）。特許情報の統計データとしての側面を利用する場合には、これらは特に重要な情報です。

　ここで、少し注意すべきなのは、**出願人や特許権者は、変更されることがある**ということです。専門的になりますが、特許権や実用新案権は、財産権の一種として位置付けられており、出願段階の「特許を受ける権利」と「実用新案登録を受ける権利」も、これに準じた財産権として扱われるので、譲渡などの対象なのです。出願時点の出願人である企業から他の企業に売却などで譲渡されることがあります。その場合には、出願人名や特許権者名が変更されます。その他、企業自体の社名変更や合併、分社などに伴って、出願人名や特許権者名が変更される場合もあります。

　ただし、更に注意すべきは、実際には会社名が変更されても、特許庁に届け出がされていなければ、検索データベース上は変更されないということです。たとえば、会社名が変更されたとしても、審査請求されずに期限を過ぎてしまった特許出願についてまで、遡って出願人名の変更を届けることはありません。特許庁側も、出願が係属していなければ、変更届を受け付けることはありません。したがって、検索データベース上には、現時点では存在しない会社名が出願人とされている特許が、そのまま残っています。

● 技術的な内容

　技術文献としての情報を構成しているのは、明細書、特許請求の範囲、図面及び要約書に記載された事項です。この順番は、特許法に規定されている順番で、公報に掲載される順番は違っています。審査段階で手続補正書を提出して表現が変わることもありますが、新規事項を追加することは許されないので、内容は変わりません。

　特許は（実用新案も同様ですが）、明細書と図面に書かれた発明の中から、特許権（実用新案権）を認めてほしい部分を抜き出して、特許請求の範囲（実用新案登録請求の範囲）に記載してあります。

　明細書を構成する項目は、**発明の名称、従来の技術、課題、解決手段、発明の効果、実施例**などです。多少の項目名の変更はありますが、このような事項が記載されていることは、長年大きくは変わっていません。発明というものが、従来技術のどん

な点が課題で、その課題をどう解決したか、その結果どんな効果が生まれたか、という論理で説明され、その具体例として様々な実施例が示されるという形式は普遍で、大きくは変わりません。また、この「発明というものの捉え方」は万国共通で、外国出願にも同様の項目があります。

● 検索データベース上では項目ごとに分けて蓄積されている

検索データベース上では、「発明の名称」、「要約」、「特許請求の範囲」、「発明の詳細な説明」及び「図面」というように、項目にわけて蓄積されています。**発明の詳細な説明は、技術分野、背景技術、先行技術文献、発明の概要及び発明を実施するための形態という各項目を含んでいます**（図2-25）。検索対象の項目を細かく指定してキーワードを検索することができるので、検索精度が高まります。

①発明の名称

文字通り、発明の名称です。

日本の特許法では発明を、物の発明と、方法の発明と、物の製造方法の発明とに分けていますから、これに応じた名称が付けられています。米国特許では、名称（Title）にその発明がどんな特徴があるのかを含めるように指示されることがままありますが、日本ではシンプルな名称が多用されています。

②要約

発明の内容を200～400字程度に要約したものです。

日本では「課題」と「解決手段」に分けて記載するようになっています。ただし、この部分は権利範囲を確定する役割がなく、拒絶理由の対象にもならないこともあって、書き方には多少のばらつきがあります。とてもわかりやすく書かれているものから、クレームを引き写しただけのようなものまで見られます。

③特許請求の範囲（クレーム）

特許権の権利範囲を決めるものです。

できるだけ広い権利範囲を認めてもらいために、表現にいろいろな工夫が凝らされます。これは、「発明の詳細な説明」が技術内容を開示することが目的で、比較的一般的な表現が使われているのと対照的です。

ですから、特許請求の範囲（クレーム）を読んで技術内容を把握することは一般的には容易ではありません。話は少し先走りますが、キーワード検索で、特許請求の範囲にどんな用語が使われているかを、精度よく予測するのは至難の業と言えます。

ただし、経験的には用語の使い方に一定の傾向がありますから、「予測」ではなく「観察」をすれば、どんな用語が使われる傾向にあるかは、何とか見えてきます。

④発明の詳細な説明

「発明の詳細な説明」は、発明の内容です。

出願書類では「明細書」に記載された内容で、上述したように、「技術分野」、「背景技術」、「先行技術文献」、「発明の概要」及び「発明を実施するための形態」という各項目を含み、「発明の概要」はさらに、**発明が解決しようとする課題、課題を解決するための手段、発明の効果及び図面の簡単な説明**という細分化された項目を含んでいます。

「キーワード検索をする対象の項目を何にするのか」、「どんな項目を対象としてどんなキーワードを使って検索するか」など、考えることはいろいろあります。たとえば、「発明の名称」を対象としてキーワード検索をすると、場合によってはかなりノイズの少ないヒット集合を作ることができます。またたとえば、「特許請求の範囲」を対象として「℃」などをキーワードとした検索をすると、特定の温度範囲に特徴がある発明に絞ることができそうです。

● その他の付加情報

技術内容を示すもう一つの項目が、**特許分類**です。他のデータベースと比べて、特に秀でた項目ですから、次の2-9節以降で詳しく説明します。特許分類という項目は、検索式を作る時にとても便利です。さらにそれだけはなく、分析をする時にもとても利用価値の高い項目です。

特許検索データベースの種類によっては、蓄積された特許文献情報に、その他の情報も含まれる場合があります。審査や審判の経過、特許権が有効に存続しているか、すでに消滅したか、などの情報があります。「特許の生死」とか「特許の死活」と通称されています。

さらには、審査や審判の過程で、引用された特許文献の数、その公開番号、逆に他の特許の審査や審判の過程で、その特許が引用された回数やその特許の公開番号などです。引用・被引用情報と呼ばれています。

この他、パテントファミリーの情報が含まれている場合もあります。パテントファミリーとは、1件の特許出願から派生した外国出願や分割出願の公報番号を集めた情報で、特許の価値を計る重要な指標の一つとして利用されています。

西暦	和暦	特許・実用新案法制＆制度	特許					
			特許発明明細書	公告特許公報	公開特許公報	公表特許公報(PCT)	再公表(PCT)	特許公報
1885年	明治18年	専売特許条例公布	特許第1号					
1899年	明治32年	特許法制定＆パリ条約加入						
1905年	明治38年	実用新案法制定						
1909年	明治42年	明治42年法制定 国内公知主義 特許権の効力の及ばない範囲						
1921年	大正10年	大正10年法制定 先願主義 拒絶理由通知制度 出願公告制度 異議申立制度	特許第216017号 （昭和30年特許）	特許公告第1号				
1959年	昭和34年	昭和34年法制定 法目的、発明等の定義 国外刊行物公知、進歩性 （現行特許法の基礎）						
1970年	昭和45年	昭和45年法改正 出願公開制度 審査請求制度 （特許7年/実案4年以内） 補正、分割、変更の時期			特開昭46-000001			
1975年	昭和50年	昭和50年法改正 物質特許制度 多項制の導入						
1975年	昭和50年	世界知的所有権機関(WIPO)へ加盟						
1978年	昭和53年	特許協力条約に基づく国際出願の開始				特表昭54-500001	W01979/000329	
1985年	昭和60年	昭和60年法改正 国内優先制度 国際出願手続きの変更						
1987年	昭和62年	昭和62年法改正 改善多項制 特許権存続期間延長制度						
1993年	平成5年	平成5年法改正 補正の範囲 審判手続の簡素化 実用新案の無審査登録制度						

資料1　日本の特許制度の歴史と発行された公報の変遷 (2) (2-27)

西暦	和暦	特許・実用新案法制&制度	特許					
			特許発明明細書	公告特許公報	公開特許公報	公表特許公報(PCT)	再公表(PCT)	特許公報
1994年	平成6年	平成6年法改正 請求項・発明の詳細な説明の記載要件改訂 外国語書面出願制度 付与後異議申立制度		特公平8-34772				特許第2500001号
1998年	平成10年	平成10年法改正 新規性の世界公知・公用 先願の地位の見直し 無効審判請求理由の要旨変更の禁止						
1999年	平成11年	平成11年法改正 審査請求期限の短縮(7年→3年) 権利侵害に対する救済措置の拡充						
2002年	平成14年	平成14年法改正 「プログラム」発明の規定 間接侵害規定の拡充						
2003年	平成15年	平成15年法改正 異議申立制度廃止 (無効審判に一本化)						
2004年	平成16年	平成16年法改正 無効理由のある特許権の行使の制限 職務発明の「相当の対価」の見直し						
2006年	平成18年	平成18年法改正 実施行為に「輸出」を追加 シフト補正の禁止 分割出願の時期的要件緩和と補正の制限						
2008年	平成20年	平成20年法改正 仮専用／通常実施権						
2011年	平成23年	平成23年法改正 通常実施権等の対抗要件 審決取消訴訟提起後の訂正審判の禁止						
2014年	平成26年	平成26年法改正 特許意義申立制度の創設						

注：再公表は2021年12月まで

西暦	和暦	特許・実用新案法制＆制度	実用新案						
			登録実用新案明細書	公告実用新案公報	公開実用新案公報	公開実用新案全文明細書	公表実用新案公報（PCT）	実用新案登録公報（審査後登録）	登録実用新案公報（無審査登録）
1885年	明治18年	専売特許条例公布							
1899年	明治32年	特許法制定＆パリ条約加入							
1905年	明治38年	実用新案法制定	登録実用新案第1号						
1909年	明治42年	明治42年法制定 国内公知主義 特許権の効力の及ばない範囲							
1921年	大正10年	大正10年法制定 先願主義 拒絶理由通知制度 出願公告制度 異議申立制度	登録実用新案第406203号(昭和28年登録)	実用新案公告第1号					
1959年	昭和34年	昭和34年法制定 法目的、発明等の定義 国外刊行物公知、進歩性 （現行特許法の基礎）							
1970年	昭和45年	昭和45年法改正 出願公開制度 審査請求制度 （特許7年/実案4年以内） 補正、分割、変更の時期			実開昭46-000001	実開昭46-000001			
1975年	昭和50年	昭和50年法改正 物質特許制度 多項制の導入							
1975年	昭和50年	世界知的所有権機関（WIPO）へ加盟							
1978年	昭和53年	特許協力条約に基づく国際出願の開始					実表昭54-500001		
1985年	昭和60年	昭和60年法改正 国内優先制度 国際出願手続きの変更							
1987年	昭和62年	昭和62年法改正 改善多項制 特許権存続期間延長制度							

資料２　日本の実用新案制度の歴史と発行された公報の変遷（2）（2-29）

西暦	和暦	特許・実用新案法制＆制度	実用新案						
			登録実用新案明細書	公告実用新案公報	公開実用新案公報	公開実用新案全文明細書	公表実用新案公報（PCT）	実用新案登録公報（審査後登録）	登録実用新案公報（無審査登録）
1993年	平成5年	平成5年法改正 補正の範囲 審判手続の簡素化 実用新案の無審査登録制度		実公平08-011090（平成8年公告）		実開平04-138600（平成4年公開）		実用新案登録第2500001号	実用新案登録第3000001号
1994年	平成6年	平成6年法改正 請求項・発明の詳細な説明の記載要件改訂 外国語書面出願制度						実用新案第2537281号(実開平04-138600)	
1998年	平成10年	平成10年法改正 新規性の世界公知・公用基準 先願の地位の見直し 無効審判請求理由の要旨変更の禁止					実表平10-500001（拒絶査定）		
1999年	平成11年	平成11年法改正 権利侵害に対する救済措置の拡充							
2002年	平成14年	平成14年法改正 「プログラム」発明の規定 間接侵害規定の拡充							
2003年	平成15年	平成15年法改正 異議申立制度廃止 （無効審判に一本化）							
2004年	平成16年	平成16年法改正 無効理由のある特許権の行使の制限 職務発明の「相当の対価」の見直し							
2006年	平成18年	平成18年法改正 実施行為に「輸出」を追加 シフト補正の禁止 分割出願の時期的要件緩和と補正の制限			実開2006-000001（拒絶査定）				
2008年	平成20年	平成20年法改正 仮専用／通常実施権						実用新案登録第2607899号(実開2000-49)	
2011年	平成23年	平成23年法改正 通常実施権等の対抗要件 審決取消訴訟提起後の訂正審判の禁止							
2014年	平成26年	平成26年法改正 特許異議申立制度の創設							

2-9 特許・実用新案分類照会 (PMGS)

> J-Plat Patの特許・実用新案についての3つのメニュー（図2-1）のうちの1つで、特許分類の定義を調べることができます。照会できる特許分類は、FI、FタームとIPCです。特許分類についての詳しい説明は次節に譲り、この節では簡単な使い方を説明します。

● 特許分類コードの定義を調べる

「特許・実用新案分類照会(PMGS)」を選ぶと、図2-30の画面に変わります。中程の「検索対象」で、「FI/ファセット」「Fターム」「IPC「最新版」」から調べたい特許分類を選びます。するとそれに応じて、下方の「分類表示」が変わります。

「検索対象」の右の「FI/ファセット簡易表示」「FI/ファセット簡易表示」「IPC「最新版）簡易表示」も選べます。簡易表示は、「分類を一覧したい場合や分類を印刷する場合に便利です。」と説明されており、個人的には簡易表示の方が使い易いと思っています。

特許・実用新案分類照会 (PMGS) の先頭画面 (2-30)

2-10 特許分類とは

特許分類というのは、検索インデックスそのもので、出願された特許を専門家が1件1件読んで内容を理解し、それに沿って付与してくれているものです。

● 専門家が読んで付与した検索インデックス

特許分類は検索インデックスそのものです。特許庁にとっては、出願された特許の新規性・進歩性を審査するために、必要不可欠です。現在だけでなく過去も不可欠でしたし、将来も必要不可欠でしょう。特許制度はコンピュータの登場よりもずっと以前からありましたから、過去に出願された特許を、コンピュータに頼らずに人手で検索できるように、検索インデックスとして導入されたのです。出願された特許を専門家が読んで内容を理解した上で分類コードを付与します。「分冊識別記号」などという用語にその名残があります。コンピュータが登場してデータベースが紙から電子に置き換わってからも、ずっと踏襲されてきています。さらに、特許ですからあらゆる技術分野をカバーしています。

検索インデックスとしての優秀さを保つために、統一された分類コード定義と付与基準に則って、出願された特許1件1件に分類コードが付与されます。

● 日本特許にはIPCとFIとFタームが付与されている

日本の特許に付与されている特許分類は、国際特許分類（IPC）とファイルインデックス（FI: File Index）とFターム（File Forming Term）です。公開特許公報の表紙には、公開番号、公開日のすぐ下の欄に、IPC（Int. Cl.）とFIとFターム（テーマコード）が並んで表示されていますが、その特許に付与された分類コードがすべて掲載されているわけではありません。J-Plat Patで特許文献を表示して、「検索キー」をクリックすると、付与されているすべての分類コードがポップアップ表示されます（図2-31）。分類コードの定義の調べ方については、次節以降、例を示しながら紹介していきます。

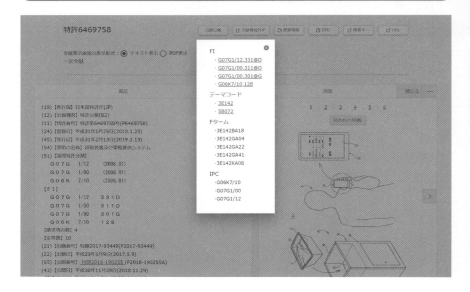

● 国際特許分類と日本の特許分類

特許制度は、それぞれの国で独立していますが、特許分類については、**世界知的所有権機関（WIPO）**が管理する国際的な特許分類である**国際特許分類（IPC: International Patent Classification）**がすでに何十年にもわたって、全世界的に使われてきています。

各国の特許庁は、このIPCをそのまま自国の特許分類として採用してもよいですし、独自の特許分類を使用してもよいのです。

● 随時見直し、随時更新

分類コードの定義は、技術の進歩や変遷に伴って、随時見直されています。分類コードの新設・統合・廃止などが随時行われ、定義が更新されます。

個々の特許に付与された分類コードも、随時見直されています。出願時に付与されますが、その後の審査などの過程で、審査官の判断で追加して付与されます。また、分類コードの定義における新設・統合・廃止などに伴って、再分類が行われます。

このように、特許分類は、検索インデックスとして優秀さを保つために、常に見直され、更新されています。

国際特許分類
(IPC: International Patent Classification)

2-11

国際特許分類は、全世界共通です。各国独自の特許分類も、このIPCとの関係で、何を目的としてどのように違うのかを理解すると、検索や分析で利用するときにスムースです。

● 階層構造（セクション／クラス）

国際特許分類（IPC）は、図2-32に示すような階層化された構成を採っています。

J-Plat Patを操作しながら読んでいただくとわかりやすいと思いますので、特許6469758に付与されているG07G 1/12（図2-31）を調べることを例にとって、操作方法をあわせて説明します（図2-33～図2-34）。「特許・実用新案分類照会(PMGS）」の画面で「検索対象」にIPC(最新版)を指定すると、それに合わせて「分類表示」が変わります。

最上位階層は、AからHまでの8つの**セクション**で構成されています。各セクションは、複数の**IPCクラス**で構成されていて、たとえば、セクションG(物理学)は、G01～G12, G16, G21とG99の15のIPCクラスで構成されています。「G」の左の+印をクリックして開くと、セクションGが展開されます（図2-33）。

技術の進歩に伴って、どの**分類コード**に分類するのも適当でないような技術が登場すると、G99の「このセクションの中で他に分類されない主題事項」に分類されます。このような分類は、いずれ文献数がまとまれば、新しいIPCクラスとして新設されるのでしょう。

● サブクラス／メイングループ

IPCクラスは、複数の**サブクラス**で構成されています。図2-33の「G07」の左の+印をクリックして開くと、IPCクラスG07が展開されます（図2-34）。さらに「G07G」の左の+印をクリックして開くと、サブクラスG07Gが展開されます（図2-34）。G07の「チェック装置」は、G07BからG07Gまでの5個のサブクラスによって構成されています。サブクラスの下にはさらに複数の**メイングループ**があり、さらにその下に個々のIPCが定義されています。たとえば、サブクラスG07Gの

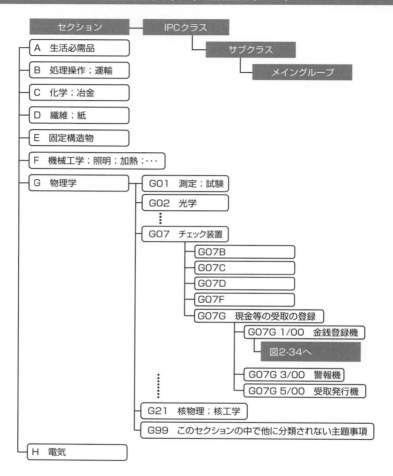

国際特許分類 (IPC) の階層構造 (2-32)

「現金，貴重品または名目貨幣の受取の登録」の下には、1/00「金銭登録機」、3/00「警報機，例. ベル」、5/00「受取発行機」の3個のメイングループがあります。

● メイングループ内のIPCコード

　図2-34は、メイングループG07G 1/00「金銭登録機」に定義されているIPCコードです。ここでもさらに何階層かに階層化されています。先頭に付けられてい

る中黒「・」の数が、階層の深さを表しています。G07G 3/00と5/00はG07G 1/00（金銭登録機）と同レベルのメイングループです。

　メイングループ1/00「金銭登録機」のすぐ下には、1/01「・指示のための細部」、1/10「・機械的に操作されるもの」と1/12「・電子的に操作されるもの」の3つの下位階層があり、1/01「・指示のための細部」の下には1/06と1/08の2つのさらに下位の階層があります。

J-Plat Patを使ったIPCの調べ方（2-33）

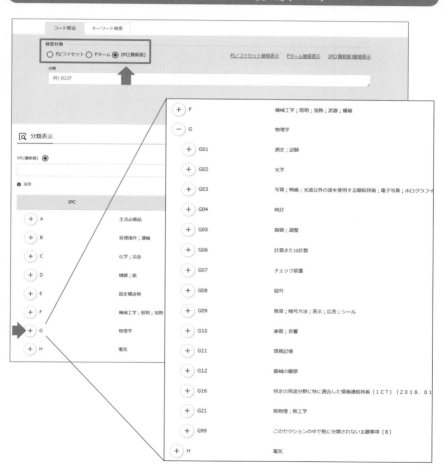

特許6469758に付されていたG07G 1/00は「金銭登録機」、1/12は「・電子的に操作されるもの」であることがわかります。ここまでくると技術的にかなり専門的な定義で、しっかりした専門知識を持った人でないと、付与はできないことがわかります。

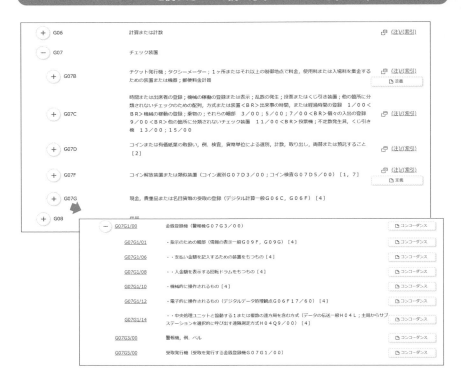

2-12 ファイルインデックス (FI: File Index)

日本国特許庁は、FIとFターム（次節）の２つの特許分類を運用しています。FIは基本的にはIPCと同じ階層構造、Fタームはマトリックス構造で、一長一短があります。

● FIはIPCをさらに細かく分類

　FIは、基本的にはIPCと同じ階層構造で構成されており、日本への出願が多い分野はさらに細かく分類されています。IPCと同じようにFIをメイングループG07G 1/00「金銭登録機」まで辿ったJ-Plat Patの画面を図2-35に示します。「FI/ファセット簡易表示」の画面も参考のために図2-36に示します。ここで注目していただきたいのは、FIのメイングループはIPCと同じ分類コードの下位階層も、さらに細かく分類されていることです。たとえば、G07G 1/00の下に、301、301@A〜@Z、311……の通り、細かい分類が追加されています。ここでFIの末尾に追加さ

J-Plat Patを使ったFI(File Index)の調べ方 (2-35)

れた「301」「311」は「展開記号」、@の後に追加されたアルファベットは「分冊識別記号」と呼ばれます。

● IPCとFIの使い分け

FIは日本国特許庁が日本に出願された特許を審査するために付与している特許分類コードですから、日本特許の検索には、IPCよりもFIの方が、より適切だということができます。

一方、同じ技術について国・地域別の出願件数を調べて比較したいときなどには、IPCの方が適切です。

● 「かなり深い階層構造をもっている」という理解で十分

本書で目指すような、「短時間で**それらしい特許**をみつける」ためには、特許分類についての深い知識は必要ではありません。ここで説明したように、「かなり深い階層構造をもっている」というくらいの理解で十分でしょう。

2-13 Fターム（File Forming Term）

Fタームは、日本国特許庁が採用している日本独自の特許分類で、IPCやFIとは全く異なる構造です。使いこなせれば、特許検索でも分析でも、とても強力な助っ人になります。

● Fタームは多次元のマトリックス構造

Fタームは、IPCやFIとは全く異なる構造を持っています。多数のテーマコードがあり、それぞれのテーマコードが、多次元のマトリックスで構成されていると言ってもよいでしょう。多くの次元を構成する軸として、主に「目的」、「用途」、「解決手段」、「効果」に相当するような、複数の観点が定義されていて、各観点が階層化されたコード（Fターム）で構成されています。

● テーマグループ

J-Plat Patの「特許実用新案分類照会（PMGS）」で「検索対象」に「Fターム」を指定しても、「分類表示」欄には特に何も表示されません。「Fターム簡易表示」から入ると、テーマグループがずらっと並んでいますが、各テーマグループには定義が

J-Plat Patを使ったFタームの調べ方（Fターム簡易表示）(2-37)

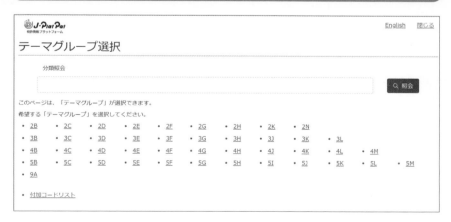

書かれていません (図2-37)。

　何らかの考え方に基づいて階層化されているわけではなく、多くのテーマコードがフラットに展開されていると理解した方がよいでしょう。

● テーマコードの例

　特許6469758を例にとって、Fタームの調べ方を紹介します。図2-31には、テーマコードとして「3E142」と「5B072」が表示されています。これにはリンクが張られているのでリンクに飛べばそのテーマコードが表示されます。Fタームとしては、3E142BA18、3E142GA04、3E142GA22、3E142GA41、3E142KA08が付されています。このことから、「5B072」よりも「3E142」の方に軸足が置かれていると推測できます。

　検索対象に「Fターム」を指定して、「分類」欄に「3E142」を入力して「照会」すると、テーマコード3E142の内容が表示されます (図3-38)。

　テーマコード3E142は「金銭登録機・受付機(カテゴリ: サービス機器)」と説明されていて、表示されている「AA00 用途」「BA00構造」「CA00 入力」「DA00 出力」「EA00 業務」「FA00 処理」「GA00 端末システム」「HA00 システム間連携」「JA00 ネットワーク範囲」「KA00 異常対策」は、このテーマコードに規定されている複数の観点です。特許6469758に付与されているBA18は構造に関するもの、GA04、GA22、GA41は端末システムに関するもの、KA08は異常対策に関するものであることがわかります。それぞれの「開く」ボタンをクリックして下位階層を表示させると内容を確認することができます。「GA00 端末システム」を開くと図2-39のようになります。

　ここまでくると階層化されていて、FIと同様に「・」の数で階層の深さがわかります。GA04は「GA01 認識媒体」の下位階層の「無線タグ」、GA22は「GA11 端末本体／周辺機器」の下位階層の「ショッピングカート」、GA41は「セルフチェックアウト用のもの」です。これだけからでも、無線タグを使ったセルフレジに関する発明であることが、容易に想像できます。

J-Plat Patを使ったFタームの調べ方 (2-38)

検索対象
○ FI/ファセット ● Fターム ○ IPC(最新版)　　　　　FI/ファセット簡易表示　Fターム簡易表示　IPC(最新版)簡易表示

表示画面
● Fタームリスト ○ Fターム解説

分類

| 3E142 |

Q 照会　　**クリア**

🔍 **分類表示**　　　　　　　　　　　　　　　　　　　　　　　　▶ ヘルプ

Fターム ●

[　　　　　　　　　　　　　　　　　　　　　　　　　　] 📄 特実検索にセット

➕ 追加

検索キーワードのハイライトされている文字列:

3E142

(備考)
リスト再作成（Ｈ１７）旧３Ｅ０４２　　　　　　　　　　📄 リスト印刷

テーマコード	3E142　解説
説明	金銭登録機・受付機（カテゴリ：サービス機器）
FI適用範囲	G07G1/00 -5/00

☐ AA00 用途	開く ＋
☐ BA00 構造	開く ＋
☐ CA00 入力	開く ＋
☐ DA00 出力	開く ＋
☐ EA00 業務	開く ＋
☐ FA00 処理	開く ＋
☐ GA00 端末システム	開く ＋
☐ HA00 システム間連携	開く ＋
☐ JA00 ネットワーク範囲	開く ＋
☐ KA00 異常対策	開く ＋

2 基礎知識 J-Plat Patの使い方と特許制度・特許分類

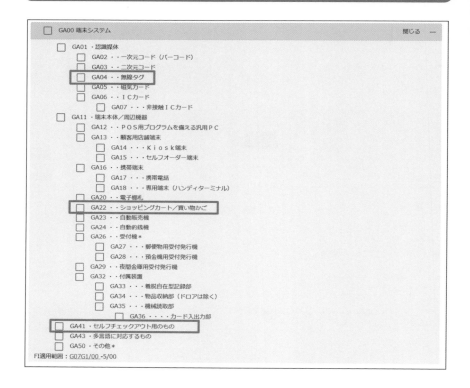

● Fタームはそのままで検索式の項

　お気づきの読者も多いかと思いますが、Fタームはそれだけで検索式を作るのに適した分類コードです。たとえば、無線タグを使ったセルフレジに関する特許を探したいときには、検索式として「3E142GA04＊3E142GA22＊3E142GA41」を使って検索すれば良いことになります。

　さらに、明細書の中で言葉では表現しづらい技術内容ほど、しっかりとFタームに定義されている傾向が強いようです。特許庁での審査でも、検索キーワードの選定に苦労した歴史があって、Fタームという特許分類が導入され、活用されてきているのではないかと想像しています。ですから、ユーザである我々も、検索キーワードの選定に困ったら、Fタームを使った検索式を検討してみるべきでしょう。

2-14 特許・実用新案検索（選択入力）

「特許・実用新案検索」は、特許分類やキーワードを使った検索式を組み立てて行う検索です。GUIで検索式を作成する「選択入力」と、検索式をテキスト形式で入力する「論理式入力」があります。

●「選択入力」の画面

　J-Plat Patから「特許・実用新案検索」を選ぶと表示される画面です（図2-40）。「テキスト検索対象」で対象の特許文献を選び、検索キーワードで、検索項目を指定し、キーワードを入力して、「検索」ボタンを押すと検索が実行されます。「除外キーワード」と「検索オプション」を指定することができます。「条件を論理式に展開」を押すと、作成した検索式を「論理入力」画面に変換してくれます。知っておくと便利ですので、後段で紹介します。

J-Plat Patの「特許・実用新案検索」（選択入力）（2-40）

● テキスト検索対象の指定

　検索に使う言語が日本語（和文）か英語（英文）かを指定します。また「詳細設定」を開いて検索対象の文献を細かく指定することができます（図2-41）。デフォルトはすべての国内文献になっています。外国特許文献や非特許文献（論文など）、J-GLOBALも検索対象として選べる仕様にはなっていますが、データベース自体にどの程度多くの文献が蓄積されているかは、確認しておく必要があります。

　日本特許文献についても、蓄積された時期によっては、検索可能なテキストデータが整備されておらず、画像データのみが蓄積されているものもあります。その場合には、全文を対象に「請求項」のような明らかにヒットするはずのキーワードを使って検索してもヒットしないことがあります。古い文献については、この点も留意が必要です。ちなみに、特許の電子出願が始まった1993年以降は、テキストデータが整備されていますが、それ以前は、ＯＣＲで作成したテキストデータです。

テキスト検索対象の詳細設定（2-41）

● 「除外キーワードの指定」と「検索オプションの指定」

　「除外キーワード」は、そのキーワードにヒットした文献を除外する仕様もありますので、注意が必要です。「検索オプション」には、公知になった日、出願日による絞り込みの他、「登録日あり」の絞り込みもできます。

2-15 特許・実用新案検索（論理式入力）

「論理式入力」は、一見ハードルが高いですが思ったよりもずっと簡単で、使い勝手は格段に向上します。是非、チャレンジしてみてください。

●「選択入力」から「条件を論理式に展開」

まずは「選択入力」の画面に簡単な検索式を入力し、「条件を論理式に展開」して論理式入力に移ります（図2-42）。

「選択入力」から「条件を論理式に展開」で「論理式入力」へ（2-42）

選択入力	論理式入力

テキスト検索対象
◉ 和文 ○ 英文

文献種別　　　　　　　　　　　　　　　　　　　　　　　　詳細設定 ＋

☑ 国内文献 [all] ☐ 外国文献 ☐ 非特許文献 ☐ J-GLOBAL

検索キーワード
検索項目　　　　　　　　　　　キーワード

請求の範囲　　　　　∨　□　　RF,2C,タグ　　　　　　　　　　　近傍検索 □

○ 削除　　　　　　　AND

要約/抄録　　　　　∨　□　　商品 レジ　　　　　　　　　　　　近傍検索 □

⊗ 削除 ⊕ 追加

除外キーワード　検索から除外するキーワードを指定します。　開く ＋

検索オプション　　　　　　　　　　　　　　　　　　　　　　　開く ＋

オプション指定：なし

🔍 検索　　クリア　　　　　　　　　　　　　　　　条件を論理式に展開

● 論理式の編集

例として入力したのは、「請求の範囲」に「RF」と「タグ」が2文字以内に順序通り並んでいることを条件にした近傍検索と、「要約/抄録」に「商品」または「レジ」が含まれているキーワード検索のANDです。

展開された「論理式入力」画面の「論理式」ウィンドウには、

[RF,2C,タグ/CL]*[商品/AB+レジ/AB]

という論理式が表示されています（図2-43）。この論理式はウィンドウ内で自由に
編集することができますし、保存し再度読み込むことができます。

　私は、論理式をテキストとして別のファイルにコピーし、編集した後、改めてコ
ピー＆ペーストで論理式ウィンドウに戻しています。別ファイルをEXCELにすれ
ば、検索式の狙いをメモしておいたり、ヒット件数を記録しておくことができます。
また、論理式ウィンドウ内では改行はなくなってしまいますが、外部では論理式の
項ごとに改行して、読みやすい状態で編集することができます。

　図中に示した例では、選択入力から展開して作成した論理式をベースとしてコ
ピーし、第1項と第2項をそれぞれ1行に分かち書きして、第2項は括弧でまとめ
（EXCELの3行目）、第1項の近傍検索の「RF 」に「無線」を同義語とし補充「(RF+
無線)」する編集をしました（EXCELの4行目）。編集の終わったB2を、コピーし
て論理式ウィンドウに戻します。EXCELのC列はそのときのヒット件数です。

展開された「論理式」の編集 (2-43)

● 論理式の文法

　論理式の文法は、ヘルプで調べることができます。「論理式入力タブを選択した場合」を開くと詳細が表示されます（図2-44）。下の方には「論理式で指定可能な検索項目」があります（図2-45）。「論理式」の欄から「論理式の入力形式及び入力例について」のリンクへ飛ぶと、より詳しい文法がわかります（図2-46）。基本的には「検索キーワード/検索項目」の形で記載します。

　図2-46に例示されている「クラウド/CL」は、検索項目を請求の範囲とし検索キーワードを「クラウド」とした検索式です。請求の範囲を表す構造タグがCLであることは、「論理式で指定可能な検索項目」（図2-45）で調べます。全文なら「TX」、発明／考案の名称なら「TI」、要約なら「AB」を指定することができます。この他、FI、IPC、Fタームなどの特許分類を検索対象とすることもできます。

論理式の文法（ヘルプ画面）(2-44)

[?] 特許・実用新案検索

各種キーワードや分類（FI、Fターム、IPC）などから、特許・実用新案公報、外国文献、非特許文献を検索できます。

「選択入力」タブ

　検索項目を選択して検索する場合に、「選択入力」タブを選択します。

「論理式入力」タブ

　検索用の論理式を作成したり読み込んだりして検索する場合に、「論理式入力」タブを選択します。

以降は選択したタブによって、表示される項目が異なります。

「選択入力」タブを選択した場合	開く ＋

| 「論理式入力」タブを選択した場合 | 閉じる － |

「論理式を読み込む」ボタン

論理式

　論理式を入力します。

　論理式とは、検索キーワードと構造タグを組み合わせたものを演算子でつないだ式です。

　論理式の入力形式及び入力例については、論理式の入力形式及び入力例についてをご参照ください。

　なお、本システムの文字コード表（JIS漢字コード第一水準・第二水準）に含まれない特殊な漢字については入力できないため、エラーになります。

論理式で指定できる検索項目	構造タグ
全文	TX
書誌事項	BI
発明・考案の名称 / タイトル	TI
要約 / 抄録	AB
請求の範囲	CL
明細書	SP
審査官フリーワード	FW
審査官フリーワード＋全文	AL
FI	FI
F ターム	FT
ファセット	FC
IPC	IP
CPC	CP
出願人 / 権利者 / 著者所属	AP
申請人識別番号	AN
出願人 / 権利者住所	AA
発明者 / 考案者 / 著者	IN

　「論理式の入力形式及び入力例について」の画面では、上で述べたよりも詳細に論理式の入力形式が「検索キーワードと検索項目の区切り」「近傍検索について」「使用できる演算子について」「除外キーワード」「検索項目ごとの入力形式について」が説明されています。

　使用できる演算子には、括弧：[ ]()、論理積（AND）：＊、論理和（OR）：＋、論理否定（NOT）：－があることがわかります。また途中に空白を含む複数語（主に英語）はシングルクォーテーソン(')で囲むなどがわかります。

● 近傍検索

　近傍検索は、２語または３語が近くに現れるとヒットする検索機能で、修飾語のついたキーワードを検索したい場合に便利です。

　図2-47は「選択入力」での「近傍検索」の例です。この例では、「RF」と「タグ」が順序通りに２文字以内の距離（２語の間に挟まれる文字数が２文字以下）に出現する文献にヒットします。「RFタグ」「RFIDタグ」「RFICタグ」にヒットしますが、

逆順（この例では考えにくいですが）「タグRF」「タグはRF」「タグにはRF」にはヒットしません。逆順にもヒットするように設定することもできます。

論理式の入力形式と入力例（2-46）

「選択入力」での近傍検索の入力画面（2-47）

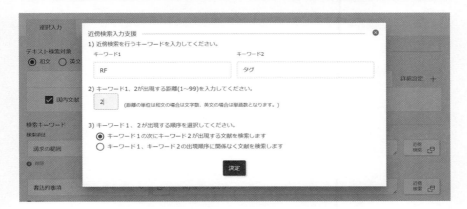

「論理式入力」では、図2-48のように、2語同順、2語順不同の場合に加えて、3語の近傍検索もできます。例えば、「携帯端末」「携帯情報端末」「携帯型の情報処理端末」のようないろいろな表現を、どこまでヒットさせたいかによって使い分けます。

近傍検索 (2-48)

2語　同順	**語A ,nC,語B /xx** [検索項目xx中に語Aと語Bが 同順でn文字以内]	語A○···○語B ⎵≦n文字
2語　順不動	**語A ,nN,語B /xx** [検索項目xx中に語Aと語Bが 順不動でn文字以内]	語B○···○語A ⎵≦n文字
3語　同順	**語A ,nC,語B ,mC,語C /xx** [項目xx中に語Aと語Bが順序どおりn文字以内で さらに語Bと語Cが順序どおりm文字以内]	語A○···○語B○···○語C ⎵≦n文字　⎵≦m文字
3語　順不動	**{語A ,語B ,語C },nN/xx** [項目xx中に語Aと語Bと語Cが順不動で 隣接語間がn文字以内]	語C○···○語B○···○語A ⎵≦n文字　⎵≦n文字
3語　複合	**{語A ,nN,語B },mC,語C /xx** [項目xx中に語Aと語Bが順不動でn文字以内 その後m文字以内に語C]	語B○···○語A○···○語C ⎵≦n文字　⎵≦m文字

図2-48の語A，語B，語Cは、括弧で括った複数語のORに置き換えることもできます。例えば3語複合でも、

```
{(携帯＋ポータブル),2N,(情報＋データ)},1C,(端末＋機器)/TX
```

のように同義語をORしたグループ間の近傍検索式をつくることもできます。
なお、英語の場合は、文字数ではなくword数になります。

● ワイルドカード

「?」を任意の1文字を表すワイルドカードとしてキーワードを構成することができます。キーワード全体をシングルコーテーションで囲みます。たとえば、「'携帯??端末'」は「携帯情報端末」にはヒットしますが、「携帯型端末」や「携帯データ端末」にはヒットしません。

ヒットした文献の見方

> 短時間で「それらしい特許」を見つけるためには、検索式にヒットした文献を効率よ
> く評価することが重要です。この章では、「J-Plat Patの使い方」という視点で詳しく
> 説明しましょう。

● いかに素早く「ハズレ」と判断するかがポイント

「『ヒットした文献の見方』など、教えてもらう必要はない」と思っていらっしゃる
方がほとんどでしょう。確かにそれも一理あります。しかし、「短時間で**それらしい
特許**を見つける」ためには、極力ムダな時間を減らすことが重要です。

特許検索に限らず、およそ「探す」という作業では、ほとんどの時間を**ハズレ**と判
断するために費やすことになります。ですから、いかに素早く**ハズレ**と判断するか
が、「短時間で」を達成するための極めて重要なポイントなのです。

● 検索結果の一覧表示

検索結果は、入力した検索式の下方に「検索結果一覧」として表示されます（図
2-49）。国内文献、外国文献、非特許文献ごとにヒット件数が表示されています。こ
の例では30件の国内文献がヒットしています。その下には検索一覧オプション、さ
らに下にヒットした文献のリストが表示されています。

「検索一覧オプション」では、公知年別の内訳が表示されています。リンクをク
リックすると、下のリストがその年に公知になった文献に絞られます。公知年別の
ヒット件数が表示されていますので、私は、ヒット件数がどの年代に多かったのか、
年次推移を知るために使っています。ヒットさせたいのが新しい技術なのに、古い
特許が多くヒットしているようだと、検索式を見直した方が良いと考えます。

「検索一覧オプション」にはもう一つ「FI別」もヒット件数の内訳が表示されてい
ます。これもヒットさせようとしている技術に合ったFIの特許がヒットしているか
どうか、検証する意味で観察するとよいでしょう。

● 分類コードランキング

検索一覧オプションと文献リストの間にある「文献コードランキング」をクリックすると、付与されているFIコードの順にヒットした文献の数をランキング表示する画面がポップアップされます（図2-50）。

これも検索式の質を測るのに役立ちますが、後述する「適切な特許分類コードの探し方」にも便利です。

順位	件数	FI	説明
1	11/30	G07G1	金銭登録機（警報機G07G3／00）
2	9/30	G06K7	記録担体を読取る方法または装置（G06K9／00が優先；記録担体にデジタル的に記録する方法または装置G06K1／00）
3	8/30	G06K17	メイングループG06K1／00～G06K15／00の2つ以上のメイングループに包含される装置を協働させるための方法または装置，例．移送動作と読取り動作を取り込んだ自動カードファイル
3	8/30	G06K19	機械と共に使用され，かつ，少なくとも，デジタルマーキングを担持するように設計された部分と共に使用される，ための記録担体
5	7/30	G06F17	特定の機能に特に適合したデジタル計算またはデータ処理の装置または方法（そのための情報検索，データベース構造またはファイルシステム構造G06F16／00）［2019．01］
6	6/30	G06Q30	商取引，例．買物または電子商取引［8，2012．01］

● CSV出力

　検索一覧オプションと文献リストの間にある「CSV出力」をクリックすると、ヒットした文献のリストがcsv形式で出力されます（図2-51）。（予め利用申請してユーザIDを取得しておく必要がありますが、ポップアップするCSV認証画面から申請できます。）csvとはcomma separated valuesの略で、複数のデータをコンマで区切った形式で、EXCELなど多くのソフトウェアで読み込むことができます。

　出願番号や出願日、発明の名称に加えて、出願人／権利者、付与されているFI、要約などの詳しい情報も得られます。さらにJ-Plat Patへのリンク（文献URL）もついています。これらの情報は、自分オリジナルの特許データベースを作ったり、第4章や第6章で紹介する特許マップを作るための元データになります。

CSV出力（2-51）

	A 文献番号	B 出願番号	C 出願日	D 公知日	E 発明の名称	F 出願人/権	FI	要約	I 公開番号	J 公告番号	K 登録番号	L 審判番号	M その他	N 文献URL	O
2	特開2021	特願2020	2020/2/17	2021/9/2	商品情報	東芝テッ	G07G1/00	(57)	【要	特開2021-128721					https://www.j-pla
3	特開2020	特願2019	2019/9/20	2020/8/31	POSシ	東芝テッ	G07G1/12	(57)	【要	特開2020-135847					https://www.j-pla
4	特開2019	特願2018	2018/4/25	2019/10/31	レジスシ	パナソニ	G07G1/00	(57)	【要	特開2019-191919					https://www.j-pla
5	特開2019	特願2017	2017/12/4	2019/6/24	レジスシ	マスプロ	G07G1/00	(57)	【要	特開2019-101816					https://www.j-pla
6	特開2019	特願2017	2017/10/5	2019/4/25	RFタグ	大日本印	G06K7/10	(57)	【要	特開2019-067328		特許6953975			https://www.j-pla
7	特開2018	特願2016	2016/10/28	2018/5/10	クロック	富士通株	H04L7/03	(57)	【要	特開2018-074375					https://www.j-pla
8	特表2018	特願2018	2016/10/13	2017/4/20	再注文ト	アクセス	G06Q10/0	(57)	【要	特表2018-534681		特許6904949			https://www.j-pla
9	特表2017	特願2017	2015/9/28	2016/3/31	バッグの	ダフル	G06Q10/0	(57)	【要	特表2017-538182					https://www.j-pla
10	特開2013	特願2012	2012/9/18	2013/5/16	コンシェ	東京ガテ	G06Q30/0	(57)	【要	特開2013-093016		特許5977632			https://www.j-pla
11	特開2012	特願2010	2010/8/26	2012/3/8	ワンクリ	株式会社	G06F17/6	(57)	【要	特開2012-048694					https://www.j-pla
12	特表2013	特願2013	2011/7/18	2012/2/9	RFID	インテル	G06F9/06	(57)	【要	特表2013-535750		特許5607250			https://www.j-pla
13	特開2011	特願2010	2010/2/22	2011/9/1	自動精算	NECプ	G06F17/6	(57)	【要	特開2011-170744		特許5451446			https://www.j-pla

● ヒットした文献のリスト

　ヒットした文献について、文献番号をはじめ、発明の名称や出願人／権利者などの書誌事項がリストされています。右端の各種機能も含めて、表示される画面は、「2-4節J-Plat Patの特許・実用新案番号照会の例」で紹介した機能と同じです。文献番号のリンクをクリックすると、その文献の内容が表示されます（図2-52）。

　ある技術内容の特許を探す目的で検索するときには、書誌によりも要約や図面が重要です。書誌を閉じて要約を開いておくのがよいでしょう。要約などテキストデータには、検索式で使ったキーワードがハイライトされています。すべての図面を見たいときは、最下段の「図面」も開いておきます。スクロールが必要ですが、画面を切り替えずに全図面を見ていくことができます。右上の「次の文献」に進んでも同じ状態ですので、効率よく文献をチェックしていくことができます。

2　基礎知識　J-Plat Patの使い方と特許制度・特許分類

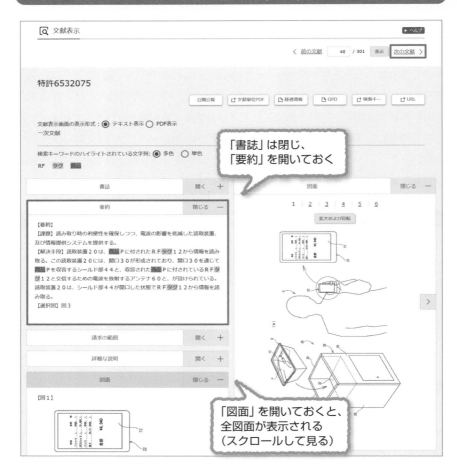

「書誌」は閉じ、
「要約」を開いておく

「図面」を開いておくと、
全図面が表示される
（スクロールして見る）

第 **3** 章

短時間で「それらしい特許」を見つけるために！

特許検索を日常に取り込み、さらにオリジナルのデータベースを作るためにまず身につけるべきスキルです。ある程度決まった手順に沿って特許検索を進めることで、かけた時間や労力に見合う検索結果を期待することができます。そんな検索手順を身につけましょう。

3-1 検索手順の確立

特許検索を日常に取り込むにはどうしたらよいのでしょう？　また、検索手順を確立するには、どうすればよいでしょう？　まずは、検索手順がなぜ場当たり的になってしまって安定しないのか、その原因を分析してみましょう。

● 特許検索データベースの使い方がわからないからか？

大企業だと有償のそして高機能・高性能の特許検索データベース（特許検索ツール）のユーザIDがすべての技術者・研究者に提供されているでしょう。そんな有償の特許検索ツールを使うことができない方々でも、J-Plat Patは無償で利用することができます。

検索データベースの使い方がよくわからないから、特許検索への敷居が高くて日常に取り込めないのでしょうか？

それはないと思っています。検索データベースの使い方については、それぞれのヘルプ機能を使いながら使いこなせると思いますし、詳しく知りたい方は、出版されている解説書を参考にされるとよいと思います。J-Plat Patについては、本書でも簡単に解説してあります。

そもそも、技術者・研究者にとっては、使用経験のないツールを、何らかの事情で新たに使わなければならなくなるというような事態は珍しくはないので、本当に必要ならば、あるいは本当に便利だとわかっていただければ、簡単に使いこなすようになれるでしょう。

● 試行錯誤しても見つからない徒労感が原因

では、どうして特許検索への敷居が高くて日常に取り込めないのでしょうか？それは、**それらしい特許**をうまく見つけられないからです。昔と違って、インターネットでYahoo!やGoogleなどの検索サイトを使った検索は、誰でも日常的にやっています。ところが、特許検索になったとたんに、検索式がうまく作れなくて、試行錯誤してしまいます。

試行錯誤の典型は、こんな状況ではないでしょうか？

　検索式を作ってみたら、ヒットは0件だった。作り直したら、ヒットが数千件になってしまい見る気も起こらない。少し絞ってみたら数件になったけれど、明細書を読んでみるまでもなく、期待した特許とはまったく違う。もう少し広げてみたらヒットは数百件になり、いくつかそれらしい特許が見受けられる。あっという間に3時間も経ってしまった。「3時間も悪戦苦闘したが、ロクな特許は見つからなかった。でも、ほんとうにそんな特許が出願されていないとは思えない。時間をムダ遣いしてしまった」という徒労感だけが残ってしまう。

　こんな経験は皆さん誰もがお持ちなのではないでしょうか？　そして、この徒労感が特許検索に対する敷居を上げている最も大きな原因です。短時間で**それらしい特許**を確実に見つけることができれば、特許検索を日常に取り込むことができます。

● 一定の時間内にそこそこの成果が期待できる一定の手順

　では、短時間で**それらしい特許**を見つけるためには、どうしたらよいのでしょう。それは、一定の時間内にそこそこの成果が期待できる、一定の手順というものを習得することが重要です。これができれば、「悪戦苦闘したけれど、ロクな特許は見つからなかった。時間をムダ遣いしてしまった」というようなことはなくすことができます。試行錯誤の時間をできるだけなくして、一直線に**それらしい特許**に到達できるような、そんな一定の手順を習得しましょう。

ちょっと調べてみよう！

3-2 調査の目的と検索の流れ

> 調査の目的に応じて、調査主題を決め、検索式を作り、ヒット集合を得る。そんな検索手順に沿って検索します。その先の展開は目的によっていろいろですが、大きく分けて2つの方向性があります。「調査主題に最も近い1件を見つける」方向と、「ある程度まとまったノイズの少ない文献集合を作る」という方向です。

● 調査主題に最も近い1件の特許の発見をめざす

1つは、調査主題に最も近い1件もしくはごく少ない件数の文献を見つける方向です（図3-1）。出願前の**先行文献調査**や**無効化調査**がこれに当たります。この第3章でご紹介するような検索手順が適しています。**それらしい特許**を見つけてよく読んで評価するという作業を、探索範囲を徐々に広げながら繰り返すうちに、「調査主題に**最も近い1件**を見つける」という目標に到達します。

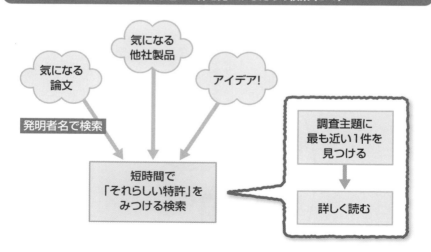

調査主題に最も近い1件を見つけるための検索 (3-1)

それらしい特許では、「調査主題に**最も近い1件**を見つける」という調査目的は達成できないのですが、まずは「短時間で**それらしい特許**を見つけて」おいて、それか

ら徐々に探索範囲を広げることによって、真に調査目的に合致する特許文献の発見を目指すのです。

● ある程度まとまったノイズの少ない文献集合を作る

もう一つは、特許データベースを統計として活用する目的で**検索式**を作り、ヒット文献集合を作るという方向です。作った文献集合は統計分析の対象になります（図3-2）。

特許データベースを統計として活用するための検索 (3-2)

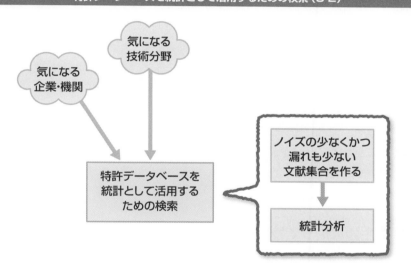

ある程度まとまった件数が必要だったり、ヒットする件数自体が統計量として重要だったりします。ですから、「ノイズが少なく、かつ、漏れも少ない」という、かなり厳しい要求を満たすヒット集合が求められることになります。そんな検索式にブラッシュアップしていく過程では、この第3章でご紹介する検索手順の部分部分を組み合わせて使っていくことになります。詳しくは次の第4章でご紹介します。

では、「短時間で**それらしい特許**を見つけるために」に進みましょう。

3-3 特許検索の基本的な流れ

短時間で「それらしい特許」を見つけるためにとるべき手順をご紹介します。

まず、特許検索の基本的な流れをおおまかに説明しましょう。

● 調査主題を明確に

特許検索の基本的な流れは、調査主題の明確化、ズバリを見つける検索、探索範囲の拡大の順に進めます（図3-3）。

まず、調査主題を明確にします。呼び方は「調査主題」、「調査観点」、「調査テーマ」、「調査対象技術」等々ありますが、自分が何を見つけたいのかをはっきりさせるのが第一歩です。

至極当然で、「そんなことは、言われなくてわかっている」と感じられる方がほとんどでしょう。しかし、特許検索が迷走して失敗する原因は、調査主題が明確になっていないことが大半だと言っても過言ではありません。

一切の曖昧さが排除されているような、調査主題にはそんな明確さが求められると思ってください。

● 調査主題に沿って検索式を立てる

次に調査主題に沿って検索式を立てます。まずは直接的な言葉（キーワード）だけを使った検索式でよいです。見つけたいもの**ズバリ**があれば、この時点でヒットするかもしれません。

次は、キーワードを特許分類コードに置き換えます。特許分類については、第2章で詳しく説明しました。

● 適切な特許分類コードを見つける検索

まずは適切な特許分類コードを見つける検索をします。その後、見つけた特許分類コードを使った検索で**ズバリ**を見つけます。

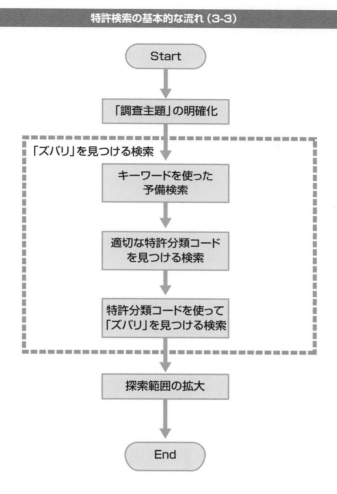

特許検索の基本的な流れ (3-3)

Start

「調査主題」の明確化

「ズバリ」を見つける検索

キーワードを使った
予備検索

適切な特許分類コード
を見つける検索

特許分類コードを使って
「ズバリ」を見つける検索

探索範囲の拡大

End

● 探索範囲を徐々に拡大

その後さらに、直接的な特許分類コードやキーワードだけだった部分に、他の特許分類コードや同義語・類義語を付け加えて、探索範囲を徐々に拡大していきます。だんだんヒット件数が増える一方、ノイズの割合も高くなり、調査主題に合致する特許が見つかる頻度が少なくなってきます。得られた成果と費やした時間 (労力) を天秤にかけて、どこかで見切りをつけます。

● どこまでやったら終わりか？

「どこまでやったら終わりにしてよいか？」と質問されることがよくあります。

冷たい言い方に聞こえるかもしれませんが、その答えは「ご自分の調査の目的に基づいて判断してください」ということです。

調査主題に合致する特許がどこにでもありそうなものか、あるかないかわからない珍しいものか、にもよります。調査主題に合致する特許がどこにでもありそうなものである場合に、1件だけ見つければよいのか、何件ぐらい出願されているのかを知ることが目的なのかにもよります。どこにでもありそうな特許のうちの1件だけを見つければ済むのであれば、短時間で終わります。一方、特許の無効化調査のように、あるかないかわからない場合には、どうしても時間がかかってしまいます。

特許の**無効化調査**というのは、特許庁による**審査**で新規性・進歩性を否定するような公知文献が見つからず**特許査定**を受けた特許発明について、特許庁の審査結果を覆すような公知文献を探すのですから、審査で行われた特許調査よりもずっと多くの労力をかける必要があります。多くの労力をかけたにも関わらず、見つからないこともままあります。無効化できるような特許がないことの証明は、悪魔の証明であって、本質的に不可能なのですから、どうしてもどこかで見切る（あきらめる）必要に迫られます。ただ、本書の読者の方がご自分で無効化調査を担当される機会は少ないとは思います。専門のサーチャーに任せるのが得策だと思います。

● 見切り時は実感できる／できないときには調査主題に戻る

特許検索の基本的な流れがうまく進んだときには、少ないヒット件数の中に高い確率で**それらしい特許**が含まれる状態から始まり、探索範囲を広げるにしたがって、**それらしい特許**の割合が減りノイズの割合が高くなっていきます。ですから、見切り時は、調査の目的に応じて自ずと実感できます。

逆に言うと、探索範囲を広げているにもかかわらず、**それらしい特許**が含まれる割合が下がって行かない場合は、検索式の立て方を失敗していると考えるべきです。そのときは、検索式を改善してリカバリを図ることよりも、調査主題の規定のしかたに立ち戻って考え直しましょう。

詳しくは、3-12節で改めて説明します。

3-4 「漏れ」vs.「ノイズ」の バランス感覚

特許検索の基本的な流れをうまく進めるために、まず、「漏れ」と「ノイズ」のトレードオフについて、知っておきましょう。「バランス感覚」が身につくのは、自転車で言えば「乗れるようになったとき」です。自転車でも、特許検索でも、バランス感覚は頭で理解するのではなく、身に付けるものなのですが、まずは頭で理解しましょう。

● 特許に限らず、データベースの検索には、漏れとノイズのトレードオフがつきもの

ある**調査主題**を決めたときに、その主題に合致する「マッチ（match）」とその主題から外れる「ノイズ（noise）」に分けることにします。ちょっと専門的になりますが、**適合率**と**再現率**について説明します。

データベースに収録されている全文献数をN_{all}とし、このうち調査主題に合致する文献の数をN_{target}とします。ある検索式で検索した結果、ヒットした文献数をN_{hit}とし、その中で調査主題に合致する文献数をN_{match}とします。

適合率＝$N_{match} \div N_{hit}$
再現率＝$N_{match} \div N_{target}$

適合率は、検索式でヒットした文献集合の中身の濃さの指標です。

再現率は、データベースに収録されている全文献の中で調査主題に合致する文献のうち、どの程度を検索式でヒットさせることができたか、つまり漏れの少なさを示す指標です。

● 「漏れ」と「ノイズ」のトレードオフを示すグラフ

図3-4に**漏れ**vs.**ノイズ**のトレードオフの様子を、定性的なグラフとして示します。図は横軸をいろいろな検索式でのヒット件数として、具体的な数値を示してはありますが、実際はケースバイケースですので、数値には実は意味はありません。あくまでも定性的なグラフだとご理解ください。

ヒット件数が少ないときには、**再現率**は低い反面**適合率**は高いです。したがって、調査主題に合致する文献のうち、多くがその検索式でヒットした文献集合に含まれず、**漏れ**てしまいますが、文献集合の**ノイズ**は少なく、その集合は調査主題に合致する文献の割合が高い、**中身の濃い集合**になります。

　一方、探索範囲を広げて、もっと多くの特許がヒットするように検索式を変えていくと、再現率は高くなり**漏れ**は減っていきますが、適合率は下がり、ノイズの多い文献集合になっていきます。

　つまり、**ノイズ**を減らそうとすれば**漏れ**は多くなり、**漏れ**を減らそうとすれば**ノイズ**は増えます。これが**適合率**と**再現率**のトレードオフ、簡単な言葉に置き換えれば、**漏れ**と**ノイズ**のトレードオフです。

漏れvs.ノイズのトレードオフ（3-4）

縦軸：再現率・適合率［％］（0〜100）
横軸：ヒット件数（少ない〜多い）

$$再現率＝\frac{N_{match}}{N_{target}}$$
（漏れの少なさ）

$$適合率＝\frac{N_{match}}{N_{hit}}$$
（中身の濃さ）

● 「漏れ」と「ノイズ」のトレードオフのイメージ

　これをイメージで表したのが、図3-5です。

　外側の大きな枠が、検索データベースに収録されているすべての文献を表しています。特許文献の場合、日本の特許だけで毎年30万件〜40万件が出願されていますので、全体では数千万件単位になります。この中で、調査主題に合致する特許を

★印で、その他の特許を×印で表し、検索式でヒットする範囲を破線で示してあります。破線の範囲から外れた★印は漏れであり、破線の範囲内の×印は**ノイズ**です。破線の範囲にすべての★印が含まれ、×印が含まれないのが理想的ですが、現実的にそんな検索式を作ることは不可能と言ってよいでしょう。できる限り多くの★印が一部分に集中していて、それを囲むような検索式を作ることを目指します。

こんな説明を聞いて、「当然の事」、「わかりきった事」と感じられる方が多いのではないでしょうか？　では、漏れと**ノイズ**のトレードオフは、誰がどんなデータベースに対してどんな検索を行ったときでも、同じように現れる現象でしょうか？答えは「NO」です。検索式の作成に失敗してしまうと、きれいなトレードオフにはなりません。ヒット件数をいくら絞ってもずっとノイズばかりになってしまい、ヒット件数をいくら増やしても**漏れ**をなかなか減らせないという、やりきれない事態に陥ってしまいます。

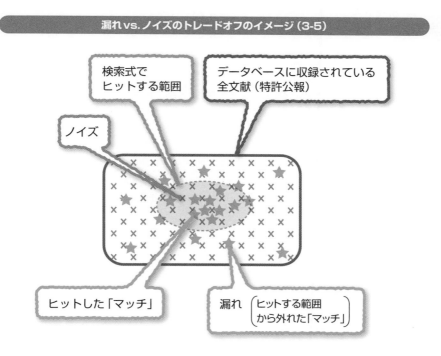

漏れ vs. ノイズのトレードオフのイメージ（3-5）

検索式で
ヒットする範囲

データベースに収録されている
全文献（特許公報）

ノイズ

ヒットした「マッチ」

漏れ　ヒットする範囲
から外れた「マッチ」

● うまくいっている検索とうまくいっていない検索の比較

　図3-6はうまくいっている特許検索のイメージです。初めのヒット件数の少ない検索式でヒットした文献集合は、漏れは多いものの、ノイズの少ない、中身の濃い集合です。その後、探索範囲を広げ、ヒットした文献集合のヒット件数が多くなるにしたがって、ノイズも多くなってきますが、漏れは着実に減っていきます。

　一方、図3-7はうまくいっていない特許検索のイメージです。初めに作成するヒット件数の少ない検索式でヒットした文献集合の段階から、ノイズの比率が高く、漏れも多いです。その後、探索範囲を広げても、ノイズの比率がますます高くなることはあっても下がることはありません。このような場合は、どこまで広げても漏れが多い状況が続きます。

● うまくいっている検索では中身の濃いヒット集合から中身の薄い集合へ

　うまくいっている検索（図3-6）では、たとえば、初めの検索式では30件ヒットして、その中の10件が調査主題に合致する特許（★印）、残り20件がノイズ（×印）だったとします。探索範囲を拡大したときには、ヒット件数が100件に増え、★印は15件、×印は85件に増えるような傾向にあります。つまり、探索範囲の拡大に伴って、適合率が33％から15％に下がってきています。初めは中身の濃いヒット集合ですが、探索範囲を拡大するにしたがって、中身は薄くなります。

　このまま探索範囲を拡大しながら検索を続ければ、適合率はさらに下がることが予想されますし、見つかる特許の内容も概ね予想がつきます。ですから、特許検索を打ち切るタイミングは、自ずと見極めることができます。上の例では、10/30、15/100と来ましたから、次は20/300くらいでしょうか。新たな5件の★印を得るために、さらに170件の新たな特許をヒットさせて評価することになります。5件の★印という効果を得るために170件を評価するという費用が見合うかどうか、という費用対効果の判断になります。

うまくいっている特許検索のイメージ (3-6)

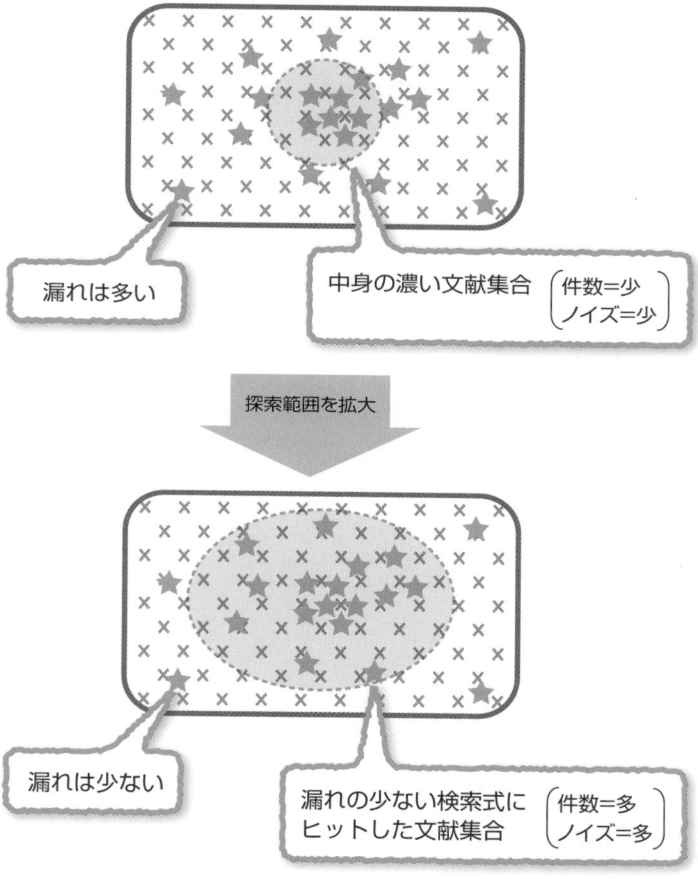

漏れは多い

中身の濃い文献集合 〔件数＝少 / ノイズ＝少〕

探索範囲を拡大

漏れは少ない

漏れの少ない検索式に ヒットした文献集合 〔件数＝多 / ノイズ＝多〕

● うまくいっていない検索では中身の濃さは薄いまま変わらない

　一方、うまくいっていない検索（図3-7）では、たとえば、初めの検索式では30件ヒットして、その中の3件が★印、残り27件がノイズ（×印）だったとします。探索範囲を拡大したときには、ヒット件数が100件に増え、★印は10件、×印は90件に増えるような傾向にあります。つまり、探索範囲を拡大しても、適合率は10%のまま変わりません。このまま探索範囲を拡大しながら検索を続けても、適合率が下がることは期待できませんし、見つかる特許の内容は予想がつきません。

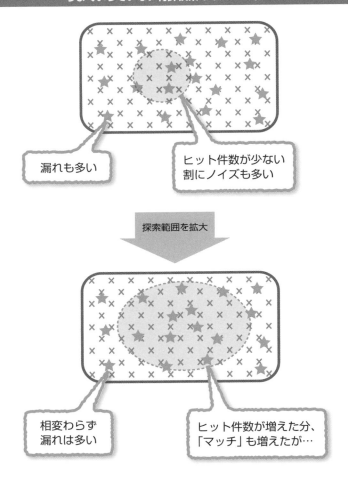

ですから、特許検索を打ち切るタイミングを見極めることは、なかなか困難です。この例では、3/30、10/100と来ましたから、次は30/300くらいでしょうか。新たな17件の★印を得るために、さらに170件の新たな特許をヒットさせて評価することになります。17件の★印という効果を得るために170件を評価するという費用が見合うかどうかという判断になります。このまま続けても適合率10%は変わらない恐れがあり、終わりが見えません。ですから、この場合には早々に検索失敗を認めて出直すのが得策でしょう。

● 検索がうまくいかないのはなぜ？

検索がうまくいかない原因はどこにあるのでしょう。

図3-6と図3-7では、★印の集まり方がそもそも違っています。図3-6では★印は中央付近に集まっていますが、図3-7ではまんべんなく分散しています。そもそも「検索」という作業をしなければ、目的の特許、すなわち、調査主題に合致する特許（★印）などというものは存在せず、すべての特許が仮想空間の中にまんべんなく分散しているのです。検索という作業は、そのような仮想空間に複数の軸を定義し、その軸で規定される空間におけるどこかの座標に視点を置いて空間を眺めてみると、目的の特許が遍在して見える、そんな軸と視点を探す作業なのです。ちょっと哲学的な表現になってしまいました。少しでも伝わるとよいのですが。

まずは、ヒット件数を絞った時に、ヒットする文献集合の適合率が高くなる、すなわちノイズができるだけ少なくなる（中身が濃くなる）検索式を作ることを目指しましょう。その後、少しずつ探索範囲を広げるにしたがって、適合率が下がる一方で再現率が上がっていくことが実感できれば、すなわち、トレードオフが実感できれば、検索は成功です。

なぜうまく
いかない
のだろう

3-5　調査主題は必ず文章で表現する

> 調査主題を文章で表現して、客観的に把握することが重要です。その後、そのまま検索式に反映させます。調査主題を明確にするという、特許検索の流れの中で最も重要なステップです。

● 調査主題を文章で表現して客観的に把握する

調査主題は、必ず文章で表現しましょう。「自分の発明なのだから調査主題はわかりきっている。文章にする必要などない」そう思われる方が多いと思いますが、どうか「ダマされた」と思って、調査主題を文章にする労を惜しまないでください。自分の発明であるにも関わらず、意外にアイマイだったことに気付くと思います。自分の発明でも、一旦文章にして客観的に把握することが重要なのです。

● どんな文章がよいのか。

「AにおいてBがCという特徴を持つもの」という形式にしましょう。Aは技術分野や物です。BはCという発明の根幹部分が適用される「必須要件」で、Cはその「特徴」です。Aという「物」を構成するためには、B以外にもたくさんの「必須要件」が必要でしょうけれども、BにはAにCという特徴を与えるために必須の構成のみを指定します。

たとえば、「側面にメニューアイコンを表示するディスプレイを備えるスマートフォン」に関する特許を検索する場面を想定しましょう（図3-8）。某社が力を入れて広告している製品ですね。Aは技術分野や物ですから、この例の場合は「スマートフォン」でしょう。Bは「ディスプレイ」、Cは「側面にメニューアイコン」でしょうか。Bを「メニューアイコン」、Cを「側面に表示」とされた方もあると思います。

どちらも正解です。同じ山に登るのに、違う登山口を選んだだけのことです。険しい道が待っているか、歩きやすい道が待っているかは、ケースバイケースです。途中で見える景色もまた、ケースバイケースです。どちらの道を選ぶべきかは、その分野での特許検索の経験を重ねるにしたがって、だんだんと正確に判断できるようになっていきます。

調査主題は必ず文章で表現する (3-8)

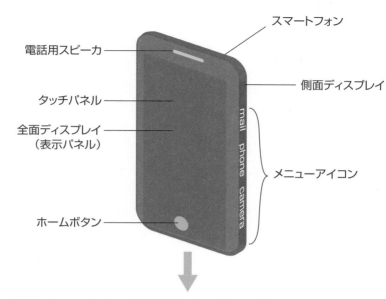

スマートフォン

電話用スピーカ

側面ディスプレイ

タッチパネル

全面ディスプレイ
（表示パネル）

メニューアイコン

ホームボタン

側面にメニューアイコンを表示するディスプレイを備えるスマートフォン

どちらも 正解!!

A（技術分野）: スマートフォン　　　A（技術分野）: スマートフォン
B（必須要件）: ディスプレイ　　　　B（必須要件）: メニューアイコン
C（特徴）: 側面にメニューアイコン　　C（特徴）: 側面に表示

3 短時間で「それらしい特許」を見つけるために！

COLUMN 特許検索の「途中で見える景色」

　「途中で見える景色」というは、検索の途中でヒットはするけれども、ノイズとして捨てられる特許を例えたものです。今回の調査主題には直接関係がないためにノイズには違いないのですが、その分野の研究開発や設計をやっていると、「〜社さんはこんなことを考えているのか」と、感心したり、呆れたり、そのようなノイズからもいろいろな感想が湧いてくるものです。「はじめに」のところでご紹介した、「日常的に自社・他社の特許公報を目にするうちに、自然に、技術動向や他社動向のイメージが形作られてくる」という状況です。「途中で見える景色」というのも、意外に重要なのではないかと思います。

● まずはズバリを狙い、探索範囲の拡大は後回し

　ここで、A＝「スマートフォン」としたことに抵抗感がある方もいらっしゃると思います。「『携帯情報端末』、『携帯端末』、『携帯機器』などとしないと、絞り過ぎではないか」と思われる方があるでしょう。とても真っ当な考え方だと思います。しかし、今、見つけたいのが「スマートフォン」なら、まず初めはそのまま「スマートフォン」とすべきで、「携帯情報端末」、「携帯端末」、「携帯機器」などに探索範囲を拡大するのは、後回しにしましょう。

● 必須要件Bと特徴Cの決め方

　BとCは互いに関連します。B＝「ディスプレイ」、C＝「側面にメニューアイコン」とする場合、Bは「ディスプレイ」だけで大丈夫でしょうか？　「メニューアイコン」はタップしたりクリックしたりして選択する必要がありますから、「ディスプレイ」だけでは足りず、「タッチパネル」や「タッチ検出」も必要でしょう。B＝「タッチパネル付きディスプレイ（表示・タッチパネル）」としておいた方がよいです。「スマートフォン」を「携帯情報端末」などに変えると探索範囲を広げる方向ですが、「ディスプレイ」を「タッチパネル付きディスプレイ（表示・タッチパネル）」に変えるのは探索範囲を絞る方向です。もちろん絞り過ぎはよくないのですが、まず初めはできるだけ絞った方がよいでしょう。あくまでも初めは中身の濃いヒット集合を目指すからです。

　一方、B＝「メニューアイコン」、C＝「側面に表示」とした場合はどうでしょうか？　Bは単純に「アイコン」でよいかもしれません。Cは「側面に」単に「表示」されるだけでなく、上述と同様に、タップしたりクリックしたりして選択する必要がありますから、「側面に表示されて選択（指定）される」というように、「タッチ検出」に関する概念も含まれるように規定する方がよいでしょう。

● スマートフォンには必須の構成要件でも調査主題からは外す

　スマートフォンには、セルラーフォン（無線電話機）としての機能や、無線LAN機能、コンピュータとしての機能などが含まれますが、Bには含める必要はありません。「メニューアイコンの表示」に関連する発明があるときに、その特許の明細書に電話やLAN、コンピュータの機能についてまで書かれているかどうかわからないからです。

　キーワード検索の場合、その言葉（キーワード）が使われているかどうかで、ヒットするかどうかが決まりますから、必ずしも使われているかどうかわからない言葉をキーワードとして検索するのは、得策ではないのです。

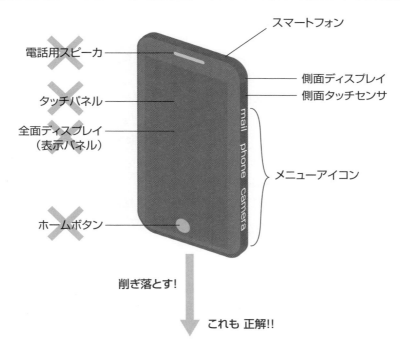

調査主題に直接関係のない構成要件は削ぎ落とす（3-9）

スマートフォン

電話用スピーカ

側面ディスプレイ
側面タッチセンサ

タッチパネル

全面ディスプレイ
（表示パネル）

mail　phone　camera

メニューアイコン

ホームボタン

削ぎ落とす！

これも 正解!!

A（技術分野）：　スマートフォン
B（必須要件）：　側面ディスプレイ＆側面タッチセンサ
C（特徴）：　メニューアイコン

●ヒット件数を絞るために調査主題にないキーワードの追加するのはダメ！

　こんな説明は、とても当たり前に聞こえるでしょうけれど、実際の検索式を見ると、必ずしも使われているかどうかわからない言葉をキーワードとして使う検索をしている方が少なくありません。恐らく、そのキーワードを追加する直前は件数が多くて悩まれた結果、そのキーワードを追加したら適当なヒット件数に収まった、

というような流れではなかったかと思います。

　必ずしも使われているかどうかわからない言葉なので、「ヒット件数を減らす」には効果的ですが、調査主題の本質とは離れたところで絞っているので、後々、探索範囲を広げたときにも、適合率が下がらないという状態になりがちです。ですから、「調査主題を文章で表現する」というのは、このような必ずしも使われているかどうかわからない言葉を、キーワードから排除する狙いがあります。

● 調査主題と直接関係のないキーワードは極力削ぎ落とす！

　慣れないうちは苦労されると思いますが、がんばってください。こんな簡単な形式で表現することにこだわるのは、上で説明したように、必要ではあるけれども必須でないものを極力削ぎ落とす目的があるからなのです。

　調査主題を文章にするもう一つの目的は、検索式に直結させることです。調査主題を定義する段階で必須でないものが削ぎ落とされていれば、検索式に余計な項が紛れ込むことがなくなり、**漏れ**と**ノイズ**のきれいなトレードオフが現れます。

　調査主題を文章にするときには、**発明**そのものを文章にするのがよいでしょう。そんなものが見つかったらがっかりするという邪念が浮かんで、初めからご自分の発明そのものではなく、似て非なる特許を見つけることを目的とした調査主題を決めることがあります。これは悪い事ではありませんが、まずは発明そのものを調査主題にしてみましょう。調査主題が曖昧になってしまうことが避けられますし、仮にご自分の発明と全く同一の先行発明が見つかってしまったら、それをさらに改善する発明をすればよいだけですから。

3-6 検索式=「分野」×「必須要件」×「特徴」

調査主題から検索式を作ります。文章で表現したので、そのまま検索式の各項に当てはめることができます。

● 検索式は「A×B×C」の3項で作る

特許検索の基本的な流れ（図3-3）に沿って、**検索式**の作り方を説明しましょう（図3-10）。

検索式は、先程書いた**調査主題**の通りに作ります。つまり、調査主題が「**A**において**B**が**C**という特徴を持つもの」なら「**A×B×C**」です。

6項とか7項とかの多数項の掛け算（AND）による検索式をときどき見かけますが、そのほとんどは失敗です。3〜5項が適当です。**A**、**B**、**C**の各項目が1語で表現できるとは限りません。そのときにはその項が掛け算（AND）で表現されますから、全体の項の数が増えることになります。しかし、検索式＝「分野」×「必須要件」×「特徴」という基本的な枠組みからは、決して外れないようにします。

● 各項に同義語や類義語を追加する

各項**A**、**B**、**C**は、まずは、最も使いそうな言葉（キーワード）のみで構成しましょう。後々、同義語や類義語を足して（ORして）いきますので、最終的には（**A**＋**A'**＋**A''**＋…）×（**B**＋**B'**＋**B''**＋…）×（**C**＋**C'**＋**C''**＋…）のようになりますが、まずは、調査主題を表現するのに使ったキーワードをそのまま使いましょう。

ここで、特許文献（特許公報や公開公報）の中でそのキーワードが使われている項目について考えてみましょう。どれも**要約**に書かれているだろうと予想できます。図3-10では省略して「/要約」と表示してあります。**発明の詳細な説明**の中の**実施例**にも、もちろん、同じキーワードが使われているでしょう。しかし、「公報全文」を対象とするようなキーワード検索は、この時点ではあまり好ましくありません。あくまでも、最初のステップなので、**漏れ**を許容しながら**ノイズ**の少ない検索式から始めましょう。その意味で、**探索範囲**を「公報全文」に広げることは、あまり好ましくありません。

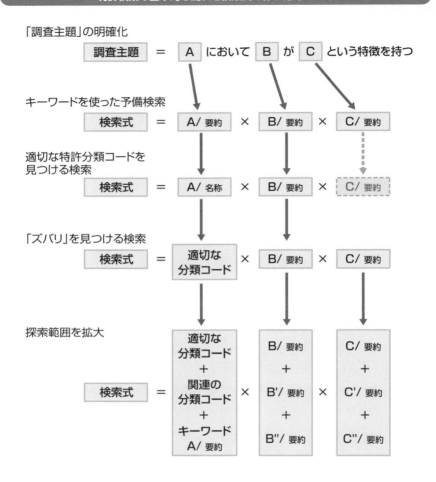

「調査主題」の明確化

調査主題 ＝ A において B が C という特徴を持つ

キーワードを使った予備検索

検索式 ＝ A/ 要約 × B/ 要約 × C/ 要約

適切な特許分類コードを
見つける検索

検索式 ＝ A/ 名称 × B/ 要約 × C/ 要約

「ズバリ」を見つける検索

検索式 ＝ 適切な
分類コード × B/ 要約 × C/ 要約

探索範囲を拡大

検索式 ＝ 適切な
分類コード
＋
関連の
分類コード
＋
キーワード
A/ 要約 × B/ 要約
＋
B'/ 要約
＋
B"/ 要約 × C/ 要約
＋
C'/ 要約
＋
C"/ 要約

● 使われている可能性が高いものから順に追加していく

うまくいっている検索として、初めは、ヒットする文献集合の適合率が高い（中身
が濃い）検索式を作り、その後、少しずつ探索範囲を広げるにしたがって、適合率が
下がる一方で再現率が上がっていくのがよいとお話ししました。検索がうまくいく
ようにするには検索式「A×B×C」を構成する、A，B，Cそれぞれの項において
も、ヒットさせたい特許文献の中で使われている可能性が高いキーワードから始め
て、使われる可能性の低いキーワードを徐々に追加していくことになります。

3-7 キーワードを使った予備検索

> 予備検索は、調査主題から作ったキーワードのみの検索式を使って、**ズバリ**を発見することを目指します。また、その過程で同義語、類義語を収集して、使われる可能性が高い方から低い方へ優先順位付けをしていきます。

● まずは「ズバリ」のキーワードのみで予備検索

初めは最も使われていそうなキーワードのみを使い、調査主題にぴったりの、いわゆる**ズバリ**を見つけることに集中します。さすがに必ず使われていそうな同義語までも除外するのはやり過ぎですが、基本的には同義語・類義語でも、初めは検索式に含めておくべきキーワードから外しておきます。後で探索範囲を広げる時に追加するキーワードとして、大まかな優先順位をつけてキープしておきます。

同義語や類義語は、どうやって見つけたらよいでしょう。知識や経験に基づいて思い付く同義語や類義語をリストアップするのは、あまり得策ではありません。自分の専門分野であっても、その用語が広く使われているかどうかは、わからないからです。では、類語辞典のような、客観的な素材から選ぶのはどうでしょう。実はこれもあまりお勧めできません。客観的であるが故に網羅的すぎて、優先順位は付けられていないからです。同義語・類義語も、調査主題に合致する特許に使われている確率が高い方から低い方へ順に拡大していくのがよいのです（詳しくは3-11節）。

● 同義語・類義語は、予備検索の過程で抽出

同義語・類義語は上の**ズバリ**をみつける検索の過程で、実際の特許明細書に使われている用語から選び出しておくことをお勧めします。「こんな表現もあるのか」と意外な同義語・類義語にお目にかかることが少なくありません。調査主題に合致する特許に使われている「確率」などというものを正確に算出することはもちろんできず、推測の域を出ませんが、おおまかな優先順位をつけておくと検索の効率を向上することができます。

ほんとうに**ズバリ**が見つかれば、これで終わりにしても構わないのですが、その場合には、他にもっと近いものがある可能性が高いです。調査主題は、発明そのもの

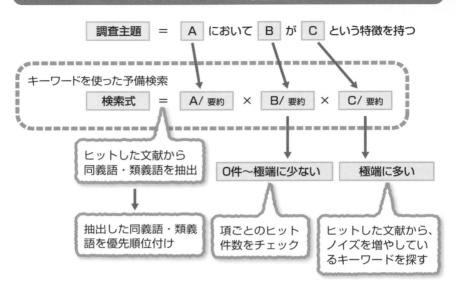

調査主題 ＝ A において B が C という特徴を持つ

キーワードを使った予備検索
検索式 ＝ A/ 要約 × B/ 要約 × C/ 要約

ヒットした文献から
同義語・類義語を抽出

0件〜極端に少ない

極端に多い

抽出した同義語・類義
語を優先順位付け

項ごとのヒット
件数をチェック

ヒットした文献から、
ノイズを増やしてい
るキーワードを探す

ではなく、似て非なる特許を見つけることを目的として決めてもよいことはお話ししましたが、この段階で**ズバリ**が見つからないからといって、この時点で調査主題を見直す必要はありません。

●「ズバリ」が見つからなかったときは、その原因を分析

ズバリが見つからなかったとき、次に打つべき手は何でしょう？　この段階での悲惨な状況には2通りが考えられます。1つはヒット件数が0件か、極端に少なくしかもピント外れの場合です。もう1つは、ヒット件数が数千件、数万件と多すぎて、見る気になれない場合です。

●ヒット件数が少なすぎるときは、その原因の項を探す

ヒット件数が0件〜数件でしかもピント外れの場合、「A×B×C」の各項のヒット件数を確認しましょう（図3-11）。「A×B×C」を構成するA, B, Cのうちどこかの項のヒット件数が極端に少なくなっていませんか？　そのときには、そのキーワードの表記に誤記がないか、自社や極端な場合は同じ開発チーム内でしか通じな

い、方言や通称、略称を使って検索している場合があります。

　これでは適切な検索は期待できませんから、キーワードを変更しましょう。

●ヒット件数が膨大なときには、ノイズの原因を探る

　逆にヒット件数が膨大なときには、まずはヒットした特許のリストの初めの方（一般には最近の公開から順に表示）だけざっと「発明の名称」を読んでみましょう。

　調査対象の「分野」と合致していますか？　多くの場合、「分野」がうまく絞れていないことが原因です。Ａ項に指定したキーワードが、他の分野と共通していることがよくあります。たとえば、「スマートフォン」の特許を調査主題としたときに、キーワードの「スマートフォン」が要約に使われていることを、Ａ項で指定したとします。そうすると、「スマートフォン」用のケース、ホルダー、ヘッドフォン、カメラ、バッテリーなどの付属品や関連商品、「スマートフォン」を使ったいろいろな装置や方法などの特許が多数ヒットしてしまい、「スマートフォン」そのものについての特許は埋もれてしまっている場合がよくあります。

　こんなときはどうしたらよいでしょうか？　元々の検索式を見てみましょう。検索式＝「分野」×「必須要件」×「特徴」でした。Ａ項で「スマートフォン」そのものの特許以外の特許がヒットしていたとしても、Ｂ項の「必須要件」が「スマートフォン」そのものの特許でしか言及しないような構成部品なら、全体ではスマートフォンそのものの特許に絞り込めるはずです。そもそも、検索式＝「分野」×「必須要件」×「特徴」の形式をお勧めするのは、このような効果を狙っているからです。

　それにもかかわらず、多数のノイズが紛れ込んでしまう理由について推理してみましょう。Ｂ項のキーワードが、「スマートフォン」そのものだけでなく、「スマートフォン」の付属品や関連商品、「スマートフォン」を使う装置や方法にも共通に使われていることになります。たとえばＢ項で「表示」AND「タッチ検出」をキーワードとしたとしましょう。この場合「表示される」や「表示を妨げない」「タッチ検出される」といった、構造物ではない用語にヒットしてしまいます。では、改善する方法はあるのでしょうか？　「スマートフォン」の場合、「表示」ではなく「表示パネル」、「ディスプレイパネル」、「液晶パネル」、「有機ELパネル」など、「タッチ検出」ではなく「タッチパネル」、「タッチセンサ」などの構造物で規定する解決方法があります。

　ヒットしている文献集合のうち、ノイズに分類される文献に使われている用語を見ながら、調整するのがよいでしょう。

3-8 特許分類を活用しよう

次のステップでは特許分類を活用しましょう。検索式の一部の項をキーワードから特許分類コードに置き換えます。これにより、ノイズを増やすことなく、使われる可能性が低い同義語・類義語まで網羅したのと同じような効果が得られます。

● 特許分類を活用しよう

キーワードを使った予備検索では、**ズバリ**を見つけることを目的に据えて検索するわけですが、簡単に見つかるとは限りません。しかしこの段階では、漏れが多い点には目をつぶり、ノイズを減らすことを優先しましょう。ノイズを減らすのに最も効果的な方法は何でしょう？　それは、**特許分類**を活用することです。

2-10節〜2-13節で説明したように、特許分類とは特許に関する技術分類であり、多くの**分類コード**が定義されています。出願された特許を専門家が読んで、どんな技術内容が書かれているかを理解した上で、対応する分類コードを付与します。専門家が読んで付与してくれているのですから、利用しない手はないのです。

ただし、ちょっと注意が必要です。日本の特許分類の場合、基本的には特許庁が、自らの審査を助けるために付与しています。ですから、極論すれば審査官が使いやすければ十分なのです。ユーザは勝手に使わせてもらっているだけだと考えた方が無難です。審査官がどう考えてどう分類しているかを推し量りながら利用すべきであって、「分類が適切でない」、「この特許にはこの分類コードが付与されるべきだ」などというような方向に思考を向けるのは不毛です。

適切な特許分類コードの探し方

適切な特許分類コードを探すにも、そのための検索を行います。調査主題に適している必要がありますから、予備検索の検索式を使って適切な分類コードを探します。

●「ズバリ」の特許に実際に付与されている分類コードがベスト

適切な分類コードはどうやって特定したらよいのでしょう？

調査主題に合致する特許に似たような特許をみつけておいて、その特許に実際に付与されている分類コードを使うのがベストです。

予備検索で**ズバリ**が見つかっている場合には、その特許に付与されている分類コードを使います。**ズバリ**と同じ分野の特許がすでに分かっている場合も同様です。すでに出願され公開されているある特許の改良発明を思いついた場合などがこれに当たります。1件の特許には、いろいろな視点からたくさんの特許分類コードが付与されていますから、ここでは、分類コードの定義を参照して、最も適切なものを選びます。同じ分野の特許が複数ある場合には、共通に付与されている分類コードが適切だということになります。

実際の特許にどんな特許分類コードが付与されているか、またその特許分類コードがどう定義されているかの調べ方については2-9節を、ご参照ください。

ズバリがなく、また、同じ分野の特許を知らないときには、どうしましょう？　そのときには、分類コードを探すことを目的とした検索式を作りましょう。ここでは、適切な分類コードを探すことだけを目的とすることが重要です。他の目的はとりあえず忘れましょう。

● 予備検索の検索式を使って適切な分類コードを探す

予備検索の検索式＝A×B×C＝「分野」×「必須要件」×「特徴」を利用します。分類コードを探す検索式は、「分野」のキーワードが「発明の名称」にあるものに限り、『×「特徴」』の項を省いて、検索式＝A×Bとします。

図3-12では省略して「A/名称」と表示してあります。「必須要件」のBは、「発明の名称」に書かれることはたぶんないので、「B/要約」のままです。

127

たとえば「時計」のように、ずっと昔から確立された名称の場合には、「発明の名称」に「時計」をキーワードとして入力して検索します。発明の名称に「時計」が使われていれば、かなり高い確率で時計そのものに関する特許に限定することができ、時計を使った他の装置や方法の特許は紛れ込んできません。同じ「分野」で、できれば同じ「必須要件」に特徴があるような他の特許を見つけ出し、その特許にどんな分類コードが付与されているかを調べます。

　一方、「スマートフォン」の例では、「発明の名称」にストレートに「スマートフォン」と書かれている「スマートフォン」の特許はあまり多くないでしょう。「発明の名称」は「携帯情報端末」とか「情報処理装置」とされていて、「要約」や「実施例」に「たとえばスマートフォン」と書かれていると考えられます。このように、明細書での用語の使われ方を考えながら、検索式を作ります。用語の使われ方は、できれば、**考える**よりも、予備検索の段階でヒットした文献を読む時に**観察**しておくようにしましょう。図3-12では「**A/** 名称」としてありますが、臨機応変に変更します。

適切な特許分類コードを探す（3-12）

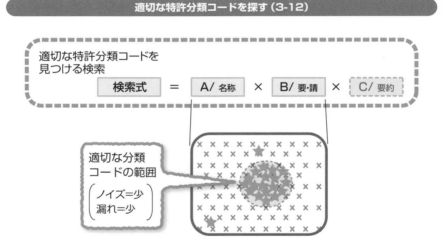

● 漏れvs. ノイズのバランス感覚

「『分野』のキーワードが『発明の名称』にあるものに限ったりしたら、漏れが極端に多くなるのでは?」と心配になった方がおられると思います。それは、**漏れvs. ノイズ**についてとてもよいバランス感覚です。ご指摘の通り、ここでの検索は極端に漏れの多い検索です。しかし、今の目的は「調査主題の分野の特許に適切な分類コードを知る事」ですから、どんなに漏れが多くても問題はないのです。「適切な分類コードを探すことだけを目的とし、他の目的はとりあえず忘れましょう」と言ったのは、このようなところに現れます。

また、この検索式で興味深い特許に目が留まることが、ときどきありますが、今の目的は「適切な分類コードを探すこと」なので、内容に深入りするのは控えましょう。最終的には、読む価値がもっと高い特許が見つかる確率が高いので、この時点でじっくり読むために時間を費やすのは得策ではありません。どうしても気になるようなら、公報番号と気になる点をメモしておく程度に留めておきましょう。

● 特許分類コードの更新にはどう対応すべきか

2-10節でも少しお話ししましたが、特許分類は、時々改訂されます。ある時期に決められた定義が時代に合わなくなって、細分化され、新設され、廃止され、統廃合されます。このような改廃情報は特許庁から逐次公開されていますが、これをきっちりフォローして検索式に反映するのはたいへんです。

では、どうしたらよいでしょうか。検索するその時点でヒットする特許文献に、どんな分類コードが付与されているかを、判断基準にするのが最適です。上で説明した「適切な特許分類コードの見つけ方」は、キーワード検索によって、実際に付与されている適切な分類コードを見つけようとするものです。仮に廃止された分類コードと新設された分類コードとがあるとき、このキーワード検索に両方がヒットするなら両方を「適切な分類コード」として使えばよいし、一方だけならそちらだけを使えばよいのです。廃止された分類コードは検索ツールでは新設の分類コードに置き換えられているのか、重複して付与されているのか、などで迷ったら、「責任ある部署に問い合わせる」のではなく、検索ツール自体を使って実験してみるのが、最も早く、最も確実です。

3-10 特許分類コードを使って 「ズバリ」を見つける検索

見つかった適切な特許分類コードを使って、いよいよ本検索を始めます。まずは「ズバリ」の発見を目指し、その後、探索範囲を徐々に拡大していきます。

● 適切な分類コードが見つかったら検索式に反映

「分野」または「分野」×「必須要件」に相当する適切な特許分類コードが見つかったら、検索式のその項をキーワードから分類コードに置き換えましょう（図3-13）。たとえば、検索式＝A×B×C＝「分野」×「必須要件」×「特徴」のうちのA項「分野」の部分を、キーワードから適切な分類コードに置き換えます。その結果、検索式＝**適切な特許分類コード×B×C**の全体としても、ノイズは圧倒的に減り、かつ、漏れも減ります。A項をキーワード検索とした場合には、A項のヒット集合にはノイズがまだまだ多く、漏れも少なくありませんが、A項を適切な特許分類コードに置き換えると、A項については、ノイズが少なく、かつ、漏れも少ない、理想的なヒット集合になります。

キーワード検索では、そのキーワードとぴったり一致しなければヒットしませんから、同義語や類義語のみを使った特許はヒットしません。細かいことを言うと、送り仮名やカタカナ表記が少し違っているだけでもヒットしません。このような細かい表記のブレは、検索ツールによっては自動的に吸収してくれるものもあります。一方、同じキーワードが使われていれば、全く異なる分野の特許でもヒットしてしまいます。

これに対して、特許分類を使った検索では、このような問題は基本的に発生しません。もちろん、出願された特許を読んで分類コードを付与する作業をしているのは、専門家とはいえ人間ですから、ミスがないわけではありません。しかし、特許分類を使った検索には、キーワード検索よりも、ずっと精度の高い結果が期待できます。適切な特許分類、分類コードがあれば、ぜひとも活用しましょう。

A項を適切な特許分類コードに置き換えた結果、検索式＝**適切な特許分類コード×B×C**の全体としても、ノイズは圧倒的に減り、かつ、ノイズも減ります。

なお、特許分類が細分化されていて、「分野」×「必須要件」にも適切な分類コード

が存在する場合があります。そのような場合は、**A×B**の部分を１つの分類コード
に置き換えることになります。こちらの方が、ノイズと漏れを並行して減らす効果
は大きいです。

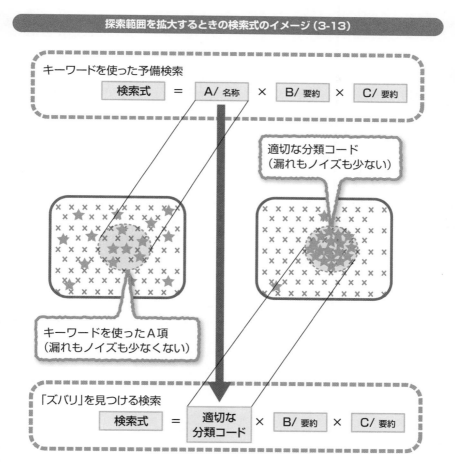

探索範囲を拡大するときの検索式のイメージ（3-13）

キーワードを使った予備検索

検索式　＝　A/ 名称　×　B/ 要約　×　C/ 要約

適切な分類コード
（漏れもノイズも少ない）

キーワードを使ったA項
（漏れもノイズも少なくない）

「ズバリ」を見つける検索

検索式　＝　適切な
分類コード　×　B/ 要約　×　C/ 要約

● ノイズは少ないはず

　検索式の「分野」に特許分類を使っているので、分野違いのノイズが混入するこ
とは、基本的にはないはずです。しかし、多くの場合、１つの特許に多くの分類コー
ドが付与されていますから、実際には、一見関係のない分野の特許が混入すること
があります。

この段階での**適合率**が何%位なら検索がうまくいっているとして安心してよいでしょうか？　これは一概には言えませんが、**ズバリ**に該当するかどうかを判断するために、全図面を見たり明細書を読もうという気にさせてくれる程度の特許が、70〜80%は含まれていてほしいところです。

　では、この段階での適合率を決めているのは、どんな要因なのでしょう。それは、調査主題が言葉で表現しやすいかどうかという要素でしょう。**B**項「必須要件」と**C**項「特徴」に使うべきキーワードが、誰が考えても同じ用語になるなら、適合率は高くなります。たとえば、スマートフォンの表示パネルには、液晶パネル、液晶表示パネル、液晶ディスプレイなど、多少の表現のブレはありますが、限られた用語で表現されます。ですからここまでなら高い適合率が期待できます。一方、スマートフォンの側面というのは、使われる用語は多種多様でしょう。たとえば、「ディスプレイの右端が裏面方向に湾曲している」と書かれていれば、そのスマートフォンの右側には「側面」が形成されていることになります。

　このように、専門用語など誰が考えても同じ用語で表現される項のみで検索式を構成することができれば、高い適合率が期待できますが、表現のブレが大きい項を含んでいる場合には、適合率は低くなります。

● この段階で確実に「それらしい特許」がみつかる

　通常は、ここまでやれば、**それらしい特許**がいくつか見つかっているはずです。実際に何件くらいになるかは、調査主題や調査の目的によって大きく変わりますが、一定の時間を費やしたときに、そこそこの成果が期待できるはずです。調査主題を書き、予備検索をし、適切な特許分類コードを見つけ、その分類コードを使った検索式を作る、の4段階ですから、15分ずつなら1時間、30分ずつでも2時間あれば、それらしい特許が見けられる自信が湧いてきませんか？　そこまでの自信が持てなくても、1時間なり2時間なりが全くの徒労に終わることはないと感じていただけると思います。ぜひ、トライしてみてください。

3-11 探索範囲の拡大

「それらしい特許」では調査の目的を達成できていないときには、探索範囲を拡大します。別の検索式を作り直すのではなく、今の検索式から広げることで、検索の完成度を高めます。

● 探索範囲の拡大か、調査主題の見直しか

ズバリを目指す検索の次には、探索範囲を拡大するステップに進みます（図3-3）。

これまでのステップで**それらしい特許**が見つかって、目的が達成できたのであれば、このステップに進む必要はありません。調査主題が見つけにくく、満足できる特許がまだ見つかっていない場合など、調査の目的がハイレベルでまだ達成できていない場合には、見つかるまで探索範囲を広げていきます。

探索範囲を拡大するステップに代わる選択肢は、調査主題の見直しです。同じ技術であっても、見方を変えると、調査主題の表現が変わってきます。むやみに変えることはお勧めしませんが、この段階で、今の調査主題のまま探索範囲を広げるべきか、調査主題を見直すべきか、よく考えてみることをお勧めします。

調査主題を見直したら、予備検索からもう一度やり直すことになりますが、この項では、探索範囲を拡大する場合について説明しましょう。

● どうやって探索範囲を拡大するのか

探索範囲を拡大するために取り得る具体的手段は、大きく分けて４通りあります。

まず第１は、キーワードをそのままにして、検索対象を「要約」から「本文全文」に拡大します。キーワードが要約と請求項に使われていることがそれほど確実ではないので、「本文全文」に拡大して、実施例の記載にそのキーワードが使われていればヒットするようになります。

第２は、キーワードの追加です。予備検索で同義語・類義語を集める時に、「優先順位付で」とお勧めしましたが、覚えていますか？　優先順位の高い順に徐々に追加していくことによって、探索範囲が拡大していきます。

第3は、特許分類を使った検索で、上位概念の分類コードに広げます。比較的単純な拡大方法ではありますが、ヒット件数が急増する場合もあります。そんな時には、広げすぎを抑えるためのキーワードの項を追加（AND）します。実際にヒット件数が急増したときに、どんな技術分野がノイズとして混入してきているのかを分析して、抑制のための項のキーワードを決めます。上位概念に広げる代わりに、関連する技術分野の分類コードを使った検索を追加することによって、探索範囲を広げることができます。

第4は、別の特許分類を使ってみることです。特許分類を使った検索では、FIを使った検索式を使った場合、同じ技術分野のFタームを使った検索を追加すると、自然に探索範囲が広がります。これは、FIが適切だった場合には有効な拡大方法です。FIを使った検索からのヒット件数の増加は、それほど大きくはなりませんし、ヒットする文献の大部分は重複します。適切なFタームを探す手間がかかってしまうというデメリットはありますが、最も丁寧な拡大方法と言えます。第1や第2の方法と組み合わせると、より効果的になりますから、長時間をかけてもしっかりした調査をしたい場合には、この第4の方法は、最も優先して採用を検討すべき方法だと言えます。

● 探索範囲をイメージする

図3-14は、探索範囲を拡大するときの検索式のイメージです。「イメージ」というのは、厳密に突っ込まれてもきちんと説明できないことへの言い訳です。上の4通りでいうと、第2の方法を主に想定して説明しています。優先順位の高い（使われている可能性が高い）キーワードから順に追加していくイメージです。

縦軸はヒットしている件数で、横軸の中心は、調査主題に最も忠実なキーワードです。中心から離れるほど、調査主題に合致する文献で使われている可能性が低いキーワードということになります。

曲線はヒット集合の分布の様子です。ここがきちんと説明できないポイントで、「イメージ」と言い訳している所以なのですが、鋭い分布は中身の濃い集合、鈍った分布は中身が薄いが漏れが少ない集合に対応します。面積がその項のヒット件数に対応するということになります。各項の分布関数の積が全体のヒット集合の件数（面積）に対応します。

探索範囲を拡大するときの検索式のイメージ (3-14)

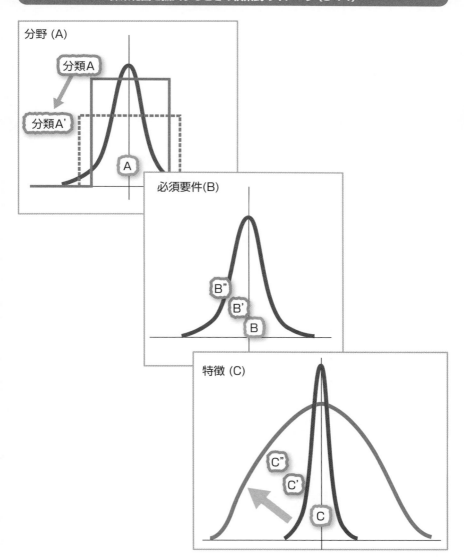

● ピッタリのキーワードから使われるかもしれないキーワードへ

ピッタリするキーワードが1つだけで、同義語や類義語など、他の表現方法がなければ鋭い分布になります。たとえば、「発光ダイオード」などは「LED」という略

語、「発光素子」という上位概念のキーワードがあるくらいで、他の表現方法はありませんから、キーワード検索でも鋭い分布になります。一方、「青色」は発光波長で表現されたり、「紫」や「白」と呼ばれたり、表現に多少のばらつきがあります。さらに「側面に丸みがある」などになると、使われる可能性のあるキーワードを上げ尽くすことは、もはや不可能と言ってよいほどですから、分布は鈍ってしまいます。

　「特徴C」の項について言えば、調査主題に最も忠実な「C」というキーワードを中心に、「C'」「C"」という徐々に離れたキーワードがあるとします。初めに「C」だけを使って検索すれば、調査主題に最も忠実な「C」を中心に鋭い分布になり、面積＝ヒット件数は少ないという状況です。キーワードを「C'」「C"」に広げていくと、分布は広がり、面積＝ヒット件数が増えますが、分布に鋭さはなくなって、鈍った広がりになります。

● 特許分類コードを使うと裾を引かない分布になる

　「分野A」では、特許分類コード「A」を使うと、キーワード「a」を使った場合にガウス分布のような裾野を引くような分布になるのとは異なり、定義された範囲に入るか否かというような、矩形の分布になります。技術分野が「分野A」である特許文献は特許分類コード「A」に確実に含まれ、「分野A」でない特許が紛れ込む可能性はほとんど0まで低くなるからです。

　「必須要件B」も「特徴C」と同じようにキーワードを使ったなめらかな分布で表現してありますが、この項にも特許分類を使うことができれば、「分野A」の矩形の分布になります。

　最終的なヒット集合は3つの分布の積なので、1項の分布を広げれば全体でも広がります。図3-15がそのイメージです。図3-6の焼き直しですが、中央部分にズバリが集まっていて、周囲にいくほど疎らになっています。中央部分の集合は、「中身の濃い」集合で、探索範囲を拡大した結果、裾野まで含んだ集合は、「漏れの少ない集合」に相当します。

● 特許分類コードは下位概念から上位概念へ拡大

　ズバリをみつける検索式の「分野A」の項では、「適切な分類コード」から「上位概念の分類コード」へ拡大します。図3-14のイメージでは、分類Aの狭い矩形の分布から分類A'のように幅広の矩形の分布になります。最も簡単・確実な探索範囲の拡

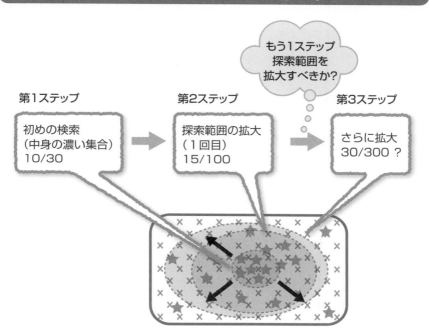

うまくいっている特許検索のイメージ (3-15)

大は、適切な分類コードから、その1階層上位の分類コードへ拡大することです。特許分類は階層化されていますから、簡単・確実な拡大方法なのです。一方、別の方向から「分野」を再定義することによって、探索範囲を拡大することも有効です。

　たとえば上述の例では、「スマートフォン」を「携帯情報端末」に広げるのが上位概念への拡大です。これに対して、「携帯情報端末」とは異なり、「スマートフォン」を「表示デバイス」、「入力デバイス」などと位置付けることもできます。特許分類を付与した人が、その特許を、「携帯情報端末」の発明と位置付けたか、「表示デバイス」の発明と位置付けたか、「入力デバイス（タッチセンサ）」の発明と位置付けたかによって、付与される分類コードは変わってきます。1件の特許に複数の分類コードが付与される場合も多いです。ですから、「分野」についての探索範囲の拡大には、分類コードの上位概念方向への拡大と、関連する分野への拡大とがあります。

● 関連する特許分類コードへ拡大

　では、関連する分野の分類コードは、どうやって見つけたらよいでしょう。

　自分の知識や経験などに基づいて、どんな分野が関連する分野なのかを推理するのは、あまり得策ではありません。ご自分の専門分野であっても、その通りに分類コードが付与されているとは限らないからです。むしろ、予備検索の過程で、「適切な分類コード」以外にはどんな分類コードが付与されているのかを、注意深く観察して選んでおくことをお勧めします。このとき、調査主題に該当する特許が含まれる確率までも、観察から推定できるとよいです。もちろん、定量的な確率を求めることは無理な注文ですから、おおまかな優先順位を見極める程度でよいでしょう。

　ズバリをみつける検索式でキーワードを使っている、第2項と第3項の「必須要件」と「特徴」では、同義語から類義語へ拡大します。調査主題に適合する特許に使われている可能性が高いキーワードから、使われている可能性が低いキーワードへ、という意味です。たとえば、「発光ダイオード」について言えば、「発光ダイオード」が最も使われている可能性が高いです。では次に高いのはというと、特許文献ですから「発光素子」と上位概念で表現される確率が高いでしょう。一方、「LED」と略語が使われている可能性はあまり高くありません。さらに、「LED」は別の略語や他のキーワードの一部だったり、ノイズを呼び込む可能性も高くなったります。ですから、優先順位は、「発光ダイオード」＞「発光素子」＞「LED」の順になります。ただし、このような優先順位付けは、上で書いたような知識に基づく論理で決めるべきではなく、実際に検索してヒットする文献を読んで判断すべきです。人間の知識にはとかく偏りがあって、客観的ではないからです。

● 確率の高い方から低い方へ徐々に拡大

　以上のように、探索の範囲は、調査主題に該当する特許が存在する確率の高い方から低い方へ徐々に拡大していくことを心掛けます（図3-14）。これによって、比較的早い段階で調査主題に該当する特許を発見することができ、徐々に探索範囲を拡大するにしたがって、適合率が下がっていき、見切りをつけることも容易になります。

　ただし、複数の拡大方法を同時に適用するのは、得策ではありません。一つの方法を採用したら、そのヒット文献を見て、狙った通りの文献のヒットが増えているかどうかという、効果を確認すべきです。その上で次の方法をさらに採用していきます。

138

どこまでやったら「終わり」にしてよいのか？

「どこまでやったら終わりにしてよいのか？」という質問に対しては、「調査目的に照らして、自分で判断してください」という冷たい答えになってしまうというお話をしました。とはいえ、「探索範囲を徐々に拡大」するというのは、「終わり」を判断する材料を提供してくれます。

● 次の拡大ステップに要する費用対効果で判断

　繰り返しになりますが、図3-15をもう一度参照して、「どこまでやったら終わりにしてよいのか？」について考えてみましょう。

　第1ステップの検索でヒットした、初めの中身の濃い集合が、30件のヒット中でそれらしい特許が10件あったとしましょう。ここで**それらしい**というのは、要約と図面を見ただけでは**ハズレ**と判断できずに、明細書をまじめに読む気になる程度の特許です。特許分類検索で、**C**項にぴったりのキーワードだけを使った例に相当するでしょう。

　少し探索範囲を広げた第2ステップは、100件のヒット中でそれらしい特許は15件になったとしましょう。これは、**C**項にぴったりのキーワード以外に同義語・類義語を追加した段階に相当するでしょう。ここまでやって調査主題にぴったりと合致する**ズバリ**があればそれでよいですが、なかったときに次に進むかどうかで悩むわけです。

　次の第3ステップでは、300件のヒットでそれらしい特許は30件になるでしょうか。これは、今まで中身の濃さの薄まるペース（10/30から15/100）から類推しているわけで、あまりしっかりした根拠があるわけではありません。しかし、この30/300を仮定してみると、あと15件のそれらしい特許を余計に読むために200件を評価することになります。そのための要する時間と、さらに読むことができるそれらしい特許15件の中に**ズバリ**がある確率とを天秤にかけて判断することになります。

　費用対効果や、その時その時の切実さや余裕に応じて、総合考慮して判断するしかないでしょう。「調査目的に照らして、自分で判断してください」というのは、そ

ういう意味です。しかし、上のように「探索範囲を徐々に拡大する」という手法をとれば、「終わり」の判断材料が得られるのではないでしょうか。10/30→15/100の傾向から、根拠がないとしても30/300という数字を推定することができれば、必要な時間（労力）とそれによって得られる成果を見積もっていることになるので、この時点で終わりにするか、先に進むかを考える材料になります。サーチャーとして経験を積むと、「まだまだ調査主題に近い特許がみつかりそう」とか「もうなさそう」とかが、感じられるようになります。ただし、外れることも頻繁にありましたが。

3-13 検索に失敗していると感じたら……

> では、探索範囲を徐々に拡大しても適合率が下がらない、つまり、中身の濃さが濃い方から薄い方に変化しないような場合には、どうしたらよいでしょう?

● 検索式のデバッグよりも「調査主題」の見直しを

探索範囲を拡大しても適合率が下がって行かないというのは、検索自体を失敗している、つまり、うまくいっていない検索 (図3-7) にあたると考えるべきでしょう。

検索式を見直して、どこに問題があるのかを究明したくなります。しかし、その気持ちをぐっと抑えて、**調査主題**を見直しましょう。経験上、調査主題を文章で表現する段階で失敗していることが、最も多いからです。振出しに戻って新たな気持ちでもう一度、調査主題を文章に書き表してみることをお勧めします (図3-16)。

この点についてはその方がよいという理由を私自身も理解できてはいません。単にサーチャーを長年経験していて、実感として得た教訓です。プログラミングの世界で、デバッグをやってもやっても新しいバグが見つかってしまい、いつ終息するか見えないような状況に陥った時には、その時のソースコードを潔く捨て去って、新たにコーディングした方が、結局早いというのに似ていると思います。

● 検索式をデバッグするなら

そうは言っても、せっかく作った検索式を捨てるのは勇気がいります。プログラミングで、せっかく作ったソースコードを捨てるよりはずっと少ない勇気で済みますが……。なので、検索式のどこに問題があるのか究明する手法についても説明しておきましょう。

検索式のどこに問題があるのか究明する手法は、プログラミングのデバッグとよく似ています。まずは、現象の観察が重要です。どんなノイズが多いのか、それはなぜか、改善するにはどうしたらよいか、という思考過程をたどります。その過程では、実験的な検索式を作って検索してみることも有効です。

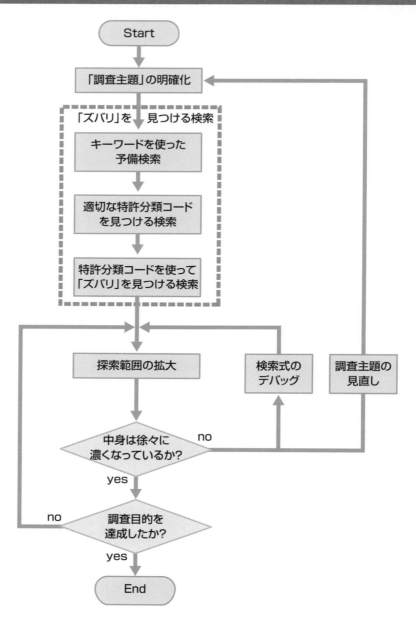

● ノイズを分析

　ノイズを観察しおおまかに分類して、多い方から順に対策していくことになります。ノイズの特許を読んでみて、どんな特許分類コードが調査主題と共通しているのか、あるいは、どんなキーワードがノイズの特許に使われているのかを分析します。ノイズを増やす原因になっているキーワードが見つかったら、そのキーワードを外した検索をして、実際にノイズが減るかどうかを実験してみます。その結果、ノイズを増やす原因のキーワードが特定できたら、そのキーワードを外してもよいかどうかを検討します。もちろん、外してよければそれで決着です。外せない場合には、調査主題とノイズを切り分けるための絞込みを行います。そのキーワードについてだけ、調査主題に特有のキーワードをかけて（ANDして）ノイズが混入しないようにします。$B+B'+B''$のB'がノイズを増やす原因になっているキーワードだとすると、$B+B'×b+B''$のようにして、調査主題に特有のキーワードbを使ってノイズの混入を減らします。

● 検索式の項ごとのヒット件数を参考に

　検索ツールによっては、項ごとにヒット件数を表示してくれるものがあります。このとき、項ごとのヒット件数は、ノイズを増やす原因になっているキーワードを見つけるときのヒントになる場合があります（図3-17）。たとえば、検索式1＝分類コード×B×Cから始めて、検索式2＝分類コード×$(B+B')$×$(C+C')$、検索式3＝分類コード×$(B+B'+B'')$×$(C+C'+C'')$に順次、探索範囲を拡大していったとしましょう。第2項のBから$B+B'$、$B+B'+B''$への拡大に伴う、第2項のヒット件数の増加傾向と、第3項のCから$C+C'$、$C+C'+C''$への拡大に伴う、第3項のヒット件数の増加傾向とを観察します。ヒット件数を急増させたキーワードがあれば、そのキーワードを疑ってみるのを優先すべきでしょう。逆にヒット件数をほとんど増やさないキーワードがあれば、それは誤記などを疑うべきでしょう。漢字で書いたが、ひらがなで書く方が一般的だったり、送り仮名を間違えていたりなど、基本的なミスに気付くことがあります。

　特許分類コードの表記方法に誤りがないかも確認しましょう。特許分類の定義自体は、階層化されていますが、検索式に上位階層の分類コードを指定すれば、その下位階層までヒットするとは限りません。検索ツールが指定する文法で指定しているかを確かめる必要があります。これ以外にも、番号などの単純な誤記の場合もあ

ります。「3/048」と書くべきところを「3/48」と書いてしまっては、全く違った結果になります。

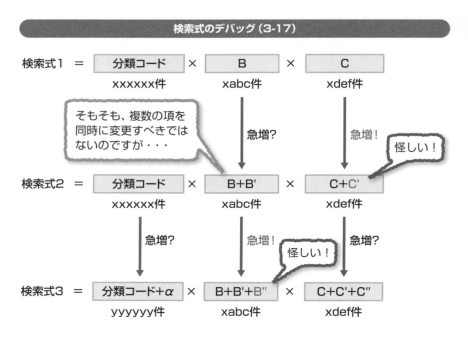

検索式のデバッグ（3-17）

COLUMN 検索式で複数の項を一度に変更するのは禁止

　「検索式で複数の項を一度に変更してはいけない」いうのは、「実験で複数の条件を一度に変えてはいけない」という、基本的な教訓に似ています。実験では、複数の条件を一度に変えることは絶対に禁止ですね。実験手法としては基本的な考え方で、学生実験で叩き込まれます。実験結果の変化する方向性が見えにくくなって、結果の考察が不必要に複雑になりますし、実験の失敗に気づきにくいという弊害もあります。

　検索式でも同じで、2つ以上の項を同時に変更すると、変更した効果が見えにくくなり、必要以上に複雑になってしまいますから、同じ教訓がそのまま当てはまると考えてください。このような点も、特許検索というのが、技術者・研究者の思考回路にとてもよく合っていると感じられる原因なのかもしれません。

スクリーニング
～特許公報の読み方

検索でヒットした文献から、評価に値しない文献をいち早くふるい落とし、読む価値のある文献を詳しく評価することによって、検索全体の効率を向上しましょう。

● 評価に値しない「はずれ」をいかに素早く判断するか

特許検索をすると、多くの特許がヒットしますから、その中から内容を詳しく読む価値のある特許と、そうでない特許を選り分ける作業がどうしても発生します。「スクリーニング」と呼ばれる作業です。

特許検索にかかるムダな時間を減らして効率を高めるためには、調査主題に合致しないこと、いわゆる**はずれ**をいち早く判断することが最も効果的です。ヒットした文献の大半は、**はずれ**ですから、これを早く切り捨てることによって、全体の時間を大幅に短縮することができます。

スクリーニングの方法には、ベテランのサーチャーさんの間でも、人によって流儀があります。たとえば、発明の名称を読んでスクリーニングする方、要約を読んでスクリーニングする方、など、いろいろです。

● 図面を見て、読む価値があるかどうかを判断

私がお勧めするのは、まずヒットした文献を「見て」、「読む」価値のある文献を選ぶ方法です。要約と図面を見て判断します。特に、J-Plat Patで表示項目を「図面」に切り替えたように、検索データベースによってはすべての図面を一度に表示して見られる機能を持ったものがありますから、これを活用します。図面を見てパターン認識で判断すると、非常に速いです。1件の特許に含まれるすべての図面をざっとながめれば、**はずれ**は簡単に判別することができるからです。

● 「従来の技術」と「課題」「実施例」を読もう

全図面を「見る」ような粗いスクリーニングが終わったら、明細書の中身を読むことになります。明細書を読むときに、どこからどういう順番で読んだら効率よく読めるのか、これも個人差もあり、また、調査主題に合わせる側面もあります。しか

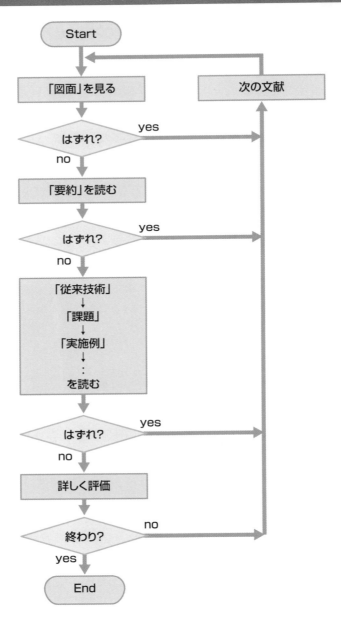

スクリーニングの手順 (3-18)

し、必ず先頭から順に読み進めるよりも、何らかの工夫をした方が、内容の理解が早くなりますから、逆に、調査主題には合致しない、ということも早く判断することができます。この段階に至ってもやはり、**はずれ**の方が多いはずですから、できる限り早く**はずれ**を判断するのが効率的です。

　私は、「要約」を読んだ後、「従来の技術」から「課題」へ読み進めることをお勧めします。「従来の技術」を読むのは、一見、時間のムダのような気がしますが、発明者が従来技術のどこに着目し、何を課題として捉えたかを理解することで、明細書全体の方向性を掴みます。この方向性が調査主題から外れていく方向ならはずれと判断し、調査主題の方向性と合致していればその後「実施例」を読みます。

　ここで「解決手段」と「効果」を読まないことに疑問を感じた読者がおられると思います。「解決手段」は、発明そのものですから、本来は最も重要な項目ではあるのですが、クレームをコピーしたような、一読では内容を把握できない表現が使われていることが少なくありません。また、「効果」は「課題」に書かれたことの表現を変えただけの場合が多いです。ですから、コストパフォーマンスを考えると、時間をかけて読む価値は比較的低いと思います。特に特許を専門にしていない技術者・研究者にとっては、実施例の方を読む方が、効率が高いと思います。

　ただし、調査主題を外れて興味本位にのめり込まないようにご注意ください。あくまでも調査主題との関連を評価する目的を忘れずに！　もし、興味深い特許に出会ったら、公報番号をメモしておく程度に留めましょう。しかし、技術者・研究者に、手間暇かけてまで自分で特許調査をすることを、私がお勧めしているのは、実はこのような「出会い」を大切にしてほしいからです。本来の調査主題から外れたところでの「出会い」は、別の発明を創生するためのよい刺激になると思います。

● クレーム（特許請求の範囲）を読むべきか読まざるべきか

　スクリーニングでもその後の評価でも、クレームを読むことは、私はあまりお勧めしません。工夫を凝らした独特の表現がされていますから、クレームを一読して内容を理解することは、一般には難しいです。効率を考えれば、特に特許を専門にしていない技術者・研究者の方々には、「クレームは読まない」と決めてしまうことをお勧めします。一方、長年特許を専門にしてきてクレームを読み慣れている方にとっては、クレームを読むことで、明細書に書かれているすべてを把握することができる場合もあるでしょう。クレームを読むべきか読まざるべきかは、個人差が大

短時間で「それらしい特許」を見つけるために！

きいと思います。その他の工夫について説明しておきましょう。

● ハイライト機能の活用

検索ツールによっては、ハイライト機能を備えているものがあります。ヒットした特許文献を読むときに、検索式で使ったキーワードがハイライト表示される機能です。キーワードごとに色を指定することができるものもあります。同義語・類義語は同じ色か同系色に統一するとよいでしょう。さらに、明細書のどこにどの色のキーワードが存在するかを表示してくれる機能が提供されている場合もあります。「スペクトラム表示」と呼ばれます。検索式＝Ａ（分野）×Ｂ（必須要件）×Ｃ（特徴）のとき、ＢとＣのキーワードが近くでヒットしている箇所から読むと効率的です。

● 評価の順番

中身の濃い集合から薄い集合へという順序は、ここでも踏襲しましょう。たとえば、新しい公報から順に評価すべきか、古い方から順に評価すべきかは、調査主題に合致する公報がどちらに含まれる確率が高いかを予想して、確率の高い方を先に評価すべきです。「どうせ全部評価するのだから順序はどうでもよい」という考え方もあるでしょう。間違いではありませんが、人間の集中力はだんだん落ちていくので、集中力が高いうちに中身の濃い集合を評価する方が、効率はよいと思います。

● 評価結果の順位付け

調査主題が新規の発明そのものである場合のように、最も近い1件の発見を目指すときには、見つけた特許を、調査主題に近いものから遠いものへ、順位付けをするのをお勧めします。

「近い」と判断した特許の公報は、印刷して関連記載個所にマーカーと付箋を付けて、手元に置きます。次に「近い」と判断したものが前の公報より近いのか遠いのかで、並べ替えていきます。中身の濃い集合から薄い集合に調査範囲を広げていくと、「近い」と判断される特許は減っていきますが、後から上位に食い込んでくる特許が見つかる場合も多々あります。だんだん調査対象の範囲を広げて、上位に食い込んでくる特許がなくなってきたら、もう調査を終わってもよいかなと、感覚的に判断できます。なお、これは、私がサーチャーとしてやってきたやり方です。

第 **4** 章

特許文献情報を統計として活用するために！

　この章では、特許文献情報を統計として利用するとき
に必要な検索手法と分析手法について説明します。どん
な知見を得たいから、どんな文献集合を作ってどんな分
析をするのかという戦略を立てて進めます。実際には、
期待したような知見が得られなくて、試行錯誤すること
になりますが、その試行錯誤こそ、自分の思い込みを客
観的に見直すよい機会になると思います。ごく基本的な
ものについてだけ説明します。応用は皆さんの試行錯誤
にお任せしましょう。

まずは戦略を立て、どの特許検索データベースを使うかを決める

どんな知見を得たいから、どんな集合を作ってどんな分析をするのかという、戦略を立てるときに、まずは、どの特許検索データベースを使うかを決める必要があります。このとき、どんなデータが蓄積されているか、どんな検索式が使えるか、ヒットした特許文献の入手はやりやすいかなどを考慮して決めます。

● まずは戦略を立て、どの特許検索データベースを使うかを決める

特許文献のデータベースを統計として利用する場合には、何らかの条件に合致する文献を集める作業が必要です。「何らかの条件」というのは、注目する技術分野や、注目する企業・機関です。また、出願日を注目する期間の範囲に絞ったりします。日本出願に絞るか、外国出願まで広げるかも検討します。技術分野や企業・機関については、どの特許文献データベースを選んでも、ほとんど網羅されていますから優劣はありませんが、蓄積されている文献の種類や期間、利用することができる検索式、特許文献に付随する情報の種類や質、入手しやすさでは、一長一短があります。

文献の収集と分析の戦略に適する検索データベースを選べば理想ですが、自分が使える特許検索データベースは限られているという方がほとんどでしょうから、そのデータベースでどんな分析をしてどんな知見を得られるかを考えることになります。

● 日本の特許文献の分析から開始

技術分野にもよるのですが、まずは日本の特許文献だけでよいでしょう。

もちろん、国際戦略の分析を調査の目的とするなら、全世界の特許を対象にするところまで視野に入れる必要があります。しかし、この本の読者のほとんどは日本人で、多くは日本企業に勤務されているか、外国籍の企業でも日本に研究・開発・製造拠点を構えておられ、日本が重要な市場であると思われますから、まずは日本特許の分析から始めるのがよいでしょう。日本人にとっては、やはり日本語で文献を読むことができるのは、作業効率の上でとても有利です。

技術はグローバル化していますから、外国の特許文献にも手を広げたくなるのは

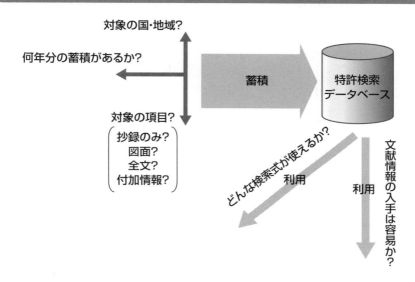

特許検索データベースの仕様（4-1）

当然なのですが、立てた戦略通りに進んで期待したとおりの知見が得られることはほとんどなく、試行錯誤することになります。初めは日本出願に絞って感触をつかんだ後に、範囲を拡大するのがよいと思います。

● どんなデータが蓄積されているか

　J-Plat Patには、日本の特許・実用新案文献は明治時代から収録されていますが、検索でヒットするのは昭和36年以降に出願された文献です。外国の特許文献も収録されていて、英語で検索してヒットさせることができますが、明細書全文が検索対象なのか、抄録だけが検索対象かなどを確認しておく必要があります。また、この時に時間軸も気にしましょう。古い公報はいつ公開されたデータから蓄積されているのか。また、最新の公報は実際の公開からどの程度遅れて蓄積されるのかという点です。最新の公報を読んで和文抄録を作っているとすると、和文抄録を作るためにそれなりの時間がかかってしまい、データベースへの蓄積は遅れることになります。

● どんな検索式が使えるか

　「どんな検索式が使えるか」で特徴的なのは、特許分類でしょう。

日本特許の文献収集と分析には、**FI**や**Fターム**を使うのが最適です。ところが、その後、同じ分析を国外文献に適用しようとしても、外国の特許文献にはFIやFタームが付与されていないので、何らかの代替手段を考えておく必要があります。

国際特許分類（IPC）は、全世界的に使えますから、ぜひ、活用しましょう。ただし、国ごとに付与のしかたにちょっと癖がありますので、その点は注意が必要です。

● ヒットした特許文献に付随する情報の種類や質は十分か

特許文献には、出願人／特許権者、出願日などの**書誌的事項**や**特許分類コード**をはじめとして、**審査**や**審判情報**、特許権の**登録情報**などが付随しています。このような情報が、予定している分析に役立つのかどうかを検討します。特に、分析対象として、数十年に及ぶような長い期間を予定している場合には、古い時代の文献に付与されている情報の種類や精度を調べます。特許分類も時代に伴って改廃されてきていますから、現在の特許分類コードがそのまま何十年も前の特許の分析にも使えるとは限りません。

● ヒットした特許文献の情報は入手しやすいか

ヒットした特許文献についての情報の入手のしやすさも検討する必要があります。csvダウンロード機能は、特許検索データベースにどうしても求めたい機能です。ダウンロード項目の種類の他、一度にダウンロードできる件数に制限がありますから、作業効率に影響します。

J-Plat PatでもCSV出力できますので（2-16節、図2-51参照）、これを使うのも選択肢の一つです。ただし、出力される項目を選ぶことはできません。出願人／権利者は出力されますが発明者は出力されません。特許分類で出力されるのはFIのみで、FタームとIPCは出力されません。一度に出力できるのは500件以内です。統計的な分析のためには2000件以上ほしいところです。500件ずつ何回かに分けて（例えば、公知日／発行日で区切って）、CSV出力した後で結合してもよいでしょう。

「ヒットした特許文献のpdfは入手しやすいか」、つまり、特許検索データベースに**pdfダウンロード機能**がサポートされているかも、調査の目的によっては重要な要素です。公報全文の電子データ（pdfなど）を複数まとめてダウンロードできると便利です。一度にダウンロードできる件数にも制限がありますので、この点も考慮しておく必要があります。たとえば、何千件もの公報pdfをダウンロードする計画にはちょっと無理があることになります。

ある技術分野の特許を集める

調査目的に合った文献集合を作ります。技術分析を目的とするときには、調査主題がピンポイントの技術から、ある程度範囲を持った技術分野に変わります。

● 漏れが少なく、かつ、ノイズも少ない文献集合

「ある技術分野の特許を集める」ためには、第3章でご紹介した検索手法を応用します（図4-2)。**調査主題**を**ピンポイントの技術**から、ある程度範囲を持った**技術分野**に変更して、調査主題に合致する文献数を大幅に増やしますが、大きな流れは変わりません。

ただしここで一つ大事なことが、漏れとノイズのバランスです。ある技術分野の特許を集めた文献集合には、漏れが少なく、かつ、ノイズも少ないことが求められます。統計として活用することが目的なので、漏れもノイズも誤差の要因になってしまいますから、極力抑えなければなりません。ところが3-4節で説明したように、漏れとノイズはトレードオフの関係にありますから、漏れを少なくしながらノイズを減らすことは、通常では不可能です。そこで、**特許分類**検索がお勧めです。もちろん、漏れやノイズが全くないわけではありませんが、キーワード検索よりもずっと精度よく、漏れが少なく、かつ、ノイズも少ない文献集合を作ることができます。

さらに、**特許分類コード**は、文献集合を作った後の分析にも有効ですので、どのような分析をするかも考慮した上で検索式を作ります。

● 調査主題の表現形式は同じ

「ある技術分野の特許を集める」ためにも、**調査主題**を「**A**において**B**が**C**という特徴を持つもの」という形式で書きます。3-5節でくどくどと念を押したように、ここでもやはり文章で表現することが重要です。もちろん「ある技術分野」を特定することが目的ですから、「必須要件**B**」と「特徴**C**」という項目は、まったくないか、あってもかなり広い概念になるでしょう。それでも必ず文章で表現するように習慣付けましょう。

たとえば、「『青色発光ダイオード』に関する特許」を集めたいとします。この文章

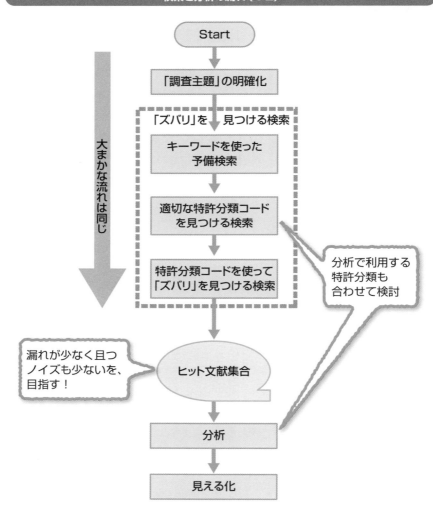

検索と分析の流れ（4-2）

Start

「調査主題」の明確化

「ズバリ」を 見つける検索

キーワードを使った
予備検索

適切な特許分類コード
を見つける検索

特許分類コードを使って
「ズバリ」を見つける検索

大まかな流れは同じ

分析で利用する
特許分類も
合わせて検討

漏れが少なく且つ
ノイズも少ないを、
目指す！

ヒット文献集合

分析

見える化

から、期待される特許は、実はいろいろあるのです。光を発する半導体素子としての
ダイオードから、青色発光ダイオードを使った照明装置、表示装置、その他諸々の応
用製品だったりします。しかし、すべてを網羅するようなヒット集合を作ることを望
む技術者・研究者は、まずおられないでしょう。したがって、調査主題は、「発光波
長が青色（約450nm）の半導体素子」だったり、「青色発光ダイオードを用いた表

示装置」だったりするのではないでしょうか？　「調査主題を**A**において**B**が**C**という特徴を持つものという形式で書く」ということには、このように調査主題を明確化するという目的があります。

● 適切な特許分類コードを特定

　次に、3-9節でご紹介した方法で、適切な特許分類コードを特定します。ただし、「ある技術分野の特許を集める」検索では、ここで採用した特許分類コードの精度がヒット集合の精度を決めますので、このステップに大きなエネルギーをかけるだけの価値があります。たとえば、調査主題を「発光波長が青色（約450nm）の半導体素子」としたときに、半導体素子そのものの特許分類コードだけではなく、半導体製造方法の特許分類コードも選んでORすることによって補完して、漏れを減らすことができるかもしれません。また、FIだけではなくFタームも併用（OR）することによって補完してもよいかもしれません。

　一方、敢えて1つの特許分類コードだけを使ってヒット集合を作ることが有効な場合もあります。この場合は、調査主題を自分で決めるというよりは、特許分類の定義から自分の調査主題に適する分類コードを決めるというようなニュアンスになります。特に、ヒット集合を作った後の分析手段までを考慮して、適切な特許分類コードを決める場合には、1つの分類コードだけを使ってヒット集合を作るのがよいでしょう。

　たとえば、IPCから1つの分類コードを決めて、国別の出願件数を求めるような利用方法に適しています。付与する国ごとに多少の癖があるとか、古い特許文献については必ずしも精度が高くない場合があるとか、少しネガティブな面も紹介しましたが、基本的には同じ技術範囲に統一されていますから、ある程度以上の精度は期待できます。ネガティブな面があるとしても、それはヒット集合を分析する段階で、誤差要因として考察すればよいのです。工学的には、ランダムな誤差というよりも、システマティックな誤差（方向性のある誤差）に相当しますから、誤差を補償することも不可能ではないでしょう。

● Fタームを使った分析を前提としてFターム検索

　別の一例は、ヒット集合について、Fタームを使った分析を行う場合です。詳しくは後述しますが、Fターム自体が、課題や解決手段について解析された結果ですか

ら、その解析結果を使って何らかの傾向を見出そうとする場合には、Fタームだけを使った検索式を使ってヒット集合を作るのがよいでしょう。

● 検索の再現性のために、公開日/公表日で期間を区切っておく

　ヒット集合から統計量を抽出する場合には、公開日（PCT出願については国際公開日、公表公報か再公表の公表日）で期間を区切っておくことをお勧めします。特許文献データベースは、再現性が保証されていないというお話をしましたが、同じ検索式で同じ期間の範囲で検索すれば、検索を実行した日が違うことによるヒット件数の差は、全くないか、あっても特許分類の改廃によるわずかな件数ですので、統計量としては無視できる誤差範囲でしょう。一方、一度統計分析をした数年後に、同じ統計分析を、期間を変えてやり直してみると、直近の技術動向の変化がみられるかもしれません。また、同じ期間の別の技術範囲の統計データを後から（数年後に）取り直して、比較することもできます。このように、過去の検索を、厳密ではないまでも再現できると、いろいろな利用方法が考えられます。

● 分類コードの改廃情報をチェック

　ヒット集合を作る期間が長く、かなり古い文献まで遡る場合には、その期間に特許分類の改廃が行われたかどうかという改廃情報も、一応、調べておいた方がよいでしょう。分類コードの改廃は、誤差要因になる場合があります。

ある企業・機関の特許を集める

特定の企業・機関の出願動向を知ることを目的とする場合には、その企業・機関が出願人/特許権者になっている特許文献集合を作ります。

● 検索で絞るか、ダウンロード後に出願人分析をするか

ある企業・機関を特定して、どんな特許を出願しているか、どんな権利を持っているかを調べるときには、**出願人**と**特許権者**にその企業名/機関名を検索キーワードに指定して検索します（図4-3）。ある技術分野に限った分析を行う場合には、4-2節で作った検索式をさらにAND演算で絞り込むか、その技術分野の文献集合をダウンロードした後で、検索ツールを使わずに出願人/権利者分析を行います。

J-Plat Patの検索で絞る場合には、**特許・実用新案検索**で、「検索項目」を「出願人/権利者」とし、「検索キーワード」に会社名/機関名を入力します。

● 外国企業の場合には日本語表記のばらつきに注意

国外の企業の場合には、日本語表記がばらつく**表記ブレ**があるので注意が必要です。たとえば、IBMの場合、「インターナショナルビジネスマシン」と「インターナショナル・ビジネス・マシン」の表記ブレや、「マシン」と「マシーン」の表記ブレが考えられます。古い特許や、**国際出願**から移行して日本に入ってきた特許には、特に注意が必要です。これも、自分の知識や経験に頼るとか、経験者に聞くとか、何かで調べるのではなく、実際に検索してみるのがよいと思います。結局、ヒットするかしないかだけが問題なので、「検索データベースに聞く」のが一番なのです。

● 国内企業の場合には、会社名の変更や合併、分社に注意

日本国内の企業や研究機関の場合は、このような表記ブレの問題は、あまりないのですが、会社名の変更や、合併、分社などに注意する必要があります。その会社のホームページなどで沿革を調べるのがよいでしょう。会社名の変更などについては、国外の企業でも同様です。

同じ会社として扱うためには、「名寄せ」（6-4節参照）という処理をします。

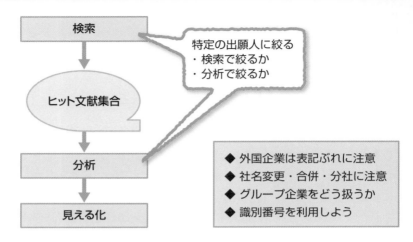

検索

特定の出願人に絞る
・検索で絞るか
・分析で絞るか

ヒット文献集合

分析

◆ 外国企業は表記ぶれに注意
◆ 社名変更・合併・分社に注意
◆ グループ企業をどう扱うか
◆ 識別番号を利用しよう

見える化

● グループ企業をどう扱うかを決める

　国内・国外を問わず、グループ企業からの出願をどう扱うかを、そのときどきの
調査の目的に応じて決めましょう。「テキスト検索」は、部分一致なので「株式会社」
まで入れる必要はありません。グループ企業をひとまとめにして検索したいときに
は、これをうまく利用することができます。たとえば「日立」と入力すれば、「日立製
作所」だけではなく「日立＊＊」も「＊＊日立」もヒットします。

● 出願人の識別番号を利用しよう

　この他、出願人・権利者（特許権者、実用新案権者）の名称で検索するときの助け
になるのが、識別番号です。ある会社に付けられた識別番号は、名称が変わっても引
き継がれます。合併したときには、1社の識別番号が引き継がれ、他は廃止される
か、分社されて残るか、様々でしょう。たとえば、「ルネサステクノロジ」の識別番号
は「503121103」でしたが、現在の「ルネサスエレクトロニクス」の識別番号は
「NECエレクトロニクス」から引き継がれた「302062931」に変わっています。

　J-Plat Patの「特許・実用新案検索」で、「検索項目」を「申請人識別番号」とし、
「検索キーワード」には公報などで調べた識別番号を入れて検索します。識別番号に
ついても「検索データベースに聞きながら」うまく利用しましょう。

4-4 発明者名で検索

特許文献データの統計的な利用とは言えませんが、発明者名での検索が有効な場合もあります。学会の講演者や論文の著者として、研究者の名前がわかっている場合などです。

● 学会発表や論文の著者名での検索

統計としての利用というよりは、ピンポイントの検索に使います（図4-4）。学会発表や論文で注目する技術が見つかって、その技術に関連する特許が出ているのかどうか調べたいときなどに有効です。学会の講演者名や論文の著者名を、発明者として入力して検索します。ただし、すでに出願されていても、公開されて検索データベースに情報が蓄積されないと、ヒットはしません。

発明者には識別番号は付きませんし、合併や分割はありませんから、出願人・権利者検索のよりも単純です。異表記が発生する原因としては、結婚に伴って姓が変わる、外国人の日本語表記がブレる、外国特許のデータで、特に日本人の姓と名が入れ替わることがある、などがあります。これらの異表記は検索式で吸収します。

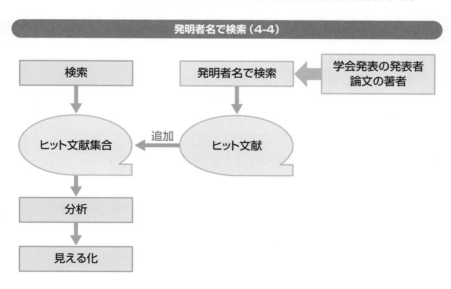

発明者名で検索（4-4）

159

集めた特許は
スプレッドシートに！

集めた特許は、Excelなどのスプレッドシートにまとめます。スプレッドシートは、それを対象として出願人別に出願件数の年次推移を集計するなどの統計的な処理を行うことができ、さらにグラフなどの見える化にも適しています。

● 公報番号、発明の名称、出願人、出願日は必須項目

検索式を使って集めた特許文献集合を、csvダウンロードして、Excelなどのスプレッドシートにまとめます（図4-5）。J-Plat Patでは「CSV出力」（2-16節、図2-55参照）を行います。J-Plat PatのCSV出力には、公報番号として、公開番号、公告番号と登録番号が含まれ、特許分類としてFIがダウンロードされます。

J-Plat Patではダウンロード項目は決められていますが、**ダウンロード項目を選ぶ**ことができるのであれば、**公報番号、発明の名称、出願人、出願日**は、必須の項目として選んでおきましょう。他に選んでおくとよい項目は、**出願番号**と特許分類です。

ダウンロード項目は、後述のように、どのような分析を行うかを考えて選びます。ただし、ダウンロードをやり直すのは比較的容易ですから、後からの追加・変更をあまり心配し過ぎる必要はありません。

● 出願日と出願人 / 特許権者は、種々の分析に不可欠

出願日と**出願人 / 特許権者**は、出願件数の年次推移や出願人別の分析のために必須の項目です。**優先権主張を伴った出願では優先日、国際特許出願（PCT出願）**では**国際出願日**を使います。

● 出願番号は、同じ出願を判別する時などに不可欠

出願番号は、同じスプレッドシートの中に、同じ特許の公開公報と特許公報が混在するときに、同じ出願を判別するときに利用することができます。第2章で説明しましたように、1件の発明から複数の特許文献が派生することがあります。たとえば、同じ出願番号で**公開特許公報**と**特許公報**のデータが存在する場合があるのです。出願件数に対する特許された割合（特許登録率）を求める時などに利用するこ

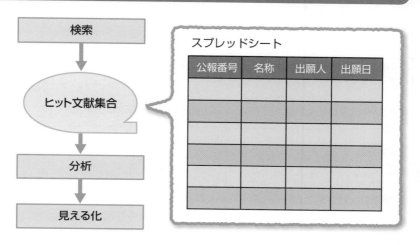

集めた特許はスプレッドシートに（4-5）

検索 → ヒット文献集合 → 分析 → 見える化

スプレッドシート

公報番号	名称	出願人	出願日

とができます。一方、ダウンロード項目に**審査経過**、**経過情報**、**登録情報**などの項目があれば、特許登録率などの算出はより容易です。さらに特許が登録された後、権利が存続しているか、すでに消滅しているかなどの情報がわかる場合もあります。

● 特許分類は、技術的な分析に利用

特許分類は、技術的な分析に使います。Fタームを使えば、課題×解決手段のマトリックスを作るなどのような、多次元的な解析が可能です。

このように、どんな分析をするかを考えて、ダウンロード項目を決めましょう。

COLUMN　ダウンロード機能

　J-Plat　Patでは、2018年からCSVダウンロード機能がサポートされ、2021年から1度にダウンロードできる件数が500件に増強されました。

　無料のデータベースである、espacenetやPATENTSCOPEでもそれぞれ、ダウンロード機能がサポートされています。

4 特許文献情報を統計として活用するために！

4-6 ▶ 特許マップで「見える化」

特許文献の集合を作り、csvダウンロードなどでスプレッドシートの表を作ったら、次は、「見える化」にチャレンジしましょう。技術者・研究者には釈迦に説法でしょうけれど、何らかの傾向を見出すためには、「見える化」は有効な手段です。

●「見える化」のアイデアはいろいろ

　csvダウンロードによってExcelのシートにデータが揃えば、技術者・研究者にとっては、「もう、こっちのもの」ですよね。「出願人別に、IPCで判別した技術X, Y, Zごとの出願件数を、出願日を横軸にした折れ線グラフにする」なんて、お手の物じゃないでしょうか？　この他、**Fターム**を使って課題と解決手段で2次元の**特許マップ**を作ることもできます。

　以下の節でいくつかの方法を紹介しますが、ご自分でもいろいろな見える化のアイデアを考えてみてください（図4-6）。

年次推移、出願人別推移（4-6）

162

年次推移、出願人別推移

横軸に出願年、縦軸に出願件数をとった折れ線グラフです。出願人ごとの折れ線を比べることで、出願人の技術戦略の一端を見ることができます。

● 出願件数の年次推移のグラフ

出願年を横軸にとって、出願件数の年次推移のグラフを作ることができます（図4-6）。期間を区切らずに長期間にわたって、ある技術分野の特許の集合を作り、出願日を含むデータをcsvダウンロードした後に、出願件数の年次推移を表すグラフを作ることができます。さらに、出願人別に出願件数の年次推移をとれば、企業戦略の一端を知ることができます。

ただし、このときの集合の件数は、数千件を超える膨大な数になるでしょう。年次推移という以上、ある程度まとまった件数がないと、傾向は現れてきませんから。

一方、データベースによっては、csvダウンロード機能がサポートされていなかったり、サポートされていても、そんな膨大な件数までは扱えない場合があります。統計量として必要なのがヒット件数＝出願件数だけであれば、作った検索式で出願日の期間を1年ずつ変えながら検索の実行を繰り返して、ヒット件数のデータを取る方が、手っ取り早い場合があります。

なお、このような場合、**出願日**だけではなく**国際出願日**も同じ期間に区切って検索をし、ヒット集合のORをとる必要があります。また、**分割出願**などでは、実際の出願日よりも**親出願**の出願日である**優先日**の方が、発明が生まれた時期に近いですから、「優先日」で区切る方がよいかもしれません。「出願日」でもヒットするので、ダブルカウントに注意する必要があるでしょう。

課題×解決手段の マトリックス分析

課題×解決手段のマトリックス分析は、特許の技術内容を分析する上で、定番と言ってもよいような基本的な分析手法です。

● なぜ、課題×解決手段のマトリックス分析は定番なのか

発明というのは、課題とそれを解決するための手段という形で把握されますから、どんな課題に対してどんな解決手段が採用されたかを、マトリックス形式で整理することによって、技術分析をすることができるからです。

発明を分析するには、最も基本的な分析方法だと言えるでしょう。企業・機関ごとにマトリックスを作って比べてみると、研究・開発戦略の違いが見えてくるでしょう。さらに時系列を組み合わせれば、その変遷が見えてきます。

● 2次元の交点に出願件数

縦（行）方向に課題、横（列）方向に解決手段を取って、交点に課題と解決手段の両方が一致する特許の出願件数が集計された表を作成します。件数を数字で表すのに代えて、円の大きさで表現してもよいでしょう（図4-7）。

● Fタームの活用がお勧め

検索で作ったヒット集合に含まれる特許1件1件について内容を読んで、課題と解決手段を分類していくのは、膨大な作業量です。特に、統計分析を有効なものにするには、それなりの件数が必要です。少なくとも数100件、できれば2000件くらいは欲しいところですから、作業量はまさに膨大です。

そこでお勧めなのが、Fタームです。解析対象の技術分野が、Fタームのテーマコードに依存すること、当然ながら日本の特許文献に限られることなどの制約はありますが、課題と解決手段の膨大な解析作業を節約できるというメリットは、捨て難いものがあります。

たとえば、6-6節～6-11節で事例として紹介するテーマコード5C006「液晶表示装置の制御」では、「目的・効果（FA00）」が課題にあたり、「表示器駆動信号

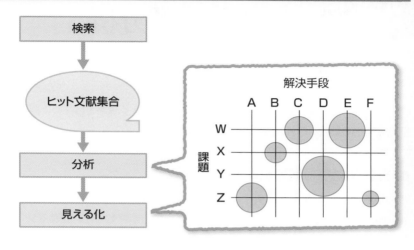

課題×解決手段のマトリックス分析（4-7）

（ACOO）」「処理内容（AFOO）」「表示駆動回路（BCOO）」などが解決手段にあたる
でしょう（図6-26）。「ノイズ低減（FA31）」という課題を解決するために、どんな
「表示器駆動信号（ACOO）」にどんな「表示器駆動回路（BCOO）」が採用されたか
を解析することができそうです。

● 誤差要因もあります

　1つの特許に多数の課題に相当するFタームと、やはり多数の解決手段に相当す
るFタームが同時に付与されていることがありますから、1つの課題に直接関係の
ある解決手段だけに絞れるわけではありません。そのため、誤差の要因になります。

　たとえば、「ノイズ低減（FA31）」と「コントラスト向上（FA54）」が課題に相当
するFタームとして付与されている特許に、「処理内容（AFOO）」「表示駆動回路
（BCOO）」「機能素子（BFOO）」など複数のFタームが付与されているときに、どの
解決手段がどちらの課題の解決に寄与しているのかまでは、Fタームの解析からで
はわからないからです。こういう点では、Fタームを付与した人の意図が、分析結果
に正しく反映されているとは言えませんから、誤差といえます。

　このように、Fタームを使った課題×解決手段のマトリックス分析は、誤差を含む
危険性を含んではいます。そうは言っても、課題と解決手段の膨大な分析作業を節
約できる魅力は捨て難いのです。

注目する企業・機関について詳しく分析

> ライバルや顧客の戦略や計画を知ることは、自社戦略の立案に役立つばかりではなく、技術者・研究者個人としても、自分のテーマの方向性を考える上で重要です。特許情報からこのような戦略を分析してみましょう。注目する企業・機関の出願動向から、開発戦略や事業計画を読み取ることができます。

● 出願動向から開発戦略を読みとる

　注目する企業・機関を出願人とする検索（4-3節参照）で、ヒット集合を作ります。次に、特許分類コードを使って、技術分野別の出願件数の年次推移を求めてグラフにします。こうすると、その企業・機関が注力してきた技術分野の変遷がわかります。たとえば、黎明期は物質の特性向上や発揮される機能についての、基礎的な発明が多く、だんだん製品に近い発明が増え、最後にはコスト低減を志向した製造方法の発明に移っていくでしょう。このとき同時に次の製品の基礎となる発明も出願がされているはずですから、その企業の次世代の製品を予想できるかもしれません。

● 審査請求率や特許登録率なども、重要な評価指標

　審査請求された率や特許として成立して登録された率（特許登録率）の変遷をみると、注力方向なのか撤退方向なのかがわかるかもしれません。

　csvダウンロードなどで入手した、「審査請求の有無」は出願公開時のデータで、その後の審査請求はデータに反映していない場合がありますので、審査請求率を算出するときには注意が必要です。審査の経過情報から審査請求期限を過ぎてもみなし取り下げになっていないものを、審査請求された特許として選ぶこともできます。

　同じ出願番号の特許に**公開公報**と**登録公報**の両方があれば、その特許が登録されたことは明らかです。一方、公開公報があるだけで登録公報がなくても、今後特許権が発生する可能性があるかどうかはわかりません。審査されているのか、その結果がどうなっているのか、公報だけでは判断できませんから。このように、特許登録率というのは、正確には算出できません。しかし、すでに登録された件数だけを元に算出した特許登録率でも、十分にその企業の特許戦略を示す重要な指標の一つになります。

技術潮流を知るために！

> この章に書いたことをまとめてみましょう。1-3節で引用した図1-8を見ながら、自分なりのイメージを形作ってみましょう。

● オリジナルデータベースを作ろう

　初めは、自分で思いついたアイデアや、気になる製品、学術論文に掲載された技術などについて、日常的に検索してみつけた**それらしい特許**から、記録に残しておきたい特許をリストアップしておきます。csvダウンロードした項目以外に、独自の視点での評価や分類を追加しておくことをお勧めします。オリジナルの検索インデックスになります。それ以外にコメントを残しておきましょう。「どうしてその特許が気になったのか」を、記録しておきます。

　日常的に特許検索をするようになると、特定の技術分野の全体像が気になってきたり、特定の企業・機関の研究・開発戦略や出願戦略が気になってきたりするでしょう。気になる技術分野については、4-2節で説明した方法で検索してヒット集合を作り、csvダウンロードで必要な項目をダウンロードします。

● 「見える化」しよう

　気になる技術分野や気になる企業・機関の特許の集合ができたら、「見える化」してみましょう。4-7節の「年次推移、出願人別推移」や4-8節の「課題×解決手段のマトリックス分析」は、見える化のための分析手法の基本的な一例に過ぎませんから、自分なりにいろいろ試行錯誤してみてください。私は、この試行錯誤の過程から見えてくるものが、とても貴重な気付きではないかと思っています。

● 特許マップは自分で作ろう

　この本の読者は、設計や研究・開発に携わっている発明者や知財部門の方々が多いと思います。技術戦略や特許戦略を立案する上で、特許マップが重要な情報源になることはご理解いただけたと思いますが、特許マップを作るのにはたいへんな労力がかかってしまいます。ですから、完成した特許マップを買ってきたり、高額な予算を何とか捻出して、特許調査会社に依頼したりします。これはよくない進め方だと言うつもりは毛頭ありません。「特許が重要なのはわかっている。しかし、忙しくて特許にはとても手が回らない」という状況は、よくわかっていますから。

　それでも何とか時間を捻出して、自分で作ってみても、なかなかうまくいきません。期待していたような傾向が見えてこないというのが、最も多いパターンではないでしょうか？　上司に説明するために特許マップを作ろうとしても、なかなか思ったように作れない。自分が思い描いている技術トレンドは大きく間違っていないはずなので、それを裏付ける証拠が欲しいだけなのに、なぜ期待通りの特許マップが作れないのだろうか？　と、あれこれ試行錯誤するのではないでしょうか。期待したような特許マップができるまでに費やした試行錯誤は、大半がムダだったと感じてしまうでしょう。

● 試行錯誤の過程で得られるヒラメキに期待

　しかし、このような試行錯誤の過程で得られるヒラメキというのは、実はとても得難いものです。特許マップに顕れる傾向は、すなわち、過去の技術潮流なのです。

　もちろん、過去を直視して冷静に分析することは極めて重要です。しかし、特許マップからは、これからの技術がどう変化するのかという未来の潮流は、直接は見えてきません。見えてくるのは、未来が過去の傾向からそのまま延長される場合だけです。「過去の潮流はこの辺で終わりだ。その先はこうなる」というような、現場の技術者・研究者の感覚が大切なのです。

　試行錯誤は、予測と修正の繰り返しです。自分の予測が間違っていたら修正していくことによって、予測精度が上がっていきます。「脳トレ」のようなものと思っていただいてもよいでしょう。「ああでもない、こうでもない」と悩むうちに、「はっ」とした気づきがあるものです。このような現場技術者・研究者の感覚を研ぎ澄ますために、ぜひ、ご自分で試行錯誤されることをお勧めします。

第 **5** 章

検索事例 I

短時間で「それらしい特許」を 見つける検索

　この章では、短時間で「それらしい特許」を見つける検索（第3章）を具体的な事例の形式で紹介してみたいと思います。うまくいっている場合だけではなく、うまくいかないときにどんなことを考え、どんなふうに修正していくとよいかという、思考過程を紹介していますから、自分ならどうするかを考えながら読んでいただいて、自分なりの検索手法を確立してください。

調査主題を文章で表現する

> 調査主題を、「AにおいてBがCという特徴を持つもの」という形式で表現します。くどいようですが、必ず文章にしましょう。Aは技術分野や物で、BはCという発明の根幹部分が適用される「必須要件」です。

● 想定するシチュエーション

図5-1のような、スマートフォンの広告を見つけたとしましょう。たとえば、あなたがライバル会社で、たまたま同じようなコンセプトのスマートフォンを開発していたとしましょう。そのような状況で、この広告を目にしたら、「先を越されてしまった」と悔しがるだけでは済まなくて、自社の製品企画を見直す必要まで出て来てしまうかもしれません。まずは、「特許は出ているのか」、「どんな特許か？」、「ウチの今度の製品は問題ないのか？」などと上司に聞かれることになるでしょう。実際にはメーカーがわかっているのですから、出願人名で検索してみるのが最優先です。しかしそれでは検索事例になりませんし、製品発表の直後では、まだ特許が公開されていない可能性が高いのですから、他社からも似たような特許が出願されていないかというところまで、調査の範囲を広げることにしましょう。そんなシチュエーションを想定した事例を作成してみました。

● よく観察して調査主題を文章で表現

Aは技術分野や物ですから、この例の場合は「スマートフォン」でしょう。広告には「右側面が曲面ディスプレイで覆われている」と書かれていて、「最大の特徴は、……」と続いています（図5-1）。

もしあなたが、スマートフォンの端末の開発を担当して、ハードウェアとしてスマートフォンを調査主題に据えたいのであれば、Bは「ディスプレイ」、Cは「右端側面で湾曲している」となるでしょう。通して書くと「スマートフォンにおいてディスプレイが右端側面で湾曲している」となります。

もう少し機能面を含めた総合的な観点を調査主題に据えたいのであれば、Cは「側面にアイコンを表示する」でしょうか。通して書くと「スマートフォンにおいて、

調査主題　〜特許検索事例〜（5-1）

写真提供：
サムスン電子ジャパン
株式会社

Galaxy Note Edge　右側面が曲面ディスプレイで覆われている

Galaxy Note Edge 最大の特徴は、画面の右端側面が湾曲して表示領域が160ピクセル増えた形状。湾曲した部分をスワイプしてよく使うアプリケーションを起動することが可能で、カバーを閉じた状態でもそのまま操作できて便利だ。

ディスプレイは側面にアイコンを表示する」となります。

　どちらの調査主題についても、Bを「表示・タッチパネル」に代える方が的確でしょう。ただ、「タッチパネル」には、広告では何も触れていませんし、用語も不確か（「タッチ検出」か「タッチセンサ」の方がよいかもしれない）ですから、広告に使われている「スワイプ」や「アプリケーションを起動」を使う方が適切かもしれません。

● 表現に悩むことも重要なステップ

　このように、「調査主題を文章で表現する」という作業では、用語そのものだけでなく、構成要素や特徴事項の取捨選択に悩むという側面があります。「悩む」というのは決してムダではありません。採用しなかった用語、構成要素や特徴事項は、後々「探索範囲を拡大する」ことを念頭において、スタメンと交代要員、控え選手のように、優先順位のおおまかなイメージを描き始めるとよいのです。

　ここでは、「スマートフォンにおいて、表示・タッチパネルは側面にアイコンを表示する」を調査主題とした特許検索事例を、ご紹介することにしましょう。

予備検索

まずは、調査主題をそのまま検索式にして、検索してみましょう。図5-2は、調査主題を上に書いて、それをそのまま検索式に当てはめた様子を示しています。

● 文章で表した調査主題から検索式への当てはめ

分野Aは「スマートフォン　スマートホン　スマホ　スマフォ」としました。「+」の演算子は省略してあり、4つのキーワードのORです。略語やカタカナ異表記は、同じキーワードとして扱うべきです。検索ツールによってはカタカナ異表記を自動で吸収してくれる機能を持っているものもありますので、そんな便利な機能があれ

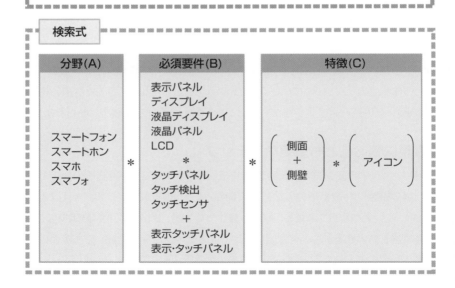

予備検索の検索式（5-2）

調査主題

スマートフォンにおいて、表示・タッチパネルは側面にアイコンを表示する。

検索式

分野(A)	必須要件(B)	特徴(C)
スマートフォン スマートホン スマホ スマフォ	表示パネル ディスプレイ 液晶ディスプレイ 液晶パネル LCD * タッチパネル タッチ検出 タッチセンサ + 表示タッチパネル 表示・タッチパネル	（側面 + 側壁）* アイコン

ば、有効利用しましょう。

必須要件**B**は「表示・タッチパネル」としました。中黒「・」の有無は、カタカナ異表記と同様に、同じキーワードの異表記です。「表示・タッチパネル」が1つの用語として確立していないことを想定して、「表示パネル」と「タッチ検出」の両方の概念が明細書の中に登場してくれば、必須要件**B**である「表示・タッチパネル」に合致するようにしたいと考えました。そのため、必須要件**B**は、

「表示パネル」×「タッチ検出」＋「表示・タッチパネル」

のような、ちょっと複雑な形をしています。「表示パネル」と「タッチ検出」は、それぞれ同義語に当たるようなキーワードをORして構成しています。

特徴**C**は、「側面にアイコンを表示」ですから、

「側面　側壁」×「アイコン」

としました。ちょっとキーワードがさみしいような気がしますが、ズバリがあるなら早く見つけておきたいので、まずは、これで予備検索をしてみましょう。

● 検索対象の文献種別（公報）を選択する

まず、J-Plat Patの「特許・実用新案検索」（図2-40）の「テキスト検索対象」で「和文」を選びます。「文献種別」の「詳細設定」を開くと、図2-41のように、日本語の特許・実用新案文献のすべてがデフォルトとして選択されていることがわかります。通常は、このデフォルトのままで良いと思います。細かく指定したい場合には、新しい特許だけで良い場合は、「特許（特開・特表(A)、再公表(A1)、特公・特許(B)）を選びます。技術分野が比較的単純な構造物の場合には、「実用新案（実開・実表・登実(U)、実全(U1)、再公表(A1)、実公・実登(Y)）」を含める意味はあります。

さらに古い出願まで含めたい場合には「特許発明明細書(C)」と「登録実用新案明細書(Z)」を含めることになりますが、特許発明明細書は昭和30年の特許第216017号が、登録実用新案明細書(Z)は昭和28年登録の登録実用新案第406203号が、それぞれ最後（資料1～2／図2-26～図2-29）になっています。このような古い特許・実用新案は、公報の画像データは蓄積されていますが、テキストデータは蓄積されていないので、テキスト検索ではヒットしませんから、指定してもしなくてもテキスト検索には影響はありません。

このように、「特許・実用新案検索」でキーワード検索を行う場合には、「テキスト検索対象」の「文献種別」をきめ細かく設定するメリットはほとんどなく、デフォルトの全部指定のままでよいと思います。

● 検索式を入力する

図5-3は、作った検索式（図5-2）を「検索キーワード」に入力して、検索した結果の画面です。

5行（5項）のANDで構成しています。「多数の項の掛け算（AND）による検索式は好ましくない」と言っていたのに、いきなり矛盾しているようですが、検索式＝「分野」×「必須要件」×「特徴」という基本的な枠組みからは外れていません。

1行目（第1項）は、分野**A**に対応します。これについては、説明は不要でしょう。1行目（第1項）を始め、すべての行（項）の「検索項目」は、「要約／抄録」としました。これは、検索キーワードがどこに書かれている確率が高いか、また、どこに書かれている文献（特許）にヒットさせるべきか、などを考えて決めます。この段階では、まだ予備検索なので、漏れを減らすために「全文」や「明細書」を対象（検索項目）とする必要はありません。一方、「発明の名称」に「スマートフォン」と明記した特許が多数出願されているとも思えないので、「要約／抄録」としました。

2行目と3行目（第2項と第3項）は、必須要件**B**に対応します。「予備検索〜検索式を作る」で説明したように、ちょっと複雑な形をしていますが、J-Plat Patではそのまま入力することができません。そのため、論理式の簡単な置き換えをして対応しました。

「X×Y＋Z」を「（X＋Z）×（Y＋Z）」に置き換えたのです。

数学的には、

$$(X+Z) \times (Y+Z) = X \times Y + X \times Z + Y \times Z + Z$$

になりますが、この検索式では、Xは「表示パネル」の同義語・類義語、Yは「タッチパネル」の同義語・類義語、Zは「表示タッチパネル」の同義語・類義語ですから、「X×Y＋Z」を「（X＋Z）×（Y＋Z）」に置き換えても誤差は最小限です。

4行目と5行目（第4項と第5項）は、特徴**C**に対応します。これもほとんど説明は不要でしょう。特徴**C**の多くは、要約だけではなく、実施例に記載されることが多いので、探索範囲を拡大するときには、この項の検索項目を、「全文」に拡げることを検討します。しかし、現段階では、「要約／抄録」で十分でしょう。

● 「論理式に展開」した検索式は保存用

検索式は、「条件を論理式に展開」ボタンを使って論理式に展開しておくことをお勧めします（図5-4）。

予備検索（キーワード検索）（5-3）

選択入力　論理式入力

テキスト検索対象
◉ 和文　○ 英文

文献種別　詳細設定 ＋

☑ 国内文献　□ 外国文献　□ 非特許文献　□ J-GLOBAL

検索キーワード

検索項目　キーワード

要約/抄録　　スマートフォン　スマートホン　スマフォ　スマホ　　近傍検索

● 削除　　　AND

要約/抄録　　表示パネル　ディスプレイ　液晶ディスプレイ　液晶パネル　ＬＣＤ　表示タッチパネル　表示・タッチパネル　　近傍検索

● 削除　　　AND

要約/抄録　　タッチパネル　タッチ検出　タッチセンサ　表示タッチパネル　表示・タッチパネル　　近傍検索

● 削除　　　AND

要約/抄録　　側面　側壁　　近傍検索

● 削除　　　AND

要約/抄録　　アイコン　　近傍検索

● 削除 ● 追加

除外キーワード　検索から除外するキーワードを指定します。　開く ＋

検索オプション　開く ＋

オプション指定：なし

🔍 検索　　クリア　　条件を論理式に展開

🔍 検索結果一覧　　▶ ヘルプ

国内文献 (0)	外国文献 (-)	非特許文献 (-)

検索結果は0件でした。検索条件を変更して、再度検索を行ってください。

5
検索事例Ⅰ　短時間で「それらしい特許」を見つける検索

　展開された論理式は、テキスト形式でコピーして別のファイルに保存します。図5-5はExcelテーブルに目的である「予備検索」と「ヒット件数」0件を合わせて記録した例です。展開されたままの論理式は、途中改行されていなくて読みにくいですから、項ごとに改行するなどして読みやすくしておきます。改行を含めてExcelからコピーしてJ-Plat Patの論理式入力ウィンドウにペーストしても、問題なく検索できますのでご心配なく。

　さらにカッコ「(・・・・・)」を使ってまとめたのが、1行下のB9セルです。この程度に整理しておく方がわかり易いでしょう。

予備検索の検索式を論理式に展開 (5-4)

| 選択入力 | 論理式入力 |

⬛ 論理式を読み込む　　⬛ 論理式を保存　　入力された条件や論理式の保存/読み込みができます。検索オプションの内容も保存されます。

テキスト検索対象
◉ 和文　　◯ 英文

| 文献種別 | 詳細設定 ＋ |

☑ 国内文献 ◀ all　　☐ 外国文献　　☐ 非特許文献

論理式

[スマートフォン/AB+スマートホン/AB+スマフォ/AB+スマホ/AB]*[表示パネル/AB+ディスプレイ/AB+液晶ディスプレイ/AB+液晶パネル/AB+ＬＣＤ/AB+表示タッチパネル/AB+表示・タッチパネル/AB]*[タッチパネル/AB+タッチ検出/AB+タッチセンサ/AB+表示タッチパネル/AB+表示・タッチパネル/AB]*[側面/AB+側壁/AB]*[アイコン/AB]

展開した論理式は、テキスト形式で保存 (5-5)

	A	B	C
		論理式	ヒット件数
7			
8	予備検索	[スマートフォン/AB+スマートホン/AB+スマフォ/AB+スマホ/AB] *[表示パネル/AB+ディスプレイ/AB+液晶ディスプレイ/AB+液晶パネル/AB+ＬＣＤ/AB+表示タッチパネル/AB+表示・タッチパネル/AB] *[タッチパネル/AB+タッチ検出/AB+タッチセンサ/AB+表示タッチパネル/AB+表示・タッチパネル/AB] *[側面/AB+側壁/AB] *[アイコン/AB]	0
9	予備検索 (編集済)	[(スマートフォン+スマートホン+スマフォ+スマホ)/AB] *[(表示パネル+ディスプレイ+液晶ディスプレイ+液晶パネル+ＬＣＤ)/AB 　*(タッチパネル+タッチ検出+タッチセンサ) 　+(表示タッチパネル+表示・タッチパネル)/AB] *[(側面+側壁)/AB] *[アイコン/AB]	0
10	予備検索 (要約→ 要・請)	[(スマートフォン+スマートホン+スマフォ+スマホ)/AB +(スマートフォン+スマートホン+スマフォ+スマホ)/CL] *[(表示パネル+ディスプレイ+液晶ディスプレイ+液晶パネル+ＬＣＤ+表示タッチパネル+表示・タッチパネル)/AB 　+(表示パネル+ディスプレイ+液晶ディスプレイ+液晶パネル+ＬＣＤ+表示タッチパネル+表示・タッチパネル)/CL] *[(タッチパネル+タッチ検出+タッチセンサ+表示タッチパネル+表示・タッチパネル)/AB 　+(タッチパネル+タッチ検出+タッチセンサ+表示タッチパネル+表示・タッチパネル)/CL] *[(側面+側壁)/AB+(側面+側壁)/CL] *[アイコン/AB+アイコン/CL]	0

●「要約＋請求の範囲」を検索項目にするには

　2018年3月のJ-Plat Patの新機能リリースに伴って、検索項目にあった「要約＋請求の範囲」がサポートされなくなりました。本書の第1版を含めて、いろいろな場面で多用されていたのですが。同じ機能は論理式入力を使えば、何とか再現することができます。図5-5の最下段B10セルがその例です。同じキーワードについて、要約（AB）を対象に検索する項と請求の範囲（CL）を対象に検索する項を「＋」(OR)してあります。

176

「ヒット件数０件」になってしまった原因の考察

図5-3の通り、この検索式での検索の結果は、「ヒット件数０件」になってしまいました。では、その原因を推理して対策を立ててみましょう。

● 検索式の項ごとのヒット件数をチェック

各行（各項）のヒット件数が個別に表示されるような検索ツールであれば、その件数がとても参考になります。複数のすべての項のANDで構成されているのですから、１項でもヒット件数が０件の項があれば、その項の対策が最優先になります。０件でなくても極端に少なければ怪しいということになります。

キーワード検索で単一の項のヒット件数が０件になる原因としては、かな漢字変換ミスなどの誤記が考えられますが、一般にはあまり多くありません。特許分類を使った検索では、分類コードの指定方法を誤ったときによく発生します。J-Plat Patは、項毎のヒット件数を表示する機能は備えていませんが、１行（１項）ずつ5回検索すれば、項毎のヒット件数を知ることができます。そんなときには、「キーワード」の欄で編集するよりも、「論理式」の欄のテキストを編集する方が簡単です。

この事例では、表5-6のようになりました。ご参考までに、特徴**C**に相当する3＊4のヒット件数も出してみました。

● 問題山積！

こんな風に分析してみると、問題だらけの検索式だということがよくわかります。

「分野**A**」に相当する第１項にヒットするのが4033件は少な過ぎます。今どき、スマートフォン関連の特許の出願件数が4033件で済んでいるはずはないでしょう。この原因は、特許では「スマートフォン」のような商業的な用語ではなく、「携帯情報端末」のような、特許特有の用語が使われていることが考えられます。

では、どのように対策すればよいでしょうか？ 検索キーワードに「携帯情報端末」のような用語を、ORで追加していくのが１つの対策方法です。追加すべきキーワードが明確で、調査主題とは異なる技術分野では使われていないのであれば、そのキーワードを追加します。一方、他の技術分野でも多用されるキーワードを追加

項	検索式	ヒット件数
1	[(スマートフォン＋スマートホン＋スマフォ＋スマホ)/AB]	4033
2	[(表示パネル＋ディスプレイ＋液晶パネル＋ＬＣＤ)/AB *(タッチパネル＋タッチ検出＋タッチセンサ)/AB ＋(表示タッチパネル＋表示・タッチパネル)/AB]	5619
3	[(側面＋側壁)/AB]	571735
4	[アイコン /AB]	10328
3*4	[(側面＋側壁)/AB] * [アイコン /AB]	27

するときには、注意が必要です。そのキーワードを「必須要件B」とANDすることによって、目的外の技術分野ではほとんどヒットせず、目的とする技術分野だけに絞り込めるようになれば理想的です。

　もう1つの対策方法は、特許分類の活用です。スマートフォン関連の特許が特定の特許分類に集中していれば理想的です。しかし、スマートフォンは多機能ですから、いろいろな分野の技術が結集されています。ということは、付与されている特許分類コードも多岐にわたっている可能性があります。適切な特許分類コードを選ぶには、このような状況をしっかりとふまえておく必要があります。

● さらに他の問題も！

　必須要件Bのための第2項にヒットしている5,619件もかなり少ないように見えます。タッチ検出機能を備えたディスプレイは、スマートフォンに限らず、多種多様なデバイスに使われていますから、それに関する特許が数千件というのは、少なすぎるように思われるからです。

　しかし、調査主題にある「アイコンの表示」から考えたときに、タッチ検出を必須要件と考えたことにも問題があるかもしれません。タッチ検出されるとしても、スマートフォンがタッチパネルを備えていることまで、特許明細書で、特に、要約や請求項に明記するかどうか、疑問だからです。対策として考えられるのは、「タッチパネル」系のANDを削除することでしょう。

● 致命的な問題！

それよりもずっと深刻なのは、特徴Cに相当する第3項＊第4項にヒットする件数が27件と圧倒的に少ない点です。「側面」や「側壁」が技術分野を問わず広く使われる用語なのですが、「アイコンの表示」についてどんな用語が使われるか予測できず、たくさんあり過ぎて特定できません。たとえば図5-1では「湾曲した部分」と表現されています。「アイコン」については、もっと狭い技術分野でしか使われないキーワードではありますが、実際には、図5-1には登場していません。対応する表現としては「スワイプしてよく使うアプリケーションを起動する」でしょう。特許明細書でも同様に、「アイコン」というキーワードを使わないで、別の表現がされているかもしれません。

特徴Cの精度を上げるための対策としては、まず、同義語や類義語をどんどん増やしてORしていくことが考えられます。他の対策としては、異なる観点から特徴を見直すことです。その場合は、「調査主題を文章で表現する」に戻って考え直すことになります。特徴Cを見直すということは、それに伴って必須要件Bも見直した方がよい場合が多いからです。その一例として、図5-1では「カバーを閉じた状態でもそのまま操作できて便利だ」という、発明の「効果」に相当する事柄を、特徴Cとして位置付けることもできます。今回の調査主題についてみると、このような対策は、あまり有効とは思えませんが、一般的には選択肢の1つになります。

● 検索項目は「要約」だけでよいか？

検索項目は「要約」でよいでしょうか？現段階では、キーワードは要約に書かれている用語を想定して選んでいるつもりでしたが、「要約」は書かれずに「請求の範囲」に初めて登場しそうな用語も含まれているようです。検索項目を「請求の範囲」に広げることも、検討すべきかもしれません。

● 対策は？

この検索事例では、特許分類の利用と、特徴Cの同義語・類義語の追加をご紹介します。ただし、2つの条件を同時に変更するのは控えるべきです。特徴Cにキーワードを追加するのと同時に必須要件Bを変更してしまうと、迷路に踏み込みかねません。2つの条件を同時に変更してはいけないのは、実験や、プログラムやハードウェアのデバッグとも共通した基本姿勢です（3-13節のコラム参照）。

「特徴C」の同義語・類義語を追加する

最も有効と思われる対策から順に講じていきます。特徴Cに相当する第3項＊第4項の
ヒット件数が27件で、致命的に少ないので、まずはこの項の対策が最優先です。

● 具体的に追加するキーワードは？

特徴Cの対策を最優先することに決めはしましたが、「側面」や「側壁」が技術分
野を問わず広く使われる用語なので、「アイコンの表示」についてどんな用語が使わ
れるか予測できず、たくさんあり過ぎて特定できないという状況です。しかし、そう
とばかりも言ってはいられないので、推理力を働かせて、同義語・類義語を増やし
ていきましょう。ただし、調査主題に合致する特許文献で使われている可能性の高
いものから低いものへ順序を付けるという基本は、常に意識しておきましょう。

まずは、図5-1に戻ってキーワードを抽出します。「画面の右端側面が湾曲して」
という表現がありますから、「右端」、「湾曲」は追加すべきでしょう。1文字で「側」、
「端」、「曲」なども追加したいところですが、1文字だと思いがけないノイズを呼び
込むことがあるので、あまりお勧めはできません。「側」は「本体側」、「付属品側」な
ど「～側」のような表現がノイズになります。同じ意味でも「サイド」ならノイズは
それ程多くないでしょう。「端」は「端子」の一部としてノイズになり、「曲」は音楽
の「曲」にもヒットします。「右端」だけでなく、「左端」、「両端」、「端部」、「端面」な
どを追加するとよいかもしれません。「湾曲」には「曲面」を追加しておきましょう。

また、「湾曲した部分をスワイプしてアプリケーションを起動する」という表現か
ら、「アイコン」というキーワードを選びましたが、それよりも先に「スワイプ」と
「アプリケーション」をキーワードとすべきだったかもしれません。他の同義語・類
義語としては、「クリック」「メニュー」などがあるでしょうか。

● 検索項目に「請求の範囲」を追加

検索項目に「請求の範囲」を追加してみました。「要約」には文字数制限があり、
代表的な発明についてしか書けませんが、「請求の範囲」にはいろいろな変形例につ
いて書かれていたり、縁の下の力持ち的な構成要素が書かれていることがあります。

この事例では、「タッチ検出」がそんな構成要素に相当します。スマートフォンを使う人がタッチ検出されていることは意識しないのと同じように、「タッチ検出」するのはわかりきっているとして、要約には書かれていない可能性があります。

● 推理力を働かせてみましたが、結果は？

以上のように、推理力だけを使って、検索式を図5-7のように拡大してみました。

早速、検索してみましょう。図5-8は、その検索結果です。ヒットは0件のまま変わりません。せっかく頑張ったのに残念でした。一体何が悪かったのでしょうか？

不足していると思われる同義語・類義語の補充（5-7）

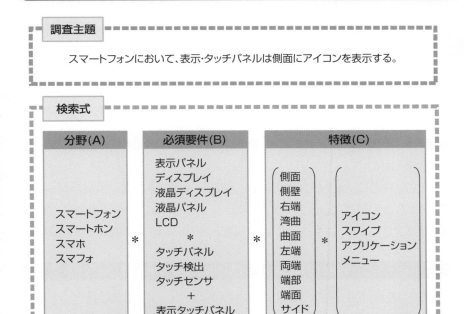

調査主題

スマートフォンにおいて、表示・タッチパネルは側面にアイコンを表示する。

検索式

分野(A)		必須要件(B)		特徴(C)	
スマートフォン スマートホン スマホ スマフォ	*	表示パネル ディスプレイ 液晶ディスプレイ 液晶パネル LCD * タッチパネル タッチ検出 タッチセンサ + 表示タッチパネル 表示・タッチパネル	*	側面 側壁 右端 湾曲 曲面 左端 両端 端部 端面 サイド	* アイコン スワイプ アプリケーション メニュー

● 一見失敗に見えても、パニックにならないように

この段階でよくある失敗は、同義語・類義語の補充が十分ではなかったと思い込んで、さらにキーワードを足したり、探索範囲を「要約＋請求の範囲」から「公報全

文」に拡げたり、挙げ句の果ては、「側面」系のキーワードと「アイコン」系のキーワードをANDではなくORに変えてしまったりすることです。これではパニックに陥っているようなもので、検索式は迷走を始めてしまいます。ご注意ください。とは言っても、迷走を始めたなと気付いたら、調査主題に戻ればよいのです。パニックに陥っていないか、迷走していないかを、時々冷静に見直してみるだけで十分です。

第3項と第4項に不足している同義語・類義語を補充した結果 (5-8)

論理式

[(スマートフォン+スマートホン+スマフォ+スマホ)/AB]
*[(表示パネル+ディスプレイ+液晶ディスプレイ+液晶パネル+ＬＣＤ)/AB]
*[(タッチパネル+タッチ検出+タッチセンサ)/AB]
*[(表示タッチパネル+表示・タッチパネル)/AB]
*[(側面+側壁+右端+湾曲+左端+両端+端部+端面+サイド)/AB]
*[(アイコン+スワイプ+アプリケーション+メニュー)/AB]

● 同義語・類義語の補充だけで十分か？

　今は「特徴**C**にヒットしている27件は致命的に少ない」ことに対する対策だったはずです。では、「推理力だけ」とはいえ、同義語・類義語を補充した結果、どの程度まで改善したのでしょう？

　図5-9のように、論理式に展開した後、展開された論理式の**A**×**B**の部分を削除して、特徴**C**にヒットしている件数を求めてみました。すると、ヒット件数は677件と、まだまだ少ないです。やはり検索項目は「要約＋請求の範囲」に広げるべきでしょう。

「特徴C」項にヒットしている件数を調べる (5-9)

論理式

[(側面+側壁+右端+湾曲+左端+両端+端部+端面+サイド)/AB]*[(アイコン+スワイプ+アプリケーション+メニュー)/AB]

● 「特徴C」項の検索項目を「要約＋請求の範囲」に拡大

　図5-10は、検索項目に「請求の範囲」を追加した結果です。ヒット件数は、677件から3893件に大幅に増えました。入力した検索式が複雑になってしまうように思われるかもしれませんが、図5-10のように改行と空白を使って揃えておくと、見

「特徴C」項の検索項目を「要約＋請求の範囲」に拡大（5-10）

論理式

[(側面＋側壁＋右端＋湾曲＋左端＋両端＋端部＋端面＋サイド)/AB
　＋(側面＋側壁＋右端＋湾曲＋左端＋両端＋端部＋端面＋サイド)/CL]
*[(アイコン＋スワイプ＋アプリケーション＋メニュー)/AB
　＋(アイコン＋スワイプ＋アプリケーション＋メニュー)/CL]

やすくなりミスが減らせます。「検索」を実行すると、改行と空白はなくなってしまいますから、見やすくした検索式は、図5-5のように手元のファイルにテキスト形式で保存しておきます。

　「特徴C」項の対策はこれでひとまず完了として、もう一度、予備検索をやってみました（図5-11）。「特徴C」項の対策が功を奏するかと期待したのですが、ヒット件数はわずか2件でした。ここでがっかりするかもしれませんが、「特徴C」項の対策は十分がんばったので、対策すべき問題は「技術分野A」項に移ったと考えるべきでしょう。

「特徴C」項を対策した後の予備検索（5-11）

論理式

[(スマートフォン＋スマートホン＋スマフォ＋スマホ)/AB
＋(スマートフォン＋スマートホン＋スマフォ＋スマホ)/CL]
*[(表示パネル＋ディスプレイ＋液晶ディスプレイ＋液晶パネル＋ＬＣＤ＋表示タッチパネル＋表示・タッチパネル)/AB
　＋(表示パネル＋ディスプレイ＋液晶ディスプレイ＋液晶パネル＋ＬＣＤ＋表示タッチパネル＋表示・タッチパネル)/CL]
*[(タッチパネル＋タッチ検出＋タッチセンサ＋表示タッチパネル＋表示・タッチパネル)/AB
　＋(タッチパネル＋タッチ検出＋タッチセンサ＋表示タッチパネル＋表示・タッチパネル)/CL]
*[(側面＋側壁＋右端＋湾曲＋左端＋両端＋端部＋端面＋サイド)/AB
　＋(側面＋側壁＋右端＋湾曲＋左端＋両端＋端部＋端面＋サイド)/CL]
*[(アイコン＋スワイプ＋アプリケーション＋メニュー)/AB
　＋(アイコン＋スワイプ＋アプリケーション＋メニュー)/CL]

COLUMN　「要約＋請求の範囲」が検索項目からなくなった

　検索項目として「要約＋請求の範囲」は、ちょうどよい検索項目として重宝されていましたが、J-Plat Patでは、2018年の機能改善にともなってサポートされなくなってしまいました。論理式入力を使えば、図5-10のように「要約＋請求の範囲」をなんとか再現することができます。

5

検索事例Ⅰ　短時間で「それらしい特許」を見つける検索

適切な特許分類コードをさがす

一応は特徴Cの対策を終えたので、今度は分野Aの対策に移ります。キーワードを見直すのも一つの選択肢ですが、適当な特許分類コードがあれば、そのコードに置き換えたり補ったりするのが効率的です。

● 適切な特許分類コードを探すことを目的とした検索式を作る

スマートフォンは多機能ですから、様々な分類コードが付与されている可能性があります。では、どのような分類コードが、「分野A」として適切なのでしょうか?

そこで、適切な特許分類コードを探すことを目的とした検索式を作ることにします。どんな事でも目的をはっきりさせるのは重要です。一つの特許調査でも、作業一つ一つに、はっきりした目的を意識するべきです。とは言っても、それほど大げさなことではなく、予備検索の検索式を基にして、適切な特許分類コードを探す目的に特化させましょう。たとえば、特徴Cを省いて、分野A×必須要件Bだけにします。適切な特許分類コードを見つけることができれば目的は達成されるので、あまり凝る必要はありません。

● 適切な特許分類コードを探すための検索

適切な特許分類コードを探すために、検索式を「分野A×必須要件B」だけにしてみました(図5-12)。ヒット件数147件でした。

適切な特許分類コードを探すための検索 (5-12)

```
論理式

[(スマートフォン+スマートホン+スマフォ+スマホ)/AB
+(スマートフォン+スマートホン+スマフォ+スマホ)/CL]
*[(表示パネル+ディスプレイ+液晶ディスプレイ+液晶パネル+LCD+表示タッチパネル+表示・タッチパネル)/AB
+(表示パネル+ディスプレイ+液晶ディスプレイ+液晶パネル+LCD+表示タッチパネル+表示・タッチパネル)/CL]
*[(タッチパネル+タッチ検出+タッチセンサ+表示タッチパネル+表示・タッチパネル)/AB
+(タッチパネル+タッチ検出+タッチセンサ+表示タッチパネル+表示・タッチパネル)/CL]]
```

検索結果を図5-13に示します。公知年別では2016年の29件がピークになっていて、FI別ではG06、H04、G09の順になっていることがわかります。発明の名

称をながめてみると、スマートフォンそのものの発明ではなくて、スマートフォンを使ったシステムや、スマートフォンのための何かというように、スマートフォンの応用発明、関連発明が多いようです。

適切な特許分類コードを探すための検索の結果 (5-13)

●「分類コードランキング」を活用しよう

「分類コードランキング」を見てみましょう。図5-14のウィンドウが現れます。最も多いのはG06F3で、説明も表示されます。「特許・実用新案分類照会(PMGS)」にリンクされていますので、上位階層から辿って理解しましょう。

G06F3は、計算機の入出力インターフェースを指しています。H04M1は、電話通信(H04M)のサブステーション、つまり電話の子機のような意味、H04N5は、画像通信の映像方式を指しています。G09G5は、まわりくどいような表現になっていますが、要は表示装置を指していると理解できます。

　この事例の調査主題に最も合っているのは、計算機の入出力インターフェース(G06F3)のようです。通信機能(H04M1，H04N5)はスマートフォンには必須の要件ですが、この事例の調査主題にとっては必須の要件とは言えません。一方、表示装置(G09G5)は、必須要件と言ってもよいですから、G06F3と同じようにこの事例の調査主題に合っているように思われます。

検索結果の分類コードランキング (5-14)

順位	件数	FI	説明
1	75/147	G06F3	計算機で処理しうる形式にデータを変換するための入力装置；処理ユニットから出力コ装置，例．インタフェース装置 [４]
2	38/147	H04M1	サブステーション装置，例．加入者が使用するもの（交換機によって提供される加入者０；前納式電話機用料金箱H04M17／００；電流供給装置H04M19／08）[
3	15/147	H04N5	テレビジョン方式の細部（走査の細部またはそれらと走査用電圧の発生手段との結合H１]
4	9/147	G09G5	陰極線管表示器および他の可視的表示器に共通の可視的表示器用の制御装置または回路の設計または構造G０６Ｔ「５]
5	8/147	A63F13	ビデオゲーム，すなわち２次元以上の表示ができるディスプレイを用いた電子ゲーム [
6	7/147	G06K7	記録担体を読取る方法または装置（G０６K9／００が優先；記録担体にデジタル的に００）
6	7/147	G06Q50	特定の業種に特に適合したシステムまたは方法，例．公益事業または観光業（ヘルスク[８，２０１２．０１]

● 副産物としての同義語・類義語にも注意を

　この検索の目的は、言うまでもなく「適切な特許分類コードを探すこと」であり、それ以外の目的に力を分散させるべきではありません。しかし、この検索では、明細書などの中から、自分の気付いていなかった同義語や類義語、別の角度からの表現などを見つけるという副産物を期待しましょう。言い訳がましくなりますが、検索式の作り方はあくまでも目的に特化しておき、ヒットした文献（特許）のスクリーニングの段階で得られる副産物は、ありがたく頂戴しておけばよいのです。

　たとえば、「タッチパネルディスプレイ」という用語が使われていることに気付き

ます。最初のキーワード検索で使っていた、「表示タッチパネル」の同義語に加えて
おきましょう。気になるようなら「電気触覚提示装置」も含めてもよいのですが、他
では使われていないようなので、優先順位はずっと低くしておきましょう。これが
上で言っていた「副産物」であり、以前の章で「同義語・類義語は明細書から学ぼ
う」と言っていたのは、このようなことです。

● 気になるFIに絞って特許分類コードを調べる

　図5-13の「検索結果一覧」に戻って、「FI別」の「G06(90件)」をクリックする
と、検索結果一覧が、ヒットした147件のうちFIがG06の90件に絞られます（図
5-15）。件数が90件と多いですから「発明の名称」をながめて調査主題に近そうな
スマートフォンの特許をいくつか見てみて、どのような特許分類コードが付与され
ているかを確認します。

気になるFIに絞ってみる(5-15)

　たとえば、No. 75の特開2013-145543は、発明の名称が「両面スマートフォ
ン」なので、この事例の調査主題にかなり近そうです。これを開いて「検索キー」を
クリックして付与されている特許分類を見てみましょう。
FIには、G06F3/0488とG06F3/041と、H04M1/02が付与されています。
「特許・実用新案分類照会（PMGS）」にリンクされていますが、既に改廃された分類
コードも含まれていて、リンク先に該当する分類コードがない場合もあります。
　図5-16では「G06F3/041,330@A」も 改 廃 さ れ た 分 類 コ ー ド で す が、
「G06F3/041」までなら現在も残っていて「変換手段によって特徴付けられたデ
ジタイザー, 例. タッチスクリーンまたはタッチパッド用のもの」です。

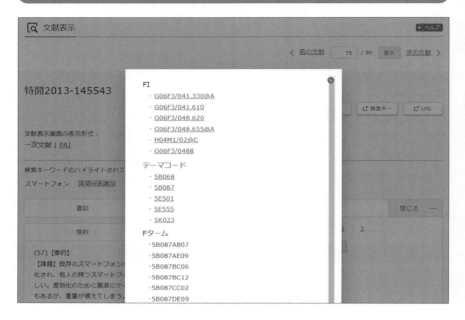

FIの最終行の「G06F3/0488」は「タッチスクリーンまたはデジタイザを利用するもの」です。調査主題は、スマートフォンの湾曲した側面にアイコンを表示してタッチ操作を可能にしているので、もう少し上位概念で、「G06F3/048」の「グラフィカルユーザインタフェース［GUI］に基づく相互作用技術」が適切だろうと考察できます。

● FI= G06F 3/048が最も適切らしい

この結果からわかるのは、FIはG06F 3/048が本命のようだということでしょう。まずはG06Fから見ていきましょう。G06Fは「電気的デジタルデータ処理」と定義されていますから、スマートフォンが備える数ある機能のうち、コンピュータとしての特許分類だということがわかります。さらに、G06F 3/00は「計算機で処理しうる形式にデータを変換するための入力装置；処理ユニットから出力ユニットへデータを転送するための出力装置, 例. インタフェース装置」ですから、コンピュータのGUIの特許分類であることがわかります。さらに、G06F 3/00へ進むと、最下位階層までの分類コードの定義を確認することができます。

　図5-17は、G06F 3/00の下位の分類コードの説明の一部です。特許・実用新案分類照会（PMGS）では、もっと下位の分冊識別記号などについてまで、説明されています。

　G06F 3/00の1階層下の3/01は「・ユーザと計算機との相互作用のための入力装置または入力と出力が結合した装置」です。先頭の中黒「・」は、第3章で説明したように、階層の深さを表しています。その下の階層には、下の3つがあります。

　3/02は、「・・手動で操作されるスイッチを用いる入力装置, 例. キーボードまたはダイヤルを用いるもの」。

　3/03は、「・・器具の位置または変位をコード信号に変換するための装置」。

　3/048は、「・・グラフィカルユーザインタフェースのための相互作用技術, 例. ウィンドウ, アイコンまたはメニューとの相互作用」。

　3/041は、3/03の1階層下で、「・・・変換手段によって特徴付けられたデジタイザー, 例. タッチスクリーンまたはタッチパッド用のもの」です。

　一方、G03Bは「写真を撮影するためのまたは写真を投影もしくは直視するための装置または配置」、G01Nは「材料の化学的または物理的性質の決定による材料の調査または分析」、H04Mは「電話通信」、H04Nは「画像通信」でした。どれも、スマートフォンが備える数ある機能のうちの一つですが、今回の調査主題に合致する分野からはちょっと遠いでしょう。

　今回の調査主題には、G06F 3/048が一番ぴったりきますね。

● 最も適切なFタームも探してみよう

　J-Plat Patの「分類コードランキング」はFIしかサポートされていませんから、適切なFタームを探すには、適切な特許分類を探す検索の結果を丹念に見ていくしかありません。発明の名称などをヒントに、図面を確認しながら、調査主題と同一分野の特許や調査主題に近い特許を何件か選び出します。選び出した特許にどんなFタームが付与されているかを観察して、最も適切なFタームに絞り込んでいきます。

　適切な特許分類を探す検索にヒットした147件（図5-13）を見ていって、26件を選び出しました（表5-18）。実際にはこんなにきれいにまとめる必要はなくて、ひとさまにはとてもお見せできないメモになりますが、抽出したいのは、この表のような情報です。「印象」という欄を作ってあります。スマートフォンで画面に何か表示してタッチして操作する様な発明は調査主題に近いといして◎印、スマートフォンかどうかは怪しいけれど表示とタッチ検出に特徴があるものは○印、ス

右側縦書き：

5

検索事例Ⅰ　短時間で「それらしい特許」を見つける検索

FI	説明	テーマ
G06F3/00	計算機で処理しうる形式にデータを変換するための入力装置；処理ユニットから出力ユニットへデータを転送するための出力装置，例.インタフェース装置 [4]	5B041
G06F3/01	・ユーザーと計算機との相互作用のための入力装置または入力と出力が結合した装置 (G06F 3／16が優先) [8]	5E555
G06F3/01,510	・・人体との相互作用のための装置	5E555
G06F3/01,560	・・触力覚フィードバック	5E555
G06F3/01,570	・・ジェスチャー入力	5E555
G06F3/01,590	・・特殊な入力装置または入力と出力が結合した特殊な装置	5E555
G06F3/02	・・手動で操作されるスイッチを用いる入力装置，例.キーボードまたはダイヤルを用いるもの [3, 8]	5B020
G06F3/03	・・器具の位置または変位をコード信号に変換するための装置 [3, 8]	5B068
G06F3/033	・・・ユーザにより変位または位置決めされるポインティングデバイス；その付属具（変換手段によって特徴付けられたデジタイザG06F3／041）[3, 8, 2013.01]	5B087
G06F3/041	・・・変換手段によって特徴付けられたデジタイザー，例.タッチスクリーンまたはタッチパッド用のもの [8]	5B068
G06F3/048	・グラフィカルユーザインタフェース [GUI] に基づく相互作用技術 [8, 2013.01]	5E555
G06F3/0481	・・・表示された相互作用対象の特定の特性，またはメタファベースの環境に基づくもの，例.ウィンドウまたはアイコンのようなデスクトップ要素との相互作用，あるいはカーソルの挙動や外観の変化によって補助されるもの [2013.01]	5E555
G06F3/0481,120	・・・・カーソルの外観または振舞，例.GUI部品の影響でカーソルの見た目または動きが変化するもの	5E555
G06F3/0481,150	・・・・3次元環境	5E555
G06F3/0481,170	・・・・アイコン	5E555
G06F3/0482	・・・・選択可能な事項のリストとの相互作用，例.メニュー [2013.01]	5E555
G06F3/0483	・・・・ページにより構成された環境との相互作用，例.本のメタファ [2013.01]	5E555
G06F3/0484	・・・特定の機能または操作の制御のためのもの，例.オブジェクトやイメージの選択または操作，パラメータ値の設定，範囲の指定 [2013.01]	5E555
G06F3/0484,120	・・・・表示オブジェクトの選択 (G06F 3／0482が優先)	5E555
G06F3/0484,150	・・・・イメージ操作，例.回転，拡大，または色変更	5E555
G06F3/0484,170	・・・・パラメータ設定，例.ダイアルまたはスライダ	5E555
G06F3/0485	・・・・スクロールまたはパン [2013.01]	5E555
G06F3/0485,150	・・・・・スクロールバー	5E555
G06F3/0486	・・・・ドラッグ・アンド・ドロップ [2013.01]	5E555
G06F3/0487	・・・入力デバイスによって提供される特定の特徴を利用するもの，例.2つのセンサを備えたマウスの回転によって制御される機能，または入力デバイスの性質を利用するもの，例.デジタイザが感知する圧力に基づくタップ動作 [2013.01]	5E555
G06F3/0488	・・・・タッチスクリーンまたはデジタイザを利用するもの，例.ジェスチャによるコマンド入力 [2013.01]	5E555
G06F3/0488,130	・・・・・手書きデータ入力，例.ジェスチャまたはテキスト	5E555
G06F3/0488,160	・・・・・画面内の制御領域，例.バーチャルキーボード	5E555
G06F3/0489	・・・・専用のキーボードのキーまたはそれらの組合せを利用するもの [2013.01]	5E555
G06F3/0489,120	・・・・・カーソル移動キー	5E555
G06F3/0489,150	・・・・・キーボード入力中のガイダンス，例.キー機能情報の提示	5E555
G06F3/0489,170	・・・・・表示能力を改善する特別な入力またはコマンド	5E555
G06F3/05	・一定の時間間隔でのアナログ量のサンプリングを用いるデジタル入力	5B031
G06F3/06	・記録担体からのデジタル入力または記録担体へのデジタル出力	5B065
G06F3/09	・タイプライターへのデジタル出力 [3]	5B021
G06F3/12	・印字ユニットへのデジタル出力	5B021
G06F3/13	・プロッタへのデジタル出力	5B051
G06F3/14	・表示装置へのデジタル出力	5B069
G06F3/16	・音声入力；音声出力（音声処理G10L）	5B026
G06F3/18	・自動曲線追従器からのデジタル入力 [3]	5B041

190

適切な特許分類コードを探すための検索 付与されているFターム (5-18)

No.	文献番号	発明の名称	出願人／権利者	印象	2H092	2H189	5E555	5K023	5K127	5B087
12	特開2020-102224	画像表示装置、画像表示方法および……	カシオ計算機株式会社	◎						
14	特開2020-052752	電子機器、及び、電子機器の制御方法	オンキヨー株式会社	◎			○			
18	特開2019-165449	セキュア・モバイル・ユーザ・インターフェース……	クリプトマティック	○			○	○	○	
23	特開2019-087213	タッチパネル式ディスプレイ型の情報端末のための……	藤本 貴之	◎			○			
36	特開2017-199374	スマートフォン	株式会社 ハイディープ	△	○	○		○	○	
43	特開2017-117490	スマートフォン	株式会社 ハイディープ	△						
53	特開2017-016270	電子機器、画像表示方法及び……	京セラ株式会社	◎			○		○	
56	特開2016-201113	圧力検出モジュール及びこれを含むスマートフォン	株式会社 ハイディープ	△						
63	特開2016-115042	電子機器	シャープ株式会社	◎			○			
64	特開2016-105307	スマートフォン	株式会社 ハイディープ	△						
65	特開2016-105304	スマートフォン	株式会社 ハイディープ	△						
68	特開2016-062616	スマートフォン	株式会社 ハイディープ	△					○	
69	特開2016-062597	スマートフォン	株式会社 ハイディープ	△				○		
70	特開2016-062595	スマートフォン	株式会社 ハイディープ	△						
71	特開2016-062156	端末装置	シャープ株式会社	◎			○			
74	実登3213041	電子デバイス間での誘導充電	アップル インコーポレイテッド	○					○	
76	特許5894699	スマートフォン	株式会社 ハイディープ	△	○	○		○	○	
77	特開2016-040734	スマートフォン	株式会社 ハイディープ	△						
78	特開2016-040711	スマートフォン	株式会社 ハイディープ	△				○		
83	特許5845371	スマートフォン	株式会社 ハイディープ	△						
88	特許5798700	スマートフォン	株式会社 ハイディープ	△						
95	特表2017-502549	セキュア・モバイル・ユーザ・インターフェース……	クリプトマティック	○				○	○	
117	特開2013-246684	フレームを有しないタッチパネル	介面光電股有限公司	△						○
122	特開2013-145543	両面スマートフォン	本間 宏樹	◎			○	○		○
126	特開2013-089212	携帯端末および低感度領域設定プログラム	京セラ株式会社	◎						○
128	特表2014-529140	装置の境界エリアの減少	アップル インコーポレイテッド	△						

5

検索事例I 短時間で「それらしい特許」を見つける検索

マートフォンの発明ではあるけれど発明のポイントは調査主題とは離れているものには△印を、印象欄に記入してあります。

　印象が◎の特許を優先して、どんなＦタームが付与されているかを見ていきます。表5-18には、どんなテーマコードのＦタームが付与されているのかを○で示してありますが、調査主題に近い特許を優先して見ていく感じです。最近発表されたばかりの新製品が調査主題なら、新しい特許から順にみていく方がよいと思いますが、古い技術なら古い順の方がよいかもしれません。

　印象が◎の特許には、テーマコード5E555のＦタームが多く付与されているようです。図5-17でも、最も適切なＦＩと特定したG06F 3/048に対応するテーマコードとして5E555が示されています。テーマコード5E555のＦタームが最も適切といってよいでしょう。5E555は「ディジタル計算機のユーザインターフェイス（カテゴリ：インターフェイス）と説明されています（図5-19）。

最も適切らしいテーマコード5E555の確認 (5-19)

リスト再作成旧５Ｅ５０１（H23）、１９９５年以降に発行された文献を解析対象としている　　　　🗐 リスト印刷

テーマコード	5E555　　解説
説明	デジタル計算機のユーザインターフェイス（カテゴリ：インターフェイス）
ＦＩ適用範囲	G06F3/01 -3/01,590;3/048-3/0489,170

　気になるＦＩに絞り込むことは、上述したように「ＦＩ別」のリンクをクリックすれば簡単でしたが、気になるテーマコード（Ｆターム）に絞り込むことは、一手間必要です。図5-20のように、「検索オプション」を開いて、「主テーマ」の欄に「5E555」を指定して再検索します。

適切な特許分類コードを探す検索（図5-13）をテーマコード5E555に絞る (5-20)

　この事例では、図5-13の147件から38件に絞り込むことができました。たとえば、No. 18の特開2016-062156は、「ディスプレイの端部に表示されたオブジェクトを容易に選択することが可能なスマートフォン」とされており（図5-21）、この事例の調査主題にかなり近い特許だと言えるでしょう。図5-21では、「検索キー」を使って、どんな特許分類コードが付与されているかをポップアップ表示してあります。

調査主題に近い分野の特許（5-21）

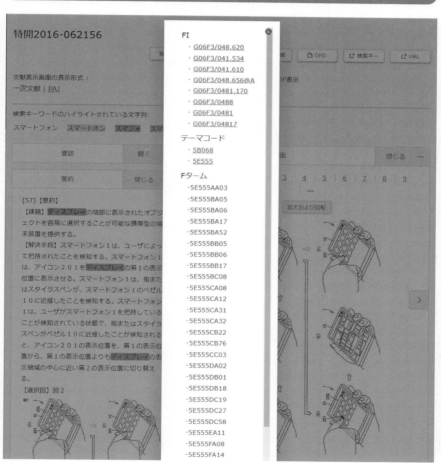

● FIとFタームのどちらを使うべきか

　最後に、FIとFタームのどちらを優先して検索式に使って言った方がよいかを考えます。普通は、まずFIを使うことを考え、あまりFIがぴったり来ないときに、Fタームを使うことを考えます。

　今回の技術分野では、FIで分冊識別記号などが細かく規定されていて、ここまでの段階ですでに特許庁（審査官）がFI検索を重視しているらしいと感じられますから、我々ユーザ側もこの技術分野の検索では、FIを使うのが効率的だということが期待できます。ただし、技術分野によっては、FIはあまり細かく分類されておらず、Fタームの方が検索に便利な場合があります。

　このように、「適切な特許分類コードを探す」ステップでは、FIとFタームのどちらを検索に使うべきかを判断しましょう。その結果、どちらもあまり有効ではないという結論になることもないわけではありませんが、そのような場合は特許分類に置き換えるのをあきらめて、キーワード検索を続けます。この事例ではFIが詳しく付与されているので、FIを使った検索を優先しましょう。

　「私はFターム検索が得意」などのように、自分の得意、不得意をつくることは、お勧めしません。FIとFタームのどちらを使うべきかは、特許庁がどちらに軸足をおいているかを考えながら、検索の効率が高い方を選ぶようにしましょう。

5-6 ▷ FIを使った検索

今回の調査主題に最もぴったりくるFI分類コードは、「G06F 3/048」だと判断しました。FIを使った検索に進みましょう。

● 検索式へのあてはめ

まず、検索式にあてはめてみましょう (図5-22)。G06F 3/048は、調査主題の「スマートフォンにおいて、表示・タッチパネルは側面にアイコンを表示する」のう

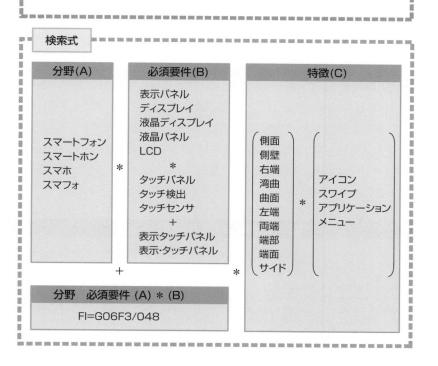

FIを使った検索 (5-22)

調査主題

スマートフォンにおいて、表示・タッチパネルは側面にアイコンを表示する。

検索式

分野(A)		必須要件(B)		特徴(C)

分野(A)
スマートフォン
スマートホン
スマホ
スマフォ

*

必須要件(B)
表示パネル
ディスプレイ
液晶ディスプレイ
液晶パネル
LCD
*
タッチパネル
タッチ検出
タッチセンサ
+
表示タッチパネル
表示・タッチパネル

+

特徴(C)
側面
側壁
右端
湾曲
曲面
左端
両端
端部
端面
サイド

*

アイコン
スワイプ
アプリケーション
メニュー

*

分野 必須要件 (A) * (B)
FI=G06F3/048

ち、「スマートフォンにおいて、表示・タッチパネル」に相当することがわかります。
したがって、検索式でも、分野**A**×必須要件**B**を跨ぐ部分に相当します。

　検索式の描き方が私の我流なので、直感的には理解しにくいかもしれません。
FI=G06F 3/048は、分野**A**×必須要件**B**にORしてあり、数式（**A**×**B**＋**FI**）×**C**
を表しています。

● 初めの検索式の探索範囲と合わせて、探索範囲を拡大

　通常はこの段階で、FIを使った検索として**FI**×**C**を実行します。これによって、
初めに実行した検索**A**×**B**×**C**と合わせて（ORすれば）、探索範囲が（**A**×**B**＋**FI**）
×**C**まで拡大されることになります。今回の場合、初めに実行した検索**A**×**B**×**C**
はヒット件数が0件（図5-3）、特徴**C**の部分を対策した検索式でもヒット件数は2
件（図5-11）という散々な状況でした。ここでは、分野**A**の部分を「スマートフォ
ン」から「電気的デジタルデータ処理（G06F 3/00）」に、必須要件**B**の部分を「グ
ラフィカルユーザインタフェースのための相互作用技術（G06F 3/048）」に変更
（拡大）することによって、探索範囲を拡大することになります。

● 検索の実行！

　FI×**C**の検索を実行してみましょう（図5-23）。

　検索式（論理式）はずいぶん簡潔になりますが、上述したように、探索範囲は拡大
されており、ヒット件数が728件と大幅に増えました。スマートフォンから電気的
デジタルデータ処理のユーザインターフェースに拡大した結果ですから、探索範囲
をもう少しスマートフォンに戻しても良いと思います。たとえば、728件のうち、
明細書を含む全文（TX）を検索項目として、スマートフォンに言及している特許に
絞ってみました（図5-24）。

FIを使った検索の検索式（論理式）（5-23）

```
論理式

[G06F3/048/FI]
*[(側面+側壁+右端+湾曲+左端+両端+端部+端面+サイド)/AB
 +(側面+側壁+右端+湾曲+左端+両端+端部+端面+サイド)/CL]
*[(アイコン+スワイプ+アプリケーション+メニュー)/AB
 +(アイコン+スワイプ+アプリケーション+メニュー)/CL]
```

ヒットした728件からスマートフォンに言及されている特許に絞る (5-24)

論理式
[G06F3/048/FI]
*[(側面+側壁+右端+湾曲+左端+両端+端部+端面+サイド)/AB
 +(側面+側壁+右端+湾曲+左端+両端+端部+端面+サイド)/CL]
*[(アイコン+スワイプ+アプリケーション+メニュー)/AB
 +(アイコン+スワイプ+アプリケーション+メニュー)/CL]
*[(スマートフォン+スマートホン+スマフォ+スマホ)/TX]

● 詳細表示をして、詳しく評価

　スマートフォンに絞った結果でも215件と多いので、優先順位をつけながら、発明の名称をヒントにして詳細表示をして、詳しく評価します。J-Plat Patの検索結果一覧は、公知日が新しいものから順に並んでいますが、これを古い順にみていく方が良さそうです。スマートフォンは世の中に登場してからずいぶん時間が経っているので、最新の特許はスマートフォンそのものの特許よりも、応用発明が大半を占めていると思われますから。古い方がスマートフォンそのものの特許である可能性が高いでしょう。

　J-Plat Patの検索結果一覧の「公知日」の部分をクリックすると、新しい順から古い順に変更することができます (図5-25)。

絞った215件を古い順に評価 (5-25)

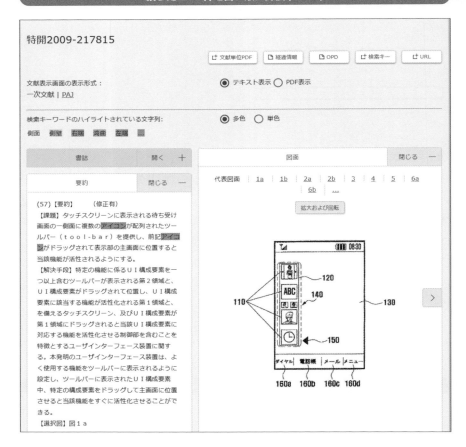

No. 1 特開2009-217815（図5-26, 図5-27）は、いきなりサムソンの特許です。代表図面は、見るからにスマートフォンの特許で、【要約】にも【課題】に「タッチスクリーンに表示される待ち受け画面の一側面に複数のアイコンが配置されたツールバー」とあるように、調査主題にかなり近い特許です。ただし、図面をすべて見ても、端部が湾曲しているものは見受けられず、上の「画面の一側面」はあくまでも同じ平面内の縁よりを指しているに過ぎないことがわかります。すべての図面を効率よく見るためには、図5-26の左側、「要約」「請求の範囲」「詳細な説明」の下の「図面」を開きます（図5-27）。

198

「図面」を「開く」とすべての図面が一覧できる（5-27）

ここまで来ると、発明の名称で判断するよりも、1件1件ていねいに見ていく方が良いでしょう。

No. 28 特表2014-530443（図5-28）は、「携帯型デバイスのユーザは、携帯型デバイスの側面に搭載されたタッチパッドへのタッチ入力の使用によってアプリケーション・ユーザ・インタフェース層間のナビゲーションを行う。」とされています。ただ、側面に何かを表示する機能はないようです。

No. 34特開2013-105495（図5-29）は、「複数のアイテムを3次元画面で表現し、……複数のアイテムを容易に管理し、関連機能をより一層速やかに実行できる携帯端末」とされています。ただ、「3次元画面」というのは立体的に表示することを指しているに過ぎず、あくまでもディスプレイ自体は平面です。

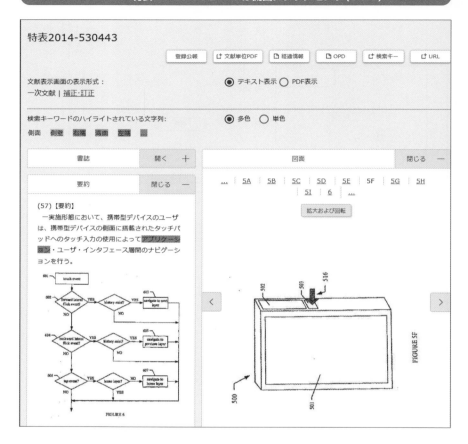

特表2014-530443

| 登録公報 | 文献単位PDF | 経過情報 | OPD | 検索キー | URL |

文献表示画面の表示形式：
一次文献 | 補正・訂正

● テキスト表示 ○ PDF表示

検索キーワードのハイライトされている文字列:

● 多色 ○ 単色

側面　側壁　右端　湾曲　左端　■

| 書誌 | 開く ＋ |

| 図面 | 閉じる － |

| 要約 | 閉じる － |

... | 5A | 5B | 5C | 5D | 5E | 5F | 5G | 5H
5I | 6 | ...

拡大および回転

(57)【要約】
　一実施形態において、携帯型デバイスのユーザ
は、携帯型デバイスの側面に搭載されたタッチパ
ッドへのタッチ入力の使用によってアプリケーシ
ョン・ユーザ・インタフェース層間のナビゲーシ
ョンを行う。

● 調査主題にぴったりの特許を発見！！

　この調子で評価を続けていくと、NO. 38に調査主題にぴったり合致する特許が
みつかりました（図5-30）。出願人はサムスンエレクトロニクス（三星電子）ですか
ら、図5-1の製品に使われている技術の特許であろうと考えられます。図面にはた
とえば「図7」のように、本体の側面に湾曲した画面に表示されているのは、
「ABCDEF」というような文字が例示されているだけですが、明細書にはこのよう
な「テキストアイコン」の他に「イメージアイコン」でもよいと書かれています。

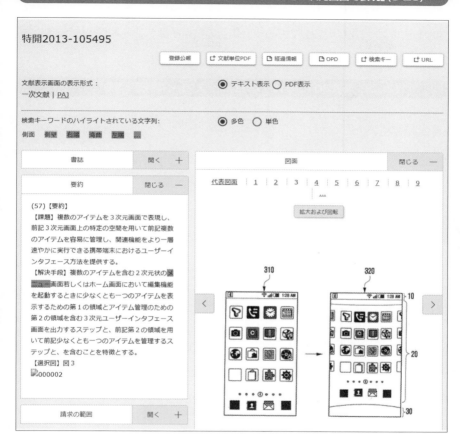

No. 34 特開2013-105495は「複数のアイテムを3次元画面で表現」(5-29)

● ぴったりの特許を発見した後は、目的に応じて判断

このように、調査主題にぴったり合致する特許が1件見つかったら、その後どう検索を進めるかは、目的に応じて千差万別です。

この事例での想定は、「あなたがライバル会社でスマートフォンを開発されていて、たまたま同じようなコンセプトの製品を企画していたとしましょう。そのようなシチュエーションで、この広告を目にしたら、」という状況でした。

そのような状況で、広告主であるサムスンの特許が1件見つかったら、どうするでしょう？　他にはないのか。自社で開発中の製品との関連はどうか。障害になるなら、この特許はつぶせないか？　など、次に打つべき手はいろいろでしょう。あな

た自身がそのまま特許検索を続けるのか、特許調査を専門にしているサーチャーに任せるのかも含めて、いろいろ検討の余地があります。自社で開発中の製品との関連があまりなければ、ご自分でもう少し周辺の技術を調べてみようという進め方もあると思います。

No. 38　特表2015-512170は、ディスプレイの側面が湾曲（5-30）

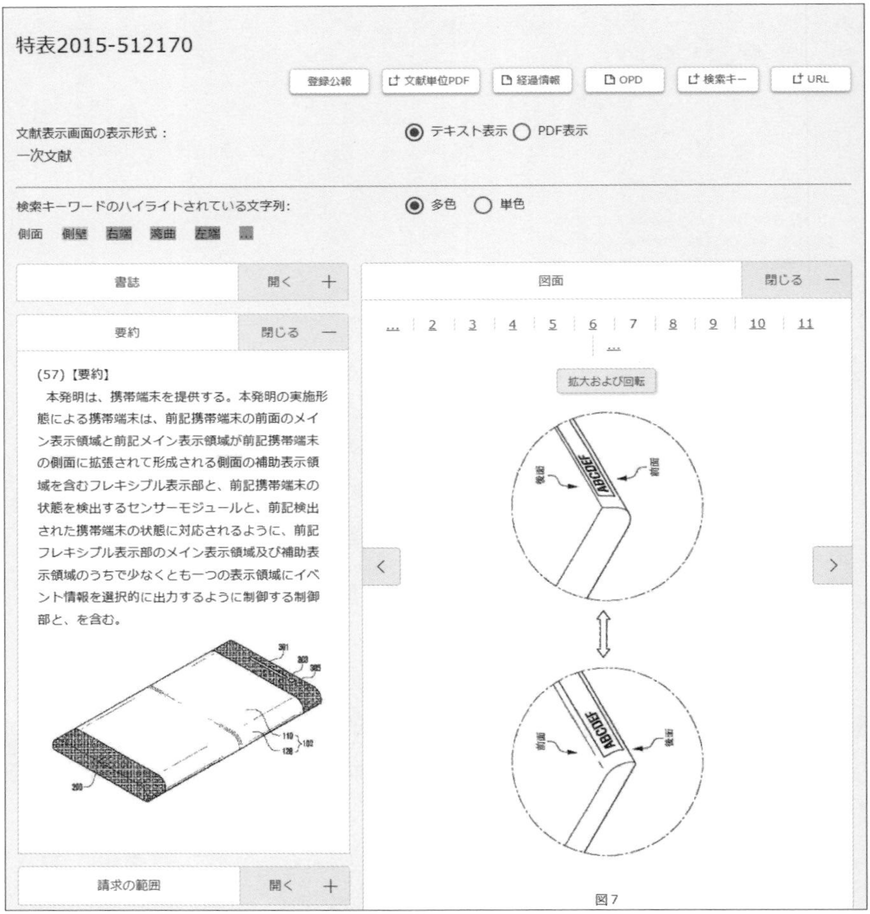

特表2015-512170

登録公報　文献単位PDF　経過情報　OPD　検索キー　URL

文献表示画面の表示形式：
一次文献

●テキスト表示　○ PDF表示

検索キーワードのハイライトされている文字列：
側面　側壁　右端　湾曲　左端　図

書誌　　　　　開く　＋

要約　　　　　閉じる　ー

(57)【要約】
　本発明は、携帯端末を提供する。本発明の実施形態による携帯端末は、前記携帯端末の前面のメイン表示領域と前記メイン表示領域が前記携帯端末の側面に拡張されて形成される側面の補助表示領域を含むフレキシブル表示部と、前記携帯端末の状態を検出するセンサーモジュールと、前記検出された携帯端末の状態に対応されるように、前記フレキシブル表示部のメイン表示領域及び補助表示領域のうちで少なくとも一つの表示領域にイベント情報を選択的に出力するように制御する制御部と、を含む。

請求の範囲　　　開く　＋

図面　　　　　閉じる　ー

1 | 2 | 3 | 4 | 5 | 6 | 7 | 8 | 9 | 10 | 11

拡大および回転

図7

202

● 絞った215件は最後まで見ておきましょう

スマートフォンに絞った結果でもヒット件数が215件と多いのですが、最後まで通して見ておくことをお勧めします。

特開2016-197261

再表2016/125831

(57)【要約】

　効率的に作業できるように、予定表示できる情報処理装置を提供することを目的とする。

　情報処理装置が、表示画面の外縁に位置し、外縁に沿って細い幅を持った外縁表示領域の中で、予定を示唆する予定表示領域１１１の表示位置を決定する位置決定部と、位置決定部により決定された位置に、予定表示領域１１１を表示する予定表示部とを有する。好適には、位置決定部は、外縁表示領域の上端、下端、左端、及び、右端のうち、少なくとも一端の全部又は一部（予定管理アプリケーション表示領域１０５）の端から端までを２４時間として、予定の時間に応じて、予定を示唆する予定表示領域１１１の表示位置を決定する。

再表2017/221510

　１件の特許を見つける目的の特許調査であれば、目的を達成した時点で終わりにしてもよいようなものですが、この段階の215件のように、一つの検索式でヒットした集合は、ひとまとまりとして評価を完結しておくことをお勧めします。NO. 38のサムスンの特許（図5-30）よりも前に出願された基本発明や、その後の改良発明、その他、他の会社・機関からの類似の特許が、同じヒット集合の中から見つかる可能性が高いからです。また、その１件よりも適切な特許があったか、なかったか、結論付けておくことで、次のステップが必要になった時の方向性が違います。

この事例では、調査主題と同じように側面が湾曲したディスプレイを備えたスマートフォンの特許が、他に３件（特開2016-197261、再表2017/221510、再表2016/125831）見つかりました（図5-31）。

　「短時間でそれらしい特許が見つかった」と言えるでしょうか？

　一方、調査主題からは外れていますが、興味をそそられる特許もいくつか見つかりました。たとえば、表示パネルを折りたたんだり、曲げられるようなフレキシブルな情報端末の特許が何件か見つかりました（図5-32）。側面を湾曲させるのではなく、折りたたむ方向に技術潮流が向かったのかもしれません。

　こんな風に技術潮流を感じられるのは、自身で特許検索した副産物です。

調査主題からは外れているが、興味深い特許 (5-32)

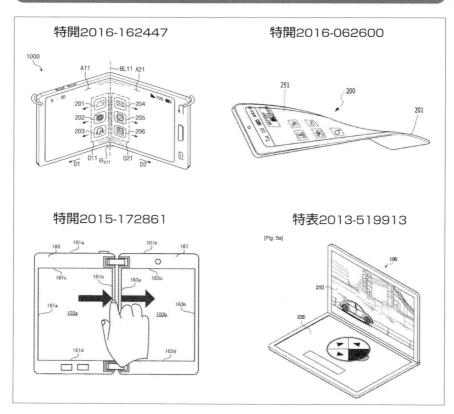

Fタームを使った検索

FIを使った検索で、調査主題にぴったり合致する特許が見つかった後でも、調査目的によっては、さらに類似の特許を探す必要がある場合があります。また、特許分類を使った検索として、FIよりもFタームを優先する場合もあります。まずは、その後の進め方について考えてみましょう。

● 調査主題にぴったり合致する特許が見つかった後の進め方

FIを使った検索で、調査主題にぴったり合致する「特表2015-512170」が見つかったので、そのままFIを使った検索で探索範囲を広げるか、一旦、FIを忘れて、キーワードやFタームを使った検索をするか、進め方はいろいろあると思います。

進め方を決めるときの判断基準は、調査主題に合致する他の特許が見つかる確率が高いと期待できる方から優先して試していくということです。そんな確率は、やってみなければわからないので、かなり感覚的なものです。しかし、何も考えないより少しでも推理力を働かせた方が、よい結果につながります。

FIを使った検索で調査主題にぴったり合致する特許が見つかったとはいっても、その時のヒット集合が調査主題の検索にとって、最も適切だったかどうかを客観的に評価してみます。実はこれも感覚的なものでしかないのですが、たまたま見つかったのか、それとも見つかるべくして見つかったのか、を評価するというイメージです。たまたま見つかったのであれば、他のFI分類コードに移ってみるとか、Fタームを使った検索など、他の検索手法に移ってみるとかという進め方を選ぶことになります。一方、見つかるべくして見つかったと評価できるのであれば、そのままFIを使った検索を中心に、徐々に探索範囲を広げていけばよいでしょう。

この検索事例では、たまたまFIを使った検索を先に取り上げましたが、先にFタームを使った検索に進むケースもあるでしょう。ここでの「Fタームを使った検索」は、2つのケースに分けてご紹介します。特許分類を使った検索としてFIよりも先にFタームを使った検索に進むケースと、FIを使った検索で調査主題にぴったり合致する特許（ズバリ）が見つかった後に探索範囲を広げるためにFターム検索に進むケースです。

調査主題にぴったり合致する特許「特表2015-512170」は、まだ見つかっていないという前提で進めます。

● 適切なFタームを探す

表5-18の「適切な特許分類コードを探すための検索　付与されているFターム」に戻りましょう。「5E555（デジタル計算機のユーザインターフェイス）最適」という感触を得たところです。表5-18で◎の特許に、具体的にどんなFタームが付与されているのか見ていきましょう。

● 適切に見えるFIタームを詳しくチェック

適当な特許を選んで、「検索キー」を使って付与されているFタームを調べます（図5-21）。図5-33はその結果をまとめたものです。検索ツールによっては、似たようなことを自動でやってくれる機能があるものもあります。各Fタームが何を意味するのかを知らないと、よくわからないので、特許・実用新案分類照会（PMGS）で5E555を調べてみましょう。

Fタームはとても細かく分類されているので、Fタームの定義表全体を転載することは、とてもできません。図5-34に5E555の冒頭部分を示します。1行目にテーマコード全体の名称「デジタル計算機のユーザインターフェイス」が書かれていて、次に対応するFI分類の範囲が「FI適用範囲」として記載されています。それ以下が実際のFタームです。

よくある例ですが、「発明の目的」から順に、Fタームが定義されています。AA01は「・入力操作の容易化」です。同じ階層の他の「発明の目的」には、AA21の「・表示出力の視認性，了解性の向上」があります。その他の「発明の目的」には、AA41「・円滑な操作を可能にするツール，支援システム」、AA51「・セキュリティ向上」、AA61「・通信を介して他の人とコミュニケーションする場合の問題点を解決するもの」、AA71「・個人への対応」、その他AA74〜AA80があります。図5-33の特許に付与されているFタームには色を付けて強調してあります。その中ではAA02「メニュー／アイコンなどの入力部品の形態／配置の工夫」が、適切のようです。

どんなFタームが付与されているか（全体）（5-33）

No.	14	23	53	63	71	122
文献番号	特開2020-052752	特開2019-087213	特開2017-016270	特開2016-115042	特開2016-062156	特開2013-145543
発明の名称	電子機器、及び、……	タッチパネル式ディスプレイ型……	電子機器、……	電子機器	端末装置	両面スマートフォン
AA02	○	○				
AA03					○	
AA13		○				
AA15				○		
AA24			○			
AA25			○			
AA26	○					
AA29			○			
AA54		○				
AA75						○
BA02				○		
BA04		○	○	○		
BA05					○	
BA06	○				○	○
BA17				○	○	
BA18				○		
BA52					○	
BA76		○				
BB02		○		○		
BB04		○	○	○		
BB05					○	
BB06	○				○	○
BB17				○	○	
BC08	○		○		○	
CA12	○		○	○	○	○
CA32					○	○
CB12	○	○				
CB21			○			○
DA02		○		○	○	
DB18	○				○	
DC19	○				○	
FA00	○	○				
FA14				○	○	

5

検索事例Ⅰ　短時間で「それらしい特許」を見つける検索

5E555		デジタル計算機のユーザインターフェイス						
FI適用範囲		G06F3/01-3/01,310@Z;3/048-3/048,658@Z						
AA	AA00	AA01	AA02	AA03	AA04	AA05	AA06	AA07
	発明の目的:発明の主たる目的は何ですか？	･入力操作の容易化	･･メニュー／アイコンなどの入力部品の形態／配置の工夫（直感性の向上）	･･選択箇所周辺拡大等による選択操作支援	･操作の簡単化,省略化（ショートカットの提供等）	･･既定値,操作履歴などの利用（メニューの並べ替え,次操作の予測等）	･ポインタの移動制御,誘導,フィードバックなどのポインタ／カーソルの位置づけ支援	･･ヘルプ,マニュアル,ガイダンスなど操作情報の表示
		AA11	AA12	AA13	AA14	AA15	AA16	AA17
		･･代理装置の提供	･･代替操作の提供	･･データ入力の容易化	･･キー入力の代わりにGUI部品を使用して入力	･･入力のブレ補正	･遠隔操作	･･多言語対応
		AA21	AA22	AA23	AA24	AA25	AA26	AA27
		･表示出力の視認性,了解性の向上	･･重要項目／注目項目の強調／顕在化表示	･オブジェクトの個別属性に応じた表示	･表示量の削減,簡素化	･･表示量の増大,より詳細な表示,密集表示,表示時間長の変更	･より了解性の高い形態で表示	･･3次元表示,メタファ,擬人化等による表示

● テーマコード全体の定義表を俯瞰して、多次元的に把握

　ここでは、どんなFタームが付与されているのかを、ピンポイントではなく、多次元的に把握するように努めます。ですから、実際の検索でも、Fタームのテーマコード全体の定義表を印刷して、注目している特許に付与されているFタームにはマーカーペンか何かで色を塗って、階層的に把握し、上の階層や下の階層、同じレベルの別の階層に、どんなFタームの定義があるのかを観察しながら、適切なFタームを探します。適切なものが見つかったら、検索式にマッピングしていきます。

　AA02「メニュー／アイコンなどの入力部品の形態／配置の工夫」が適切なFタームであると判断したので、検索式の特徴**C**の部分に追記します（図5-35）。ただし、注目している特許に付与されていないFタームを検索式に取り込むことは、あまりお勧めできません。Fタームを定義している文章から、調査主題に適していると判断しても、実際には付与されていないのですから、その文章を書いた特許庁

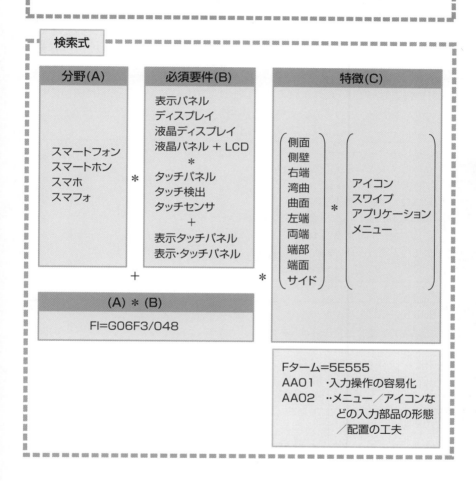

適切なFタームを検索式にマッピングする (5-35)

調査主題

スマートフォンにおいて、表示・タッチパネルは側面にアイコンを表示する。

検索式

分野(A)

スマートフォン
スマートホン
スマホ
スマフォ

必須要件(B)

表示パネル
ディスプレイ
液晶ディスプレイ
液晶パネル + LCD
*
タッチパネル
タッチ検出
タッチセンサ
+
表示タッチパネル
表示・タッチパネル

特徴(C)

側面
側壁
右端
湾曲
曲面
左端
両端
端部
端面
サイド

アイコン
スワイプ
アプリケーション
メニュー

(A) * (B)

FI=G06F3/048

Fターム=5E555
AA01 ・入力操作の容易化
AA02 ・・メニュー／アイコンな
　　　どの入力部品の形態
　　　／配置の工夫

5 検索事例I　短時間で「それらしい特許」を見つける検索

の意図とそれを読んでいる我々の理解がずれている恐れがあるからです。実際にどんなFタームが付与されているかを重視して、検索式に使うFタームを選ぶ方がより安全です。このように、ちょっと気になるFタームがあるときは、いきなり飛びつくのではなく、探索範囲を広げる時までキープしておきましょう。

● テーマコードの定義表の下へ下へ

話を戻して、5E555をもっと下まで見ていきましょう（図5-36）。

次の項目は、BA00「発明の前提：ユーザがUIで操作／制御する対象は何ですか？」とBB00「発明の前提：ユーザが直接操作する装置は何ですか？」です。図5-33の特許に付与されているFタームBA02, BA04, BA05, BA06, BA17, BA18, BA52とBB02, BB04, BB05, BB06, BB17にマーキングしてあります。このうち、BA06とBB06の「携帯電話、PHS、スマートフォン」は、分野Aのスマートフォンにぴったり合致します。さらにもう少し上位概念のBA04とBB04「携帯情報機器、PDA」に含まれるBA04〜BA06とBB04〜BB06は青色にマーキングし、その他のFタームには灰色にマーキングしてあります。

```
BA01   ・コンピュータ
BA02   ・・パーソナルコンピュータ
BA03   ・・・ノート型
BA04   ・携帯情報機器, PDA
BA05   ・・タブレット端末, 電子ブックビューア
BA06   ・・携帯電話, PHS, スマートフォン
BA07   ・電子辞書, 電卓, 翻訳
BA08   ・コンピュータ周辺機器
```

```
BB01   ・コンピュータ
BB02   ・・パーソナルコンピュータ
BB03   ・・・ノート型
BB04   ・携帯情報機器, PDA
BB05   ・・タブレット端末, 電子ブックビューア
BB06   ・・携帯電話, PHS, スマートフォン
```

● 使えそうなFタームは検索式にマッピング

BA06はズバリを見つける検索に、BA04は探索範囲を広げるときに、それぞれ使えそうです。検索式にマッピングしておきましょう（図5-37）。

図5-38には、次のBC00からCA00までを示してあります。BC00は「発明の前提：UIで操作／制御する機能内容は何ですか？」、BD00は「発明の前提：端末／ユーザがどのような関係にありますか？」、BE00は「発明の前提：UIはどのよう

な利用時の制約を前提に発明されたものですか？」ですが、図5-33の6件には、BDとBEは付与されていません。

どんなFタームが付与されているか（2）（5-36）

BA	BA00	BA01	BA02	BA03	BA04	BA05	BA06	BA07	BA08	BA09	BA10
	発明の前提：ユーザがUIで操作／制御する対象は何ですか？	・コンピュータ	‥パーソナルコンピュータ	‥‥ノート型	‥携帯情報機器、PDA	‥タブレット端末、電子ブックビューア	‥携帯電話、PHS、スマートフォン	・電子辞書、電卓、翻訳	・コンピュータ周辺機器	・プリント機能を有するもの	・スキャナ機能を有するもの
		BA11	BA12	BA13	BA14	BA15	BA16	BA17	BA18	BA19	BA20
		・テレビ電話	・ファクシミリ	・遠隔会議システム	・ブラウザ	・家電一般	・オーディオ、ビデオ	‥携帯オーディオ、携帯ビデオ	・デジタルカメラ、ビデオカメラ	・テレビ	・ゲーム機能を有するもの
		BA21	BA22	BA23	BA24	BA25	BA26	BA27	BA28	BA29	
		・測定・計測用	・医療用	・自動車、車載機器	・ナビゲーション	・カーナビ	・ワープロ	・コピー機、複合機	・電子黒板	・プロジェクタ	
BB	BB00	BB01	BB02	BB03	BB04	BB05	BB06	BB07	BB08	BB09	BB10
	発明の前提：ユーザが直接操作する装置は何ですか？	・コンピュータ	‥パーソナルコンピュータ	‥ノート型	‥携帯情報機器、PDA	‥タブレット端末、電子ブックビューア	‥携帯電話、PHS、スマートフォン	・電子辞書、電卓、翻訳機	・コンピュータ周辺機器	・プリンタ	・スキャナ
		BB11	BB12	BB13	BB14	BB15	BB16	BB17	BB18	BB19	BB20
		・テレビ電話	・ファクシミリ	・遠隔会議システム用端末	・ブラウザ	・家電一般	・オーディオ、ビデオ	‥携帯オーディオ、携帯ビデオ	・デジタルカメラ、ビデオカメラ	・テレビ	・ゲーム機

● 分野A/必須要件B/特徴Cごとに色分け

次のBC00「発明の前提：UIで操作／制御する機能内容は何ですか？」では、図5-33の6件には、BC08しか付与されていませんが、その上位のBC01（機器等の操作）を階層的にみると下のようになり、BC04が特徴Cの「アイコン」に合致しそうです。ただし、「側面に」という特徴までは、合致するものはありませんが。なお、これは、分野Aとは違う色でマーキングしてあります（図5-38）。

BC01	・機器等の操作
BC02	‥制御対象機器の選択，ON／OFF制御
BC03	‥ログイン，機器利用の開始（アンロック等）
BC04	‥アプリケーションの制御
BC05	‥‥起動
BC06	‥‥終了
BC07	‥‥アプリケーションの切替，モード切替
BC08	‥（仮想）画面，ウィンドウ等の表示作業領域の制御

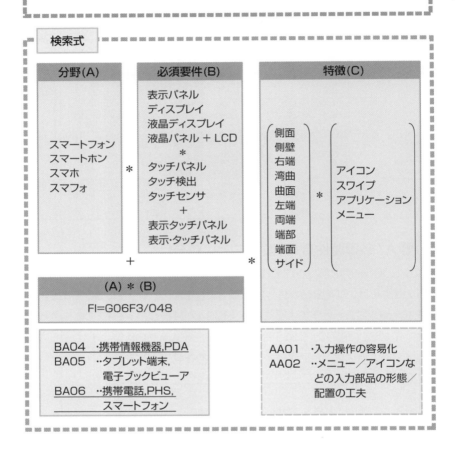

調査主題

スマートフォンにおいて、表示・タッチパネルは側面にアイコンを表示する。

検索式

分野(A)	必須要件(B)	特徴(C)

分野(A)

スマートフォン
スマートホン
スマホ
スマフォ

＊

必須要件(B)

表示パネル
ディスプレイ
液晶ディスプレイ
液晶パネル ＋ LCD
＊
タッチパネル
タッチ検出
タッチセンサ
＋
表示タッチパネル
表示・タッチパネル

＊

特徴(C)

側面
側壁
右端
湾曲
曲面
左端
両端
端部
端面
サイド

＊

アイコン
スワイプ
アプリケーション
メニュー

＋ ＊

(A) ＊ (B)

FI＝G06F3/048

BA04　・携帯情報機器,PDA
BA05　‥タブレット端末,
　　　　電子ブックビューア
BA06　‥携帯電話,PHS,
　　　　スマートフォン

AA01　・入力操作の容易化
AA02　‥メニュー／アイコンな
　　　　どの入力部品の形態／
　　　　配置の工夫

　図5-1に戻ってみると、「湾曲した部分をスワイプしてよく使うアプリケーション
を起動することが可能」と書かれていますから、BC05（機器等の操作・・・起動）
の方がよりズバリであることがわかります。これも検索式に追加してマッピングし
ておきましょう（図5-39）。

どんなFタームが付与されているか（3）（5-38）

BC	BC00	BC01	BC02	BC03	BC04	BC05	BC06	BC07	BC08	BC09	BC10
	発明の前提:UIで操作／制御する機能内容は何ですか？	·機器等の操作	·制御対象機器の選択、ON／OFF制御	·ログイン、機器利用の開始（アンロック等）	··アプリケーションの制御	··起動	··終了	··アプリケーションの切替、モード切替	··(仮想)画面、ウィンドウ等の表示作業領域の制御	··データの制御／転送	··メール送信
		BC11	BC12	BC13	BC14	BC15	BC16	BC17	BC18	BC19	BC20
		··印刷出力	··データ／プログラムのダウンロード、アップロード	·機器等の設定	·機器等の管理／監視	··イベント発生監視、システム異常監視	·認証	·情報／コンテンツの検索／選択	·情報／コンテンツの編集	·文字、数字等の入力(フォーム、帳票等)	·カスタマイズ
		BC21									BC30
		·エミュレーション									·その他のもの[FW]
BD	BD00	BD01	BD02	BD03		BD05	BD06	BD07	BD08	BD09	BD10
	発明の前提:端末／ユーザがどのような関係にありますか？	·クライアントサーバ環境	·遠隔地の装置の画面を操作する環境	·シンクライアント		·画面の共有	··他の人とのコミュニケーション	··1対1のコミュニケーション	··1対Nのコミュニケーション	··N対Nのコミュニケーション	·その他のもの[FW]
BE	BE00	BE01	BE02	BE03	BE04	BE05	BE06	BE07	BE08	BE09	BE10
	発明の前提:UIはどのような利用時の制約を前提に発明されたものですか？	·使用環境による制約	·暗い所での利用	·明るい所での利用	·騒音環境での利用	··静かな環境での利用	··振動環境での利用	·ユーザの制約	··身体的制約(利き手、高齢者、子供、障害者等)	··能力的制約(初心者、習熟者等)	·ユーザが他の動作をしながら操作するもの
CA	CA00	CA01	CA02	CA03	CA04	CA05	CA06	CA07	CA08	CA09	CA10
	入力での発明の要素:入力デバイスは何ですか？	·ユーザにより操作される入力デバイス	··マウス	··ペン型デバイス	··ダイアル、ホイール、ローラ	··トラックボール	··ジョイスティック	··スライドパッド	··1次元タッチセンサ	··レーザポインタ	·機器の本体自体
		CA11	CA12	CA13	CA14	CA15	CA16	CA17	CA18	CA19	CA20
		·平板状入力デバイス(デジタイザ等)	··表示と重畳するもの(タッチパネル等)	··指で操作することに特徴があるもの	··ペンで操作することに特徴があるもの	··タッチパッド	··操作面内の複数機能領域	··ボタン入力デバイス	··キーボード	··カーソルキー、十字キー	··テンキー
		CA21	CA22	CA23	CA24		CA26	CA27	CA28	CA29	
		··リモコン	··仮想キーボード	··データグローブ	··ポインティングデバイス一般		·入力デバイスが出力する次元	··1次元	··2次元	··3次元	
		CA31	CA32								
		·複数の入力デバイスを組合せて使用するもの	·機器の背面、裏面、側面に備えられたもの								
		CA41	CA42	CA43	CA44	CA45	CA46	CA47	CA48		CA50
		·センサ[FW]	··撮像センサ(カメラ)	··RFID、非接触タグ	··速度／加速度センサ等	··ロケーションセンサ、方位センサ	·人感センサ	·音センサ(マイク)	·スキャナ		·その他のもの[FW]

● 必須要件ＢにマッピングできるＦタームを抽出

図5-38に示したCA00「入力での発明の要素：入力デバイスは何ですか？」で
は、CA12とCA13が階層的にみると下のようになり、必須要件Ｂの表示タッチパ
ネルに合致しそうです。

CA01	・ユーザにより操作される入力デバイス
CA11	・・平板状入力デバイス（デジタイザ等）
CA12	・・・表示と重畳するもの（タッチパネル等）
CA13	・・・・指で操作することに特徴があるもの
CA14	・・・・ペンで操作することに特徴があるもの
CA15	・・・タッチパッド
CA16	・・・操作面内の複数機能領域（除：単純なメニューやアイコン）

文言上はCA15やCA16も使えそうですが、これもいきなり飛びつくのは控え
て、探索範囲を広げるときのためにキープしておきましょう。

図5-40に示したCB00「入力での発明の要素：どのような入力操作ですか？」
では、CB12とCB34が使えそうです。

CB12は階層的に見ると下のようになり、必須要件Ｂの表示タッチパネルに合致
しそうです。ただ、上のCA12と違って「表示」の要素がないのがちょっと気になり
ますが。

CB01	・人による操作
CB09	・・平板状入力デバイス（タブレット等）による入力
CB12	・・・タッチパネルにおける入力

CB34は階層的に見ると下のようになり、特徴Ｃのアイコンそのものです。

CB31	・対象
CB32	・・GUI部品
CB33	・・・ボタン
CB34	・・・アイコン
CB35	・・・・フォルダ

適切なFタームを検索式にマッピングする（5-39）

調査主題

スマートフォンにおいて、表示・タッチパネルは側面にアイコンを表示する。

検索式

分野（A）	必須要件（B）	特徴（C）
スマートフォン スマートホン スマホ スマフォ	表示パネル ディスプレイ 液晶ディスプレイ 液晶パネル ＋ LCD ＊ タッチパネル タッチ検出 タッチセンサ ＋ 表示タッチパネル 表示・タッチパネル	側面 側壁 右端 湾曲 曲面 左端 両端 端部 端面 サイド ＊ アイコン スワイプ アプリケーション メニュー

（A）＊（B）

FI=G06F3/048

BA04 ・携帯情報機器,PDA
BA05 ・・タブレット端末,
　　　　電子ブックビューア
BA06 ・・携帯電話,PHS,
　　　　スマートフォン

BB04 ・携帯情報機器,PDA
BB05 ・・タブレット端末,
　　　　電子ブックビューア
BB06 ・・携帯電話,PHS,
　　　　スマートフォン

AA01 ・入力操作の容易化
AA02 ・・メニュー／アイコンなど
　　　　の入力部品の形態／配置の工夫

BC01 ・機器等の操作
BC02 ・・制御対象機器の選択,
　　　　ON/OFF制御
BC03 ・・ログイン,機器利用の
　　　　開始（アンロック等）
BC04 ・・アプリケーションの制御
BC05 ・・・起動

5

検索事例I　短時間で「それらしい特許」を見つける検索

CB	CB00	CB01	CB02	CB03	CB04	CB05	CB06	CB07	CB08	CB09	CB10
		···手書き文字／注釈入力	··撮像センサ(カメラ)	···マルチタッチ	···タップ	···ダブルタップ	····フリック、スライド、スワイプ	···ピンチ(ピンチイン、ピンチアウト)	···タッチオフ	··速度／加速度／変位の入力	··押圧力の入力
		CB11	CB12	CB13	CB14	CB15	CB16	CB17	CB18	CB19	CB20
		···手書き文字／注釈入力	···タッチパネルにおける入力	···マルチタッチ	···タップ	···ダブルタップ	···フリック、スライド、スワイプ	···ピンチ(ピンチイン、ピンチアウト)	···タッチオフ	··速度／加速度／変位の入力	··押圧(キー等)・把持
		CB21	CB22	CB23	CB24						
		··入力デバイス自体の姿勢、傾きの入力	··近接、接近による入力	···接近の位置／距離に応じた処理を行うもの	···遠ざかるもの、離間						
		CB31	CB32	CB33	CB34	CB35	CB36	CB37	CB38	CB39	CB40
		·対象[FW]	··GUI部品[FW]	···ボタン	···アイコン	···フォルダ	···サムネイル	···ウィンドウ	···ダイアログボックス	···チェックボックス	···スライドバー、スクロールバー
		CB41	CB42	CB43	CB44	CB45	CB46	CB47	CB48	CB49	
		·人による操作でないもの[FW]	··内部状態／ステータスの変化	···他の機器の状態／ステータスの変化	···他の機器からの情報／シグナルの受信	···メールの受信	··期限、タイムアウト	··画面サイズ、解像度の変化によるもの	··機器の外部環境の変化によるもの	···接近	··人の接近
		CB81	CB82								
		···温度、湿度等	···緯度、経度、場所等								
DA	DA00	DA01	DA02	DA03	DA04	DA05	DA06	DA07	DA08	DA09	DA10
	出力での発明の要素:出力デバイス(あるいは五感)は何ですか?	·表示デバイス	··携帯電話などの小画面	··プロジェクタなどの大画面	··マルチディスプレイ	··複数のディスプレイを個別に使用	··複数のディスプレイを組合せて一つの画面を構成	··デュアルビュー	··ヘッドマウントディスプレイ	··シースルーディスプレイ	··電子看板
		DA11	DA12	DA13							
		··3次元表示／立体表示ディスプレイ	··電子ペーパ	··ランプ、LED							

　図5-40に示したDA00は、「出力での発明の要素：出力デバイス（あるいは五感）は何ですか？」で、DA02は階層的に見ると下のようになり、必須要件Bの表示パネルに合致します。

```
DA01 　・表示デバイス
DA02 　・・携帯電話などの小画面
```

　図5-41に示したDB00は「出力での発明の要素：表示するもの／表示変更するものは何ですか？」、DC00は「出力での発明の要素：DBの表示物をどのようにしますか？」です。

　DB16とDB18は階層的に見ると下のようになり、DB16は特徴**C**のアイコンに合致しそうですし、DB18はアイコンそのものです。

DB11　・メニュー
DB12　・・メニュー構造，表現に特徴があるもの
DB16　・・メニュー項目
DB17　・ツールバー
DB18　・アイコン
DB19　・・フォルダ
DB20　・ボタン

どんなFタームが付与されているか（5）（5-41）

DB	DB00	DB01	DB02	DB03	DB04	DB05	DB06	DB07			
DB	出力での発明の要素:表示するもの／表示変更するものは何ですか？	・デスクトップ	・背景、壁紙	・ウィンドウ	・分割画面	・ダイアログボックス	・カーソル、ポインタ	・・メニュー表示、フォーカス表示			
	DB11	DB12	DB13	DB14	DB15	DB16	DB17	DB18	DB19	DB20	
	・メニュー	・・メニュー構造、表現に特徴があるもの	・・階層メニュー	・・円状、円弧状、環状メニュー	・・・3次元表示メニュー	・・メニュー項目	・・ツールバー	・アイコン	・・フォルダ	・ボタン	
	DB21	DB22	DB23	DB24	DB25						
	・チェックボックス	・スライドバー、スクロールバー	・多段スクロールバー	・タブ	・テキストボックス、テキストエリア						
DC	DC00	DC01	DC02	DC03	DC04	DC05	DC06	DC07	DC08	DC09	DC10
DC	出力での発明の要素:出力する情報（意味）は何ですか？	・表示動作	・・スクロール	・・スクロールの量、速度の制御	・・自動スクロール	・・画面切替え	・・手めくり、ページめくり、スライドショー	・・自動切替	・・ジャンプ表示	・重畳表示	・・透過表示、透明表示
	DC11	DC12	DC13	DC14	DC15	DC16	DC17	DC18	DC19	DC20	
	・・表示の消去、隠蔽、表示量の削減	・・折り畳み表示	・・表示の出現、表示量の増大	・・ポップアップ表示	・・階層表示	・・ツリー表示	・・レイヤ表示	・・一覧、リスト表示	・・移動	・・停止	
	DC21	DC22	DC23	DC24	DC25	DC26	DC27	DC28	DC29	DC30	
	・・整列、並べ替え、表示順変更、レイアウト変更、位置合わせ	・・ソート	・・重なり回避	・・回転、反転、鏡像	・・サイズ変更	・・拡大	・・縮小	・・最大化	・・アイコン化	・・変形	

5

検索事例Ⅰ　短時間で「それらしい特許」を見つける検索

調査主題

スマートフォンにおいて、表示・タッチパネルは側面にアイコンを表示する。

検索式

分野（A）		必須要件（B）		特徴（C）

分野（A）
スマートフォン
スマートホン
スマホ
スマフォ

＊

必須要件（B）
表示パネル
ディスプレイ
液晶ディスプレイ
液晶パネル ＋ LCD
＊
タッチパネル
タッチ検出
タッチセンサ
＋
表示タッチパネル
表示・タッチパネル

特徴（C）

側面
側壁
右端
湾曲
曲面
左端
両端
端部
端面
サイド

＊

アイコン
スワイプ
アプリケーション
メニュー

＋

（A）＊（B）

FI＝G06F3/048

＊

BA04　・携帯情報機器,PDA
BA05　・・タブレット端末,
　　　　　電子ブックビューア
BA06　・・携帯電話,PHS,
　　　　　スマートフォン

BB04　・携帯情報機器,PDA
BB05　・・タブレット端末,
　　　　　電子ブックビューア
BB06　・・携帯電話,PHS,
　　　　　スマートフォン

CA01 ・ユーザにより操作され
　　　　る入力デバイス
CA11 ・・平板状入力デバイス
CA12 ・・・表示と重畳するもの
　　　　（タッチパネル等）

CB01 ・人による操作
CB09 ・・平板状入力デバイス
CB12 ・・・タッチパネルにおけ
　　　　る入力

DA01 ・表示デバイス
DA02 ・・携帯電話などの
　　　　小画面

BC01 ・機器等の操作
BC02 ・・制御対象機器の選択,
　　　　ON/OFF制御
BC03 ・・ログイン,機器利用の
　　　　開始（アンロック等）
BC04 ・・アプリケーションの制御
BC05 ・・・起動

CB31 ・対象
CB32 ・・GUI部品
CB34 ・・・アイコン

DB11 ・メニュー
DB12 ・・メニュー構造,表現に
　　　　特徴があるもの
DB16 ・・メニュー項目
DB17 ・ツールバー
DB18 ・アイコン

Fターム＝5E555「デジタル計算機のユーザインターフェース」

● 適切な（適切そうな）Fタームを検索式にマッピングして検索

これまでに見つけ出した、適切な（適切そうな）Fタームをまとめて、検索式にマッピングしてみると、図5-42のようになります。

いよいよ検索してみましょう。

● 中身の濃い検索を優先

図5-42の検索式を見て、実際に検索してみる検索式を作りましょう。上半分は、すでに検索したので、下半分ですね。一応、**A×B×C**には色分けしてありますが、「側面」や「湾曲」というキーワードに相当する特許分類はありませんから、これはキーワード検索のAND演算で補いましょう。

● J-Plat Patで検索

図5-43は、J-Plat Patの「特許・実用新案検索」の検索画面です。

検索式は、下のようにテーマコード5E555のFタームとキーワードのANDです。

{BA06+BB06}*{CA12+CB12+DA02}*{CB34+DB18+BC04}*{キーワード}

1行目（第1項）は、「BA06 BB06」としました。このFタームは、「携帯電話、PHS、スマートフォン」で、「BA04 BB04」（携帯情報機器、PDA ）の下位概念にあたります。探索範囲を広げるときには、「BA06 BB06」を「BA04 BB04」に変

Fターム検索（5-43）

検索キーワード			
検索項目		キーワード	
Fターム	∨ ⊡	BA06 BB06	
⊗ 削除	AND		
Fターム	∨ ⊡	CA12 CB12 DA02	
⊗ 削除	AND		
Fターム	∨ ⊡	CB34 DB18 BC04	
⊗ 削除	AND		
要約/抄録	∨ ⊡	側面 側壁 右端 湾曲 左端 両端 端部 端面 サイド	近傍検索 ⊡
⊗ 削除 ⊕ 追加			

更することになります。

2行目（第2項）は、「CA12 CB12 DA02」としました。必須要件（B）の表示タッチパネルを表す項です。厳密には「表示」と「タッチ検出」をANDすべきなのかもしれないのですが、スマートフォンには表示とタッチ検出は一体的に搭載されているので、厳密にはしませんでした。同じ意味で「DA02」（携帯電話などの小画面）もORしてあります。

3行目（第3項）は、特徴（C）の「アイコン」に相当する部分です。CB34とDB18がずばりアイコンなのですが、BC04（アプリケーションの制御）もORしてあります。

4行目（第4項）は、やはり特徴（C）の「側面」や「湾曲」などをキーワードで指定してあります。

● 論理式入力で編集

5-2節（予備検索）で図5-3〜図5-5を引用して説明したのと同じように、図5-43の検索式を論理式に展開してテキスト形式で保存、編集して再利用します（図5-44）。

4行目（第4項）の検索項目を、「要約／抄録」だけでなく「請求の範囲」も含めるように編集してみました。編集の終わった検索式を、論理式入力の「論理式」ウインドウに再入力します。

ヒット件数は124件に増えました。

Fターム検索の論理式入力（5-44）

論理式

[5E555BA06/FT+5E555BB06/FT]
*[5E555CA12/FT+5E555CB12/FT+5E555DA02/FT]
*[5E555CB34/FT+5E555DB18/FT+5E555BC04/FT]
*[(側面+側壁+右端+湾曲+左端+両端+端部+端面+サイド)/AB
 +(側面+側壁+右端+湾曲+左端+両端+端部+端面+サイド)/CL]

● ヒットした文献の評価

　図5-43の選択入力の検索式にヒットしたのは34件でしたが、図5-44のように編集してヒットしたのは124件でした。「5-6節 FIを使った検索」の結果がスマートフォンに絞っても215件だった（図5-25）のに較べると少ないですが、全体的にスマートフォンの画面操作に関係する特許の割合が高くなっています。これらは、「より中身が濃い集合」ということになります。Fタームで構成した3つの項にノイズの混入が少ないからです。

Fターム検索で新たにみつかった特許 (5-45)

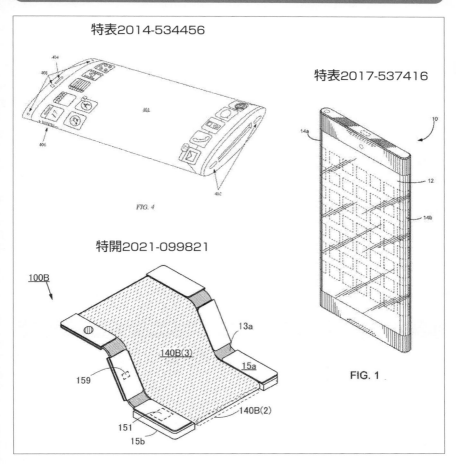

特表2014-534456

FIG. 4

特表2017-537416

FIG. 1

特開2021-099821

特表2015-512170（図5-30）は残念ながらヒットしていません。しかし、図5-28で紹介した、側面にタッチセンサを備えるスマートフォンの特許（特表2014-530443）の分割出願である特開2018-156680や、図5-31で紹介した特開2016-197261、図5-32で紹介した特開2015-172861の他、特開2016-178598や特開2014-002442が含まれています。

さらに「5-6節 FIを使った検索」の215件には含まれていなかった興味深い特許が何件か新たに見つかっています（図5-45）。特表2014-534456は、フレキシブルディスプレイを平たくつぶした円筒形のデバイス（スマートフォンにも適用できると説明されています）です。湾曲した側面にもアイコン表示されています。特表2017-537416はアイコン表示まで明らかではありませんが、これもフレキシブルな表示・タッチパネルが両側に湾曲しています。特開2021-099821は調査主題からは外れてきていますが、3つ折りのスマートフォンです。

このように、Fターム検索はうまく利用するとより中身の濃いヒット集合を作ることができますから、検索の効率向上につながります。ぜひとも使い慣れていただきたい検索手法です。

● 探索範囲の拡大

図5-44の検索式はヒット件数が124件で、かなりいい感じですが、FIを使った検索でもやったように、第1項をスマートフォンから携帯情報端末に拡大してみましょう。「携帯電話、PHS、スマートフォン」のBA06とBB06を、「携帯情報機器、PDA」のBA04とBB04に変えます（図5-46）。ヒット件数は355件に増えました。これでは多過ぎるときには、図5-24と同じように、全文を対象にスマートフォンというキーワードにヒットする文献に絞ります。

Fターム検索の探索範囲を拡大（5-46）

```
論理式
[5E555BA04/FT+5E555BB04/FT]
*[5E555CA12/FT+5E555CB12/FT+5E555DA02/FT]
*[5E555CB34/FT+5E555DB18/FT+5E555BC04/FT]
*[(側面+側壁+右端+湾曲+左端+両端+端部+端面+サイド)/AB
 +(側面+側壁+右端+湾曲+左端+両端+端部+端面+サイド)/CL]
```

● もっと中身の濃さを高めるに、近傍検索を活用

　図5-44の検索式にヒットした124件は、確かにディスプレイをタッチ操作している特許にうまく集中できてはいますが、ディスプレイの端部が湾曲している特許はかなり少ないという印象ではないでしょうか？「側面＋側壁＋右端＋湾曲＋左端＋両端＋端部＋端面＋サイド」というキーワードを使ってはいても、何の側面なのか、何の端部なのかを、表現していないことが気になります。

　これを対策するためには、近傍検索を活用するという選択肢があります（2-15節、図2-48参照）。

　「ディスプレイの端部」を表現する2語の近傍検索

```
(ディスプレイ＋表示＋画面),5N,(側＋端＋サイド)
```

や、「ディスプレイの端部が湾曲」を表現する3語の近傍検索

```
{(ディスプレイ＋表示＋画面), (側＋端＋サイド),(湾＋曲)},5N
```

が考えられます。

近傍検索を活用した例（5-47）

```
論理式
[5E555BA04/FT+5E555BB04/FT]
*[{(ディスプレイ＋表示),(端＋側),(湾＋曲)},5N/AB
+{(ディスプレイ＋表示),(端＋側),(湾＋曲)},5N/CL]
```

　例えば図5-47は、図5-46のFターム検索の第2項以降を3語の近傍検索に置き換えた例で、15件ヒットしただけでしたが、なかなか面白い特許が見つかりました（図5-48）。もはやスマートフォンにかどうかにはこだわらずに、ディスプレイが湾曲する情報端末を探しているイメージですが、ヒットした15件の中にこんなに面白い特許が見つかるなら、十分に中身が濃い検索と言えるのではないでしょうか。

図5-47の検索でヒットした特許の例 (5-48)

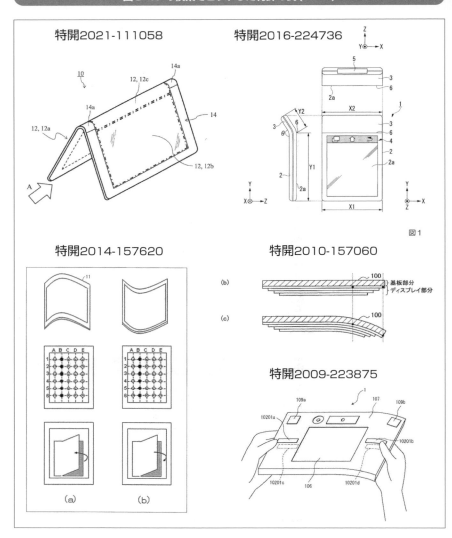

特開2021-111058

特開2016-224736

図1

特開2014-157620

特開2010-157060

特開2009-223875

ズバリが見つかった後に
Fターム検索に進むケース

調査主題にズバリ合致する特許が何らかの方法で見つかっている場合について、説明します。これは、たとえば、FI分類を使った検索でズバリが発見され、もっと探索範囲を拡げて、類似の特許などがないかを慎重に調べるようなケースです。

● ズバリに付与されているFタームを調べる

調査主題にズバリ合致する特許、この事例では、特表2015-512170ですが、まずは、これにどんなFタームが付与されているかを調べます。

特許・実用新案番号照会でも特許・実用新案検索でもよいので、特表2015-512170が表示された状態で「検索キー」をクリックすると付与されている特許分類がポップアップ表示されます（図5-49）。

特表2015-512170に付与されているFタームを調べる（5-49）

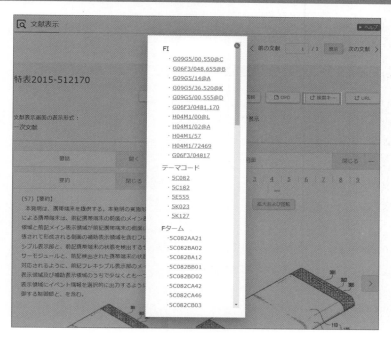

225

付与されているテーマコードは、5C082と5C182の「表示装置の制御、回路」、5E555「デジタル計算機のユーザインターフェイス」、5K023「電話機の構造」と5K127の「電話機の機能」です。

付与されているFタームから、今回の調査主題である「スマートフォンにおいて、表示・タッチパネルは側面にアイコンを表示する」との関連が深いものを選びます。

特表2015-512170に付与されているFターム (5-50)

表示装置の制御、回路   デジタル計算機の ユーザインターフェース   電話機の機能

5C082	5C182	5E555	5K127
AA21	AA02	AA25	AA14
BA02	AA03	AA57	BA09
BA12	AA12	BA05	CB03
BB01	AA23	BA06	CB22
BD02	AB08	BB05	GA29
CA42	AB14	BB06	GB22
CA46	AB21	BC08	GB34
CB03	AC02	BC15	JA15
DA87	AC03	CB72	JA25
	AC39	CB74	JA26
	BA01	DA02	JA43
	BA06	DA05	JA48
	BA45	DB41	
	BA75	DC39	
	BC25	DC59	
	BC26	DD08	
	CA32	EA04	
	CB33	EA07	
	CB34	FA01	
	CB42		
	DA02		
	DA42		
	DA64		
	DA65		

　まず、5C082と5C182の「表示装置の制御、回路」では、利用分野（AA01）として入力装置、操作器センサ類との結合（AA21）、情報の種類（BA00）として文字・文章（BA02）とグラフィックス（BA12）が付与されています。調査主題の、「アイコンを表示する」ための具体的な技術には近いですが、直接的な関連はあまり深くなさそうです。5K127「電話機の機能」は、そのテーマコードそのものから、今回の調査主題との関連は薄いと判断できそうです。

● やはり5E555が最適

　次に、5-8節でも着目していた、5E555「デジタル計算機のユーザインターフェイス」についてみてみましょう。前提として、ユーザが操作する対象（BA00とBB00）について（図5-36参照）、タブレット端末、電子ブックビューア（BA05,BB05）とともに、携帯電話、PHS、スマートフォン（BA06, BB06）が付与されていますから、これは今回の調査主題と関連が深そうです。

　一方、5-8節で着目していた、表示・タッチパネルに関するFタームはほとんど付与されていません。携帯電話などの小画面（DA02）のみです。これに代えて、出力での発明の要素（DC00）の表示動作の位置、方向（修飾）（DC51）の下位階層である、「画面の周囲／周辺」（DC59）は、「表示・タッチパネルの側面に表示」することに対応して付与されていると考えられ、とても関連が深そうです（図5-41参照）。

● 中身の濃い検索から、探索範囲を拡大

　テーマコード5E555で、(BA06+BB06)×DC59という、とてもシンプルな検索式を作って検索してみました。

　ヒットは150件でした。特表2015-512170の他に、ディスプレイの端部が湾曲したスマートフォンは、特開2016-197261（図5-31）や特開2013-235559くらいでしたが、全体としてはスマートフォンの特許の比率が高いという意味で、中身の濃いヒット集合になりました。

　ディスプレイの端部を湾曲させてアイコンなどを表示するというアイデアが、2013年〜2016年に生まれたとすると、かなり斬新なアイデアだったように感じられます。一方、その後、このアイデアを改良したアイデアが生まれたようには見えないことから、「技術潮流を形成するところまでは行っていない」というような印象です。150件だけを見て技術潮流を語るのは無理がありますが、このような検索を日常的に行っていれば、自分なりの技術潮流の理解が進むのではないでしょうか。

ご紹介した検索事例から、学んだことをまとめてみましょう。

● 基本的な枠組みからは外れない

　ここまでご紹介してきましたように、特許検索にはいろいろな方法があります。しかし、検索式＝「分野」×「必須要件」×「特徴」という枠組みからは外れないこと、中身の濃いヒット集合からだんだんと探索範囲を拡大していくこと、という基本的な進め方は、共通しています。

● 適切な検索手法は、事例に応じて判断

　いろいろな検索方法からどの方法を採用するかは、事例ごとにどういった方法が最適化を考えて決めます。Ｆタームの付与がほとんどないような分野では、当然、Ｆターム検索は採用すべきではありません。キーワードで特徴を表現するのが困難な調査主題の場合は、Ｆターム検索の方が有効なことが多いです。

● 経験よりも推理力

　このようにお話しすると、適切な検索方法の選択は、経験を積んで初めて可能になるように思われるかもしれませんが、それは、必ずしも正しくありません。経験に頼るよりも、推理力を働かせて検索方法を選ぶと、とても適切に選ぶことができます。経験があれば推理の助けにはなりますが、経験より推理の方が重要なのです。

　ここで紹介したような、いろいろな検索方法を、選択肢として知っておいたよいことには変わりありませんが、その選択には経験に頼らず事例に即して推理力を働かせることをお勧めします。

第**6**章

検索事例Ⅱ

特許文献情報を統計として
活用するための検索／分析

「液晶ディスプレイの研究開発に携わる技術者・研究
者が、技術動向などを調査する」という想定で、検索事例
を紹介します。特許文献の統計的な側面を利用すること
になりますので、特許検索自体は簡単なものでよく、そ
の後の分析や見える化の手法が中心になります。

6-1 特許検索

簡単な特許検索であるとはいえ、目的を明確にし、調査主題を文章で表現し、検索式を作ってヒット文献集合を作る、という流れは同じです。ここでのヒット文献集合は、統計的な側面を利用したいので、中身が濃く（ノイズが少なく）、かつ、漏れも少ないという、厳しい要求が加わります。

● 特許検索でヒット文献集合を作り、分析して見える化

調査主題を決めて検索式を作り、特許検索データベースを使ってヒット文献集合を作ります。作ったヒット文献集合のいろいろな項目をcsvダウンロードしてMS-Excelに読み込みます。その後、Excelの関数やマクロの機能を使って分析や見える化をします。

● まずは、目的を明確に！

まずは、目的を明確にしましょう。この事例では、液晶ディスプレイの電気・電子系の技術の潮流を知ることを目的としましょう。周辺技術との関係などの歴史的な側面と、ライバル企業の動向を背景として押さえ、本命の液晶ディスプレイの技術潮流を分析してみることにします。

● 検索戦略とそれに応える特許検索データベース

目的がはっきりしたら、検索戦略を立てて、それに応えられる特許検索データベースを選ぶのが理想です。しかし、現実には検索データベースを自由に選べる環境にある方はほとんどいらっしゃらないでしょう。実際には使える検索データベースを前提として、検索戦略を立てることになります。この事例では、特許検索データベースとして、株式会社日立システムズから提供されているSRPARTNERを使わせていただきました。

「検索戦略」として明確にすべき事項は、どのような技術分野を対象にするか、日本の特許文献だけでよいか、国外の特許文献も対象にするのか、何年分くらいの特許文献を対象にするのか、などです（4-1節参照）。この事例では、日本の特許文献を対象とし、期間は限定しないことにしました。

230

●「調査主題」を文章で表現

「どのような技術分野を対象にするか」では**調査主題**を明確にします。**調査主題**はやはり必ず文章で表現します（3-5節参照）。このとき「AにおいてBがCという特徴を持つもの」という形式はそのまま踏襲すべきです。

この事例では「液晶ディスプレイの電気・電子系の技術」なので、「液晶表示装置において、電気・電子系の構成要素に何らかの特徴をもつもの」となります。

ちょっと強引ではありますが、**調査主題**や検索式を同じ枠組みで考えるように習慣付けると、とんでもない失敗を減らすことができます。「技術潮流を知る」ことが目的なので、「特徴」は特定しません。一方、液晶の材料や表示パネルの構造は**調査主題**からは除外したいのです。このため、上のような表現になりました。

● 検索式へのあてはめ

Bの「電気・電子系の技術」は、このままでは検索式のキーワードとしては相応しくないので、もう少し具体的な構成要素名を列挙（OR）した項を作るとよいです。ご自分の専門分野なら、予備知識に頼っていろいろ列挙してみてもよいでしょう。専門ではない技術分野の場合には、B項は予備検索によって適当なキーワードを見つけます。

まずは、予備検索として、「発明の名称」に「液晶表示＋液晶ディスプレイ」だけを指定して、検索してみましょう。この段階では検索式を作ることが目的ですから、「漏れ」があっても何ら問題ないので、検索項目は「発明の名称」がよいでしょう。

検索結果は一覧で見るよりも、図面を見ていく方が効率的です。この事例の場合、液晶パネルの構造や化学物質としての「液晶」に関する発明が、ノイズとして含まれる可能性が高いので、それらを除外するには、図面で見るのが早いです。

● 適切な特許分類コードを探す予備検索

特許分類を使った検索は、ノイズが少なくかつ漏れも少ないので、適切な分類コードがあれば、優先して利用すべきです。検索結果から、B項に相応しいキーワードや適切な**特許分類**を抽出します。B項に相応しいキーワードとしては「駆動」、「ドライブ」、「回路」、「走査」、「信号」などでしょうか。日本の特許文献を対象にすることに決めましたから、適切な特許分類としては、FIかFタームを利用するのがよいでしょう。ただし、先々のステップで国外の特許文献を対象にする場合には、IPCの方が適切です。同じIPC分類コードが使えるからです。

「発明の名称」に「液晶表示＋液晶ディスプレイ」を指定した**A**項のみの検索式でノイズが多すぎる場合には、「要約＋請求項」を検索項目として「駆動＋ドライブ＋回路＋走査＋信号」を指定した**B**項を、予備検索の検索式に追加します。

ヒットした文献を見ると、FIもFタームもしっかりと付与されているようです。そういう技術分野では、FIを使った検索式を優先して考えるのがよいでしょう。FIとFタームでは、外国の特許文献調査への拡張を考えているならFIを優先すべきです。FIではなくIPCを使ってもよいでしょう。一方、細かい技術分析を目的とするなら、Fタームを優先すべきです。

● 予備検索の結果を評価

予備検索でヒットした特許に付与されている分類コードを見ると、FIは、G02F 1/13〜133, 134?, 136?、G09G 3/36など、Fタームは2H092, 2H192, 2H193, 2H291、5C006, 5C080が、多く付与されているようです。特許・実用新案分類照会（PMGS）で調べてみましょう。

図6-1はG02Fです。最上位の1/00は「独立の光源から到達する光の強度，色，位相，偏光または方向の制御のための装置または配置」、1階層下の1/01は「・強度，位相，偏光または色の制御のためのもの」、2階層下の1/13は「・・液晶に基づいたもの」とされていますから、一応、調査主題の「液晶ディスプレイ」には合致しています。しかし、さらに下位階層を見ると「・・・構造配置；液晶セルの作動；回路配置」（1/133）、「・・・・構造配置」（1/1333）、「・・・・・電極」（1/1343）、「・・・・・電極をセル端子に接続する導体」（1/1345）、「・・・・半導体の層または基板と構造上組み合された液晶セル，例．集積回路の一部を構成するセル」（1/136）とあります。構造的な特徴を持つ発明に付与されているようで、「電気・電子系の技術」とは少し違いそうです。

● やはりFI= G09G 3/00が最適!?

図6-2はG09G 3/00です。こちらの最上位階層は、「陰極線管以外の可視的表示器にのみ関連した，制御装置または回路」（3/00）です。「制御装置または回路」なので「電気・電子系の技術」にはぴったりです。これより下の階層構造は、次のようになっています。

適切な分類コードを探す（FI＝G02F 1/00）（6-1）

FI	説明	参照等			
・1/00	独立の光源から到達する光の強度，色，位相，偏光または方向の制御のための装置または配置．例．スイッチング，ゲーティングまたは変調；非線形光学［2，4］	(注)/(索引)	2K102	CC	HB
・1/01	・強度，位相，偏光または色の制御のためのもの（G02F1／29，G02F1／35が優先）［2，7］		2K102	CC	HB
	A 材料に関連するもの		2K102	CC	HB
	B 駆動に関連するもの		2K102	CC	HB
	C 導波路構造		2K102	CC	HB
	D 空間的変調		2K102	CC	HB
	E ・フォトコンを有するもの		2K102	CC	HB
	F 構造一般		2K102	CC	HB
	Z その他		2K102	CC	HB
・1/015	・・少なくとも1つの電位障壁を有する半導体素子に基いたもの．例．PN，PIN接合（G02F1／03が優先）［3］		2K102	CC	HB
	501 ・・・材料に関連するもの				
	502 ・・・駆動に関連するもの		の，例．熱，圧力	2H088	CC	HB
	503 ・・・変調的な				
	505 ・・・液晶の応用			2K011	CC	HB
・1/133	・・・構造配置；液晶セルの作動；回路配置（マトリックスをなす複数の液晶素子の制御のため装置または回路であって，液晶素子と構造的に結びついていないものG09G3／36）［3，7］		2H088	CC	HB
				2H189	CC	HB
	500 ・・・・STN〔超ねじれ複屈折形〕		2H189	CC	HB
	505 ・・・・液晶セルの作動，回路配置				
	510 ・・・・・カラー化		2H193	CC	HB
	515 ・・・・・ネガ，ポジ		2H193	CC	HB
				2H193	CC	HB
	575 ・・・・・コントラストの制御		2H193	CC	HB
	580 ・・・・・外界条件の変動補償．例．温度補償		2H193	CC	HB
・1/1333	・・・・構造配置（G02F1／135，G02F1／136が優先）［5］		2H189	CC	HB
	500 ・・・・・基板				
	505 ・・・・・・絶縁膜		2H102	CC	HB
・1/1334	・・・・・高分子分散型液晶［5］		2H092	CC	HB
				2H092	CC	HB
	・・・・1つの光ビームの最終的な状態が2つ以上の層またはセルの効果の総和により達成される液晶層またはセルの配置［5］		2H189	CC	HB
・1/135	・・・・光学的または電気的に性質が変わり得る光導電層または強誘電層と構造的に組み合わされた液晶セル［3］		2H092	CC	HB
・1/136	・・・・半導体の層または基板と構造上組み合された液晶セル．例．集積回路の一部を構成するセル（G02F1／135が優先）［5］		2H192	CC	HB
・1/1362	・・・・アクティブマトリックスセル［7］		2H192	CC	HB
・1/1365	・・・・・スイッチング素子が二端子の素子であるもの［7］		2H192	CC	HB
・1/1368	・・・・・スイッチング素子が三端子の素子であるもの［7］		2H192	CC	HB
・1/137	・・・特定の電気または磁気光学効果．例．外場誘起相転移，配向効果，ゲスト−ホスト相互作用，動的散乱，によって特徴づけられたもの［3］		2H088	CC	HB
	500 ・・・・混合液晶においてのみ生ずる効果		2H088	CC	HB
・1/139	・・・液晶が透明性のままである配向効果に基づくもの［6］		2H088	CC	HB

FI	説明	参照等		
・3/00	陰極線管以外の可視的表示器にのみ関連した，制御装置または回路〔3〕	5C080	CC	HB
	C 行先表示、運賃表示、乗物用表示	5C080	CC	HB
	D 料金表示	5C080	CC	HB
	H 入出力回路、装置	5C080	CC	HB
	J 駆動電源回路、装置	5C080	CC	HB
	K 輝度調整回路、装置〔多色表示、点滅を含む〕	5C080	CC	HB
	M セグメント形及びマトリクス形の複合表示	5C080	CC	HB
	N 保守に特徴がある回路、装置	5C080	CC	HB
・3/20	・マトリックス状に配置された個々の要素の組み合わせによりその集合を構成することによって多数の文字の集合，例，1頁，を表示するためのもの〔3〕	5C080	CC	HB
	A 時計表示、カレンダ表示	5C080	CC	HB
	C 交通関係表示	5C080	CC	HB
	G グラフ表示	5C080	CC	HB
	H 操作器との結合〔680、691優先〕	5C080	CC	HB
	J 駆動電源回路、装置〔612、620優先〕	5C080	CC	HB
	K 輝度調整回路、装置〔多色表示、点滅を含む、640優先〕	5C080	CC	HB
	M 複合表示、複数表示〔633＠Q, R, 642＠B、680＠D, E優先〕	5C080	CC	HB
	N 保守に特徴がある回路、装置〔670優先〕	5C080	CC	HB
	R レジスタ〔メモリ、シフトレジスタ、…〕〔610-691併用〕	5C080	CC	HB
・3/24	・・・白熱フイラメントを用いるもの〔3〕	5C080	CC	HB
・3/26	・・・・移動信号を表わすもの〔3〕	5C080	CC	HB
・3/28	・・・発光ガス放電パネル，例．プラズマパネル，を用いるもの〔3、2013.01〕	5C580	CC	HB
	A 放電灯、ネオン管〔細部についてはG09G3／20、610-691併用〕	5C580	CC	HB
	H 入出力回路、装置〔細部についてはG09G3／20、610-691併用、書き込み、読出、維持、消去、種火〕	5C580	CC	HB
	J 駆動電源回路、装置〔細部についてはG09G3／20、610-691併用〕	5C580	CC	HB
	K 輝度調整回路、装置〔多色表示、点滅を含む、細部についてはG09G3／20、610-691併用〕	5C580	CC	HB
	N 保守に特徴がある回路、装置〔細部についてはG09G3／20、610-691併用〕	5C580	CC	HB
	R レジスタ〔メモリ、シフトレジスタ、エンコーダ、デコーダ、細部についてはG09G3／20、610-691併用〕	5C580	CC	HB
	U パターン〔字形、スクロール、拡大、縮小、回転、カーソル、細部についてはG09G3／20、610-691併用〕	5C580	CC	HB
	W 多重、分割駆動〔細部についてはG09G3／20、610-691併用〕	5C580	CC	HB
	Z その他のもの〔細部についてはG09G3／20、610-691併用、2013.01〕	5C580	CC	HB
・3/30	・・・エレクトロルミネッセントパネルを用いるもの〔3〕	5C380	CC	HB
	H 入出力回路、装置〔細部についてはG09G3／20、610-691併用〕	5C380	CC	HB
	J 駆動方式、回路〔細部についてはG09G3／20、610-691併用〕	5C380	CC	HB
	K 輝度調整方式、回路〔多色表示を含む〕〔細部についてはG09G3／20、610-691併用〕	5C380	CC	HB
	Z その他のもの〔細部についてはG09G3／20、610-691併用〕	5C380	CC	HB
	301 ・・・蛍光表示管を用いるもの〔細部についてはG09G3／20、610-691併用〕	5C080	CC	HB
・3/32	・・・・半導体，例．発光ダイオード〔LED〕〔3、2016.01〕	5C380	CC	HB
	A LEDを用いるもの〔細部についてはG09G3／20、610-691併用〕	5C380	CC	HB
	Z その他のもの〔細部についてはG09G3／20、610-691併用〕	5C380	CC	HB
・3/34	・・独立の光源よりの光の制御によるもの〔3〕	5C080	CC	HB
	B 透光性セラミックス素子〔PLZT、細部についてはG09G3／20、610-691併用〕	5C080	CC	HB
	C 電気泳動表示素子〔EPID、細部についてはG09G3／20、610-691併用〕	5C080	CC	HB
	D ディジタルマイクロミラーデバイス〔DMD〕〔細部についてはG09G3／20、610-691併用〕	5C080	CC	HB
	J 光源の制御〔細部についてはG09G3／20、610-691併用〕	5C080	CC	HB
	Z その他のもの〔細部についてはG09G3／20、610-691併用〕	5C080	CC	HB
・3/36	・・・液晶を用いるもの〔3〕	5C006	CC	HB
・3/38	・・・エレクトロクロミック装置を使用するもの〔5〕	5C080	CC	HB

> 　3/20 ・マトリックス状に配置された個々の要素の組み合わせによりその集合を構成することによって多数の文字の集合
> 　3/22 ・・制御された光源を用いるもの
> 　3/24 ・・・白熱フイラメントを用いるもの
> 　3/28 ・・・発光ガス放電パネル，例. プラズマパネル，を用いるもの
> 　3/30 ・・・エレクトロルミネッセントパネルを用いるもの
> 　3/34 ・・独立の光源よりの光の制御によるもの
> 　3/36 ・・・液晶を用いるもの

　さらに下位の階層を見ると、「駆動電源回路、装置」(3/20, J)、「輝度調整回路、装置」(3/20, K)、「レジスタ〔メモリ、シフトレジスタ、エンコーダ、デコーダ、620, 630優先〕」(3/20, R) のような回路から、「CRT用信号、映像信号の処理方式、回路」(3/20, V) のような信号処理まで含まれているので、「電気・電子系の技術」に合致します。液晶ディスプレイならG09G 3/36がよいでしょう。

　ところで、「マトリックス状に配置された…」(3/20) の下位でよいでしょうか？

　今の液晶は、1つ1つの画素が微細になっていてマトリックス状に配置されていて、全体として640×480のVGA、1024×768のXGA、1920×1080のフルハイビジョン (full HD) など色々なディスプレイに使われていますが、昔は大きな液晶セルで文字や絵柄を表現していました。たとえば7セグメントの液晶表示素子は、1桁の数字を7つの液晶セルで表現していました。

　「液晶セル」というのは、オン/オフ制御される単位です。7つのセルのオン/オフの組み合わせで、10種類の数字が表現されます。調査主題に明記はされていませんが、こんな古い液晶表示素子は、調査対象外としたいと思います。したがって、「『マトリックス状に配置された…』(3/20) の下位でよい」を結論としましょう。

　液晶ディスプレイを研究開発の対象としている方なら、プラズマディスプレイや、有機EL（エレクトロルミネッセンス）ディスプレイの技術動向も気になるところでしょう。ご自分で担当はされていなくても、一時期のテレビでは、液晶テレビとプラズマテレビとが争っていたことを、思い出される方も少なくないでしょう。液晶ディスプレイを中心に据えますから、これらは周辺技術として位置づけておきましょう。

　FIを使って検索式を作るなら、G09G 3/36の液晶を中心として、プラズマの3/28と有機ELの3/30を含む、マトリックス状の表示装置3/20までを周辺技術として調査対象とするのがよいと判断できます。

● Fタームについても検討

合わせて、Fタームについても見ておきましょう。図6-1と図6-2のFIについての説明の右側に、「参照等」という項目があり、対応するFタームが示されています。図6-1の液晶G02F 1/13に対応するFタームは2H088、周辺技術としては、2H092, 2H189, 2H192, 2H193も検討すべきでしょう。また、図6-2の液晶G09G 3/36に対応するFタームは5C006、周辺技術としてプラズマや有機ELまで含めるなら、5C080, 5C380, 5C580も検討すべきだということがわかります。

2Hxxxのテーマコードには、液晶1から液晶6までのテーマコードが定義されています。大まかに書き出してみると、こんな感じでしょうか。

液晶1	応用、原理	2H088
液晶2	構造一般、スペーサ、注入口、封止部材	2H089 → 2H189
液晶3	基板、絶縁膜、配向部材	2H090
液晶3-1	基板、絶縁膜	2H190
液晶3-2	配向部材	2H290
液晶4	光学部材との組合せ	2H091 → 2H191
液晶5-1	電極、接続導体、光導電層	2H092
液晶5-2	スイッチング素子	2H192
液晶6	駆動	2H093 → 2H193

全体的に表示パネルの構造に関する分類のように思われます。「電気・電子系の技術」に合致するのは、液晶6の「駆動」くらいでしょう。

5Cxxxのテーマコードには、どんなテーマコードが定義されているのか、大まかに書き出してみましょう。

液晶表示装置の制御	5C006
陰極線管以外の表示装置の制御	5C080
表示装置の制御、回路	5C082 → 5C182
EL表示装置の制御	5C380
ガス放電表示管の制御	5C580

すべて「電気・電子系の技術」に合致していて、液晶以外の表示装置にも広がりがありそうです。

　FI ＝ G09G 3/20（マトリックス表示装置全体），3/28（プラズマ），3/30（EL），3/36（液晶）の備考欄に記載されているのも5Cxxxなので、今回の調査主題に相応しいのは、5Cxxxのテーマコードの方だということがわかります。

● FIとFタームのどちらが適切か？

　調査主題の「液晶ディスプレイの電気・電子系の技術」により相応しいのは、FI＝G09G 3/36なのか、Fターム＝5C006のどちらか？　に絞られてきました。

　図6-3にFI＝G09G 3/36とFターム＝5C006の関係を調べた結果を示します。FI＝G09G 3/36にヒットする38,304件はすべてFターム＝5C006にヒットし、Fターム＝5C006にヒットするけれどもFI＝G09G 3/36にヒットしないのは3,743件で、Fターム＝5C006にヒットする42,047件の9%です。この3,743件をざっと見てみると、マトリックス型ではない液晶表示装置に関する発明でした。ですので、今回の調査主題からは外すことにしましょう。

　調査主題の「液晶ディスプレイ（マトリックス型）の電気・電子系の技術」に合致する特許文献を集める検索式は、FI＝G09G 3/36だということに決めましょう。

　周辺の技術として、ブラウン管（陰極線管）に代わる表示装置のうち、液晶以外の表示装置との関係もみておくことにしましょう。プラズマディスプレイと有機ELディスプレイにも着目することにしました。

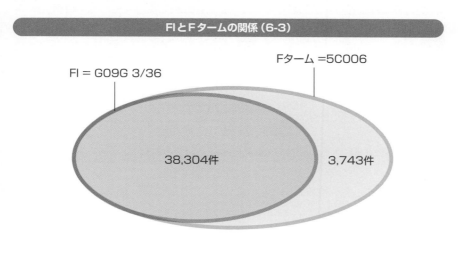

FIとFタームの関係（6-3）

FI ＝ G09G 3/36

Fターム ＝5C006

38,304件

3,743件

● 調査対象とする期間と特許文献を検討

　調査対象の期間はどうしましょう？　古い方は限定せず、新しい方は公報発行日が2015年12月31日までとしました。

　検索対象の文献はどうしましょう？　「出願件数を求めたい」という目的に照らして考えます。公開公報の数が最も出願件数に近いです。国際特許（PCT）出願も日本に移行されたものは含めたいので、公表公報と再公表は含めます。一方、登録特許公報は除外します。登録特許公報は、公開公報、公表公報または再公表のどれかと重複していますから、出願件数としては、二重カウントになってしまいます。

● 検索の実行＝ヒット文献集合の確定

　このような条件で、技術分野ごとの検索式を作り、検索を実行します。表6-4にヒット件数を示します。検索式はとてもシンプルで、検索項目をFIとする項があるだけです。

　「マトリックス型全体」は60,590件、「プラズマ」は6,941件、「有機EL」10,212件、「液晶」は34,560件です。「マトリックス型全体」の60,590件は、「プラズマ」と「有機EL」と「液晶」のすべてを含んでいる上、その他の方式のマトリックス型表示装置を含んでいます。

検索式（6-4）

技術分野	検索式	ヒット件数
マトリックス型全体	FI = G09G 3/20	60,590
プラズマ	FI = G09G 3/28	6,941
有機EL	FI = G09G 3/30	10,212
液晶	FI = G09G 3/36	34,560
注：期間の制限	公報発行日 ≦ 2015.12.31	

年次推移

● 折れ線グラフを目指す

出願件数の年次推移は、横軸を出願年、縦軸を出願件数とした折れ線グラフで表すことができます。横軸の出願年の代わりに、数年刻みにしてもよいです。たとえば5年刻みにして1990年代前半（1990-1994年）と後半（1995-1999年）のような刻みです。

出願件数の年次推移を表すグラフを作るには、出願年と出願件数のデータを収集すればよいのです。

一つの方法は、出願日を限定した検索式を作って、ヒット件数＝出願件数のデータを集める方法です。この方法だと、項目数×年数にあたる回数の検索を繰り返すことになります。たとえば液晶ディスプレイなら、

```
FI=G09G 3/36×xxxx0101≦出願日≦yyyy1231
```

のような検索式を作って、xxxxとyyyyの部分を、必要な範囲で変えながら、何度も検索を繰り返します。

もう一つの方法は、出願日を限定しない検索式を作って一旦全件をcsvダウンロードした後、出願年ごとに件数を数えて、出願件数のデータを取得する方法です。項目数×年数にあたる回数の検索を繰り返す方法については、これ以上の説明は不要ですから、本書の事例では、全件ダウンロードした後に出願年ごとの出願件数を数える方法を採用して説明しましょう。

● csvファイルをダウンロード

　FI=G09G 3/36の34,560件　の　他、FI=G09G 3/20の60,590件　と、FI=G09G 3/28の6,941件と、FI=G09G 3/30の10,212件を、それぞれ別々のcsvファイルとしてダウンロードしました。　FI=G09G 3/20の60,590件にすべて含まれているので、本来は、これだけをcsvダウンロードしてから分類すればよいのですが、そのためにはcsvデータを対象としたFIの階層検索が必要になります。Excelのマクロを使えば可能ですが、単純な方法がよいでしょう。

　図6-5にFI=G09G 3/36のcsvダウンロードしたファイルを示します。

csvダウンロードしたファイル（6-5）

　csvファイルの項目は、公報番号、出願番号、出願日（受理）、公開・公表番号、公開・公表日、公告・登録番号、公告・登録公報発行日、発明等の名称、出願人・権利者（最新）、出願人・権利者（公報）、（以降は図示されていませんが）FI（最新）、Fターム（最新）と続きます。特許されていない特許出願の「公告・登録番号」と「公告・登録公報発行日」の欄は空欄です。

　行数は件数34,560＋1行なので、ファイルサイズは巨大です。出願件数の年次推移のグラフを作るだけが目的なら、出願日だけがあれば十分ですので、他の項目を減らしてファイルサイズを節約するのも一案です。一方、出願人別の出願件数を調べたり、特許登録率を算出したり、Fタームを使ってもっと複雑な分析に進んだりするなら、この程度の項目はあった方がよいでしょう。

●「出願年」列にYEAR関数、「出願件数」列の全行に「1」

　まず、ダウンロードしたcsvファイルに、「出願年」の列を追加します（図6-6の
R列）。ExcelのYEAR関数を使って、C列の出願日から出願年を算出します。つい
でに、「出願件数」の列（S列）も追加しておきます。この列にはすべての行に「1」を
入力しておきます。出願件数の年次推移では使いませんが、次の出願人別分析で使
います。

　同じ操作を、他の**FI=G09G 3/20**と**FI=G09G 3/28**と**FI=G09G 3/30**の
csvファイルについても同じ操作をします。4つのcsvファイルは、1つのExcel
ファイルの別のシートにまとめます。必ずしも1つのファイルにまとめる必要はな
いのですが、1つにまとめた方が後々便利です。

「出願年」と「出願件数」の列を追加（6-6）

	H	I	J	R	S
1	発明等の名称	出願人・権利者(最新)	出願人・権利者(公報)	出願年	出願件数
2	画像表示装置及びその	キヤノン株式会社	キヤノン株式会社	2015	1
3	表示装置	株式会社ジャパンディ	株式会社ジャパンディ	2014	1
4	表示装置	株式会社ジャパンディ	株式会社ジャパンディ	2014	1
5	電気光学装置、電子機	セイコーエプソン株式会	セイコーエプソン株式会	2014	1
6	画像処理装置、画像処	キヤノン株式会社	キヤノン株式会社	2014	1
7	センサ付き表示装置及	株式会社ジャパンディ	株式会社ジャパンディ	2014	1
8	表示装置	富士ゼロックス株式会	富士ゼロックス株式会	2014	1
9	表示装置	株式会社ジャパンディ	株式会社ジャパンディ	2014	1
10	表示装置	株式会社ジャパンディ	株式会社ジャパンディ	2014	1
11	表示装置	株式会社ジャパンディ	株式会社ジャパンディ	2014	1
12	表示装置	株式会社ジャパンディ	株式会社ジャパンディ	2014	1
13	表示装置	株式会社ジャパンディ	株式会社ジャパンディ	2014	1
14	半導体装置、表示装置	株式会社半導体エネル	株式会社半導体エネル	2015	1
15	表示装置及び表示方法	シャープ株式会社	シャープ株式会社	2012	1
16	液晶表示装置の駆動	株式会社半導体エネル	株式会社半導体エネル	2015	1
17	半導体装置	株式会社半導体エネル	株式会社半導体エネル	2015	1
18	液晶表示付き操作ユニ	リンナイ株式会社	リンナイ株式会社	2014	1
19	表示装置、表示装置の	株式会社ジャパンディ	株式会社ジャパンディ	2014	1
20	表示装置、表示装置の	株式会社ジャパンディ	株式会社ジャパンディ	2014	1
21	表示装置	株式会社ジャパンディ	株式会社ジャパンディ	2014	1
22	画像処理装置及びその	キヤノン株式会社	キヤノン株式会社	2014	1
23	画像表示装置	株式会社JVCケンウッ	株式会社JVCケンウッ	2014	1
24	表示装置	船井電機株式会社	船井電機株式会社	2014	1
25	液晶表示装置の最適	株式会社ジャパンディ	株式会社ジャパンディ	2014	1

=YEAR($C25)
「出願日(受理)」から出願年を求める関数

出願件数=1
の列を追加

● 「年次推移」のシートに集計

　「年次推移」のシートに、出願年ごとの出願件数の表を作ります（図6-7）。A列に出願年を入力します。この例では降順で作りましたが、実は昇順にした方がグラフを作るときに楽でした（反省）。

　出願年ごとの出願件数を数えるには、ExcelのCOUNTIF関数を使いました。構文は、「COUNTIF（範囲,検索条件）」です。液晶なら**FI=G09G 3/36**のcsvから作ったシート「list-36」のR列（「出願年」の列）を範囲として、このシートのA列の出願年と一致するかどうかを検索条件として、一致した回数＝行数＝公報数をカウントします。**FI=G09G 3/20**の全体、**FI=G09G 3/28**のプラズマ、**FI=G09G 3/30**の有機ELについても同様です。

「年次推移」の表の作り方（6-7）

	E3				fx	=COUNTIF('list-36'!$R$2:$R$34561,$A3)		
	A	**B**	**C**	**D**	**E**	**F**	**G**	**H**	**I**
1		G09G 3/20	G09G 3/28	G09G 3/30	G09G 3/36		G09G 3/28	G09G 3/30	G09G 3/36
2	出願年	全体	プラズマ	EL	液晶	出願年	プラズマ	EL	液晶
3	2015	163	0	69	90	2015	0%	42%	55%
4	2014	678	0	193	386	2014	0%	28%	57%
5	2013	1247	8	359	708	2013	1%	29%	57%
6	2012	1673	57	380	940	2012	3%	23%	56%
7	2011	1936	72	373	1071	2011	4%	19%	55%
8	2010	2395	119	466	1291	2010	5%	19%	54%
9	2009	2574	163	495	1355	2009	6%	19%	53%
10	2008	3279	288	737	1732	2008	9%	22%	53%
11	2007	3578	336	692	1956	2007	9%	19%	55%
12	2006	3776	410	750	2127	2006	11%	20%	56%
13	2005	3714	503	860	1943	2005	14%	23%	52%
14	2004	3241	450	744	1640	2004	14%	23%	51%
15	2003	2929	337	761	1583	2003	12%	26%	54%
16	2002	2306	331	546	1255	2002	14%	24%	54%
17	2001		243			2001	14%		

list-20　list-28　list-30　list-36　年次推移　出願人（名寄せなし）

FI=G09G 3/20の
csvデータ

=COUNTIF('list-36'!$R$2:$R$34561,$A16)
A列の出願年と一致する公報をカウントする関数

● 折れ線グラフで見える化

これを折れ線グラフ（Excelの「散布図」）に表したものが、図6-8です。

特徴らしい特徴は見出せません。そこで、図6-8のG列〜I列のように、G09G 3/20（全体）の出願件数で正規化してみました。その結果をグラフにしたものが、図6-9です。

プラズマディスプレイが1990年代後半をピークとして徐々に減ってきているのに対して、有機ELディスプレイが2000年に入って急増しました。液晶ディスプレイはほとんど変わっていません。2015年の有機ELの急増が、技術潮流における何らかの地殻変動なのか、単なる統計上のゆらぎなのかは、近年の出願内容を詳しく調べて判断する必要があるでしょう。たとえば、2013年、2014年、2015年の出願内容、すなわち、新たな企業が参入してきたのか、一部の企業が急に出願件数を増やしたのか、技術内容に新たな重要課題が生まれたのか、などを、より詳しく分析して判断することになるでしょう。

6

検索事例II　特許文献情報を統計として活用するための検索／分析

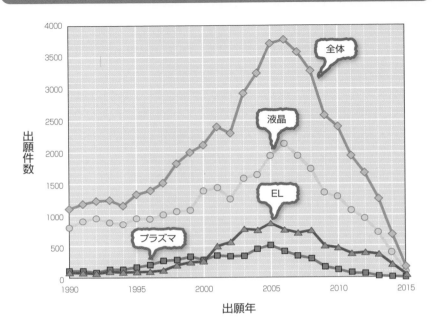

でき上がった「年次推移」のグラフ（6-8）

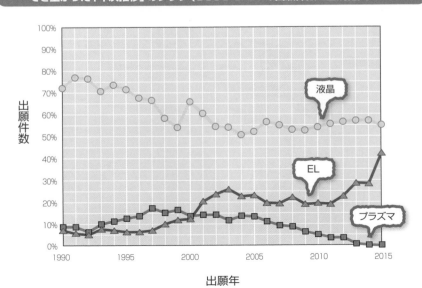

でき上がった「年次推移」のグラフ（G09G 3/20の出願件数で正規化）（6-9）

出願人別年次推移

出願人別分析は、自社とライバル企業の特許戦略を比較するときに、有効な分析手法です。いろいろなツールが提供されていますが、本書ではExcelのピボットテーブルを使った出願人別分析を行った例をご紹介します。出願人別に、出願件数の年次推移を示す折れ線グラフを作ります。

● ピボットテーブルを作成

ダウンロードしたcsvファイルに、「出願年」の列の他に、「出願件数」の列を追加しました (図6-6)。ただ、この列にはすべての行に「1」を入力してあるだけです。このシートの「出願人・権利者 (最新)」と「出願年」と「出願件数」の3列を選んでピボットテーブルを作成します。この3列のデータが含まれていればよいので、上記2列を追加したcsvデータ (もはやExcelに取り込まれてシートになっていますが) 全体を選んで、「ピボットテーブルの作成」を実行します (図6-10)。

「出願人・権利者」には、「最新」と「公報」の2通りの情報が含まれています。これは、公報に記載されたデータを採用しているか、最新のデータに更新しているかの違いです。どちらを採用すべきかは目的に応じて考える必要があります。合併や分社があったとしても、今後の技術戦略や特許戦略を考えるときには、自社の企業名もライバル企業の名称も、最新の名称で考えるでしょうから、この事例では「最新」の「出願人・権利者」を採用しました。

作成されたピボットテーブル (図6-10) の右側の「ピボットテーブルのフィールドリスト」から、「出願人・権利者 (最新)」を選んで「行ラベル」に、「出願年」を選んで「列ラベル」に、「出願件数」を選んで「Σ 値」に、それぞれドラッグします。その結果、出来上がるピボットテーブルが左側のウィンドウです。A列の各行には「出願人・権利者 (最新)」が並んでいて、出願年ごとの出願件数がカウントされています。ですから、このまま、出願人別の出願件数の年次推移になります。

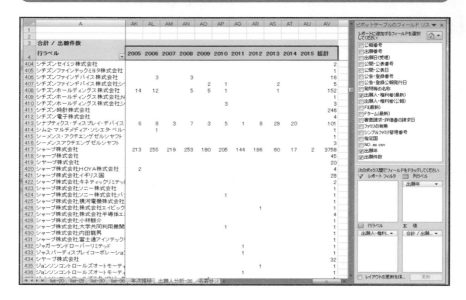

● このままでは完成度に難あり

では、これで完成ということでよいでしょうか？　図6-10をよく見てみてください。出願人欄（A列）に、「シャープ株式会社」がたくさん登場していますね。

まず目につくのは共同出願（複数人で共同して特許出願をすること）です。csvファイルでは1つの出願人・権利者の欄に複数人のデータを入力する必要があるため、セミコロン「;」で区切られています。共同出願は、ピボットテーブルでは、単独出願の出願人とは別の出願人として扱われています。ピボットテーブルの機能としては当然です。共同出願をどう扱うかは、分析する人が決めて処理をする必要があります。たとえば、筆頭の出願人による1件の特許としてカウントするか、各出願人それぞれによる1件ずつの特許としてカウントするか、などです。

この他、単独出願でも、「シャープ株式会社」、「シャープ株式会社」、「シヤープ株式会社」「シヤープ株式会社」の4通りの表記が別人として扱われています。小さい「ャ」と大きい「ヤ」、カナの長音「ー」と横棒「－」のどちらを使うかで4通りです。このような表記ブレは1つの名称に統一すればよいので扱いは決まっていますが、どうにかしてこのような表記ブレを吸収する必要があります。

名寄せ

「出願人名をどうにかする必要がある」という問題意識は、認識していただけたでしょう。「名寄せ」と呼ばれている作業をご紹介します。

● 「名寄せ」とは異なる出願人名を同一人として扱うこと

同一人として扱うことを**名寄せ**と呼びます。6-3節で紹介したのは共同出願と異表記（表記ブレ）ですが、これ以外に「名寄せ」が必要なケースに、社名変更 ☞1）、分社、合併等があります。さらに、グループ企業群をどう扱うかという問題もあります。狭い意味では、異表記だけを統一すればよいのですが、それで調査の目的が的確に達成できるかどうかを考えて判断する必要があります。分離統合されたとしても、元の会社でその製品を担当していた技術者・研究者たちがそっくり新会社に移っているなら、同じ出願人として扱いたいところです。また、いろいろなグループ企業群に跨って、同じ製品の技術を分担して開発しているような場合もあります。これも、同一人として扱った方が適切だという判断もありえます。

● 社名変更、合併、分社、グループ企業群の扱い

古くは「東京芝浦電気」が「東芝」に、また最近（？）では、「松下電器産業」が「パナソニック」に、変更されました。このような社名変更の場合は、新社名に名寄せすればよいでしょう。

分社、合併の場合はもう少し複雑です。日立と日本電気のメモリ事業が分離統合されて「エルピーダメモリ」が設立されました。日立と三菱電機の半導体部門が分離統合されて「ルネサステクノロジ」が設立され、さらに日本電気から分社していた「NECエレクトロニクス」と合併して「ルネサスエレクトロニクス」になりました。どの社名に「名寄せ」すべきか、あるいは出願時の社名のまま分析すべきか、など、検討する必要があります。

さらに、グループ企業群をどう扱うかも検討を要します。たとえば、図6-10では、「シチズンホールディングス株式会社」（旧「シチズン時計株式会社」）と関連会社の「シチズン電子株式会社」等をどう扱うかです。

この事例紹介では、合併・分社を含めて社名変更は最新の会社名で統一し、共同出願は筆頭出願人にまとめ、グループ会社も含めて、「～Gr」のようにまとめることにしました。

● 名寄せの具体的な方法

　図6-11に示しますように、どの出願人名をどのグループに名寄せするのかを定義するシートを作りました。図6-10のピボットテーブルの出願人名（A列）と総計（AV列）をコピーして、「名寄せ」シートのB列とC列にペーストしたものです。D列には名寄せ先のグループ名を記入します。この記入はマニュアル（人手入力）です☞2）。

「名寄せ」を定義するシート（6-11）

	A	B	C	D	E	F	G	H
1	470	セイコーエプソン株式会社	4135	セイコーGr.				
2	413	シャープ株式会社	3758	シャープGr.				
3	280	キヤノン株式会社	1643	キヤノンGr.				
4	516	ソニー株式会社	1519	ソニーGr.				
5	1339	松下電器産業株式会社	1224	パナソニックGr.				
6	1100	株式会社東芝	1127	東芝Gr.				
7	265	カシオ計算機株式会社	953	カシオGr.				
8	1187	株式会社半導体エネルギー研究所	897	半エネ研				
9	1144	株式会社日立製作所	872	日立Gr.				
10	1307	三洋電機株式会社	736	パナソニックGr.				
11	1300	三菱電機株式会社	721	三菱Gr.				
12	1553	富士通株式会社	659	富士通Gr.				
13	671	パナソニック株式会社	593	パナソニックGr.				
14	991	株式会社ジャパンディスプレイセントラル	593	JD-Gr.				
15	1283	三星ディスプレイ株式會社	563	三星Gr.				
16	844	ルネサスエレクトロニクス株式会社	526	ルネサスGr.				
17	1488	日本電気株式会社	433	NEC-Gr.				
18	982	株式会社ジャパンディスプレイ	398	JD-Gr.				
19	225	エルジーディスプレイカンパニーリミテッド	375	LGD-Gr.				
20	210	エプソンイメージングデバイス株式会社	367	セイコーGr.				
21	1292	三星電子株式会社	356	三星Gr.				
22	1129	株式会社日立ディスプレイズ;パナソニック液晶ディスプレ	297	日立Gr.				
23	989	株式会社ジャパンディスプレイウェスト	295	JD-Gr.				
24	314	コーニンクレッカフィリップスエヌヴェ	260					
25	407	シチズン時計株式会社	246					
26	1380	船井電機株式会社	234					
27	1054	株式会社リコー	211					
28	466	セイコーインスツルメンツ株式会社	196	セイコーGr.				
29	923	株式会社JVCケンウッド	191					
30	1434	東芝モバイルディスプレイ株式会社	186	東芝Gr.				
31	984	株式会社ジャパンディスプレイ;パナソニック液晶ディスプ	175	JD-Gr.				
32	1219	京セラディスプレイ株式会社	174					
33	25	NECディスプレイソリューションズ株式会社	172	NEC-Gr.				
34	38	NLTテクノロジー株式会社	170					
35	1470	日本ビクター株式会社	158					
36	870	ローム株式会社	154					
37	1226	京セラ株式会社	154					
38	1438	東芝松下ディスプレイテクノロジー株式会社	153	東芝Gr.				
39	404	シチズンホールディングス株式会社	152					
40	1011	株式会社デンソー	149					
41	826	ラピスセミコンダクタ株式会社	117					
42	327	コニカミノルタ株式会社	111					
43	1548	富士通テン株式会社	110	富士通Gr.				
44	906	沖電気工業株式会社	109					

list-28 / list-30 / list-36 / 年次推移 / 出願人分析-36 / 名寄せ

● 総計（件数）の多い出願人名から順に作業

　次に、C列（総計）を降順に並べ替え（ソートし）ます。なぜソートが必要かというと、名寄せ作業の優先順位付けのためです。どこまで名寄せをすればよいでしょうか？　もちろん、ピボットテーブルに登場する出願人名すべてについて、名寄せの要否を判断すれば完了なのですが、そんなに暇ではありません。出願人別分析をどこまで知りたいかを考えて、判断しましょう。たとえば上位5社だけ分析したいとすれば、その上位5社に影響する順位まで終われば、作業を終わってもよいはずです ☞3）。

　C列（総計）をソートしたら、総計が多い順に名寄せ先のグループ名をD列に書き込んでいきます。

　首位の「セイコーエプソン株式会社」のD列に「セイコーGr.」と記入します。次にはB列に他の「セイコーGr.」がないかを検索します。「セイコー」をキーワードとして検索します。「セイコーインスツルメンツ株式会社」などが見つかりますので、すべてD列に「セイコーGr.」と記入します。

　同様に「エプソン」をキーワードとして検索し、ヒットした会社名についてそれぞれ「セイコーGr.」に名寄せしてよいかどうかを検討し、名寄せすべきと判断したら、D列に「セイコーGr.」と記入します。たとえば、20行目の「エプソンイメージングデバイス株式会社」がこれに当たります。図6-11には到底表示しきれませんが、関連会社や共同出願などいろいろな「セイコーGr.」の出願人がみつかります。

　次に、第2位の「シャープGr.」、第3位の「キヤノンGr.」と順に進めていきます。

● 「名寄せ」シートからもわかることがある

　「名寄せ」シートの作成が終わったら、図6-12のように、名寄せ先のグループ名で並べ替え（ソート）をしておきます。名寄せ対象の出願人名が何行目まで、それ以降がそれ以外の出願人名というふうに区別できれば十分です。この例では、1行目から343行目までが名寄せ対象で、それ以降が名寄せ対象外でした。

　この例のようにグループごとにまとめておくと、同じグループにどんな出願人が名を連ねているかを見られるので、これ自体でも価値があります。たとえば、ジャパンディスプレイは共同出願が多いこと、NECはいろいろな関連会社から幅広く出願していること、などなどです。

6

検索事例Ⅱ　特許文献情報を統計として活用するための検索／分析

	A	B	C	D	E	F	G	H
1	991	株式会社ジャパンディスプレイセントラル	593	JD-Gr.				
2	982	株式会社ジャパンディスプレイ	398	JD-Gr.				
3	989	株式会社ジャパンディスプレイウェスト	295	JD-Gr.				
4	984	株式会社ジャパンディスプレイ;パナソニック液晶ディスプ	175	JD-Gr.				
5	988	株式会社ジャパンディスプレイイースト;パナソニック液晶	67	JD-Gr.				
6	986	株式会社ジャパンディスプレイ;日立デバイスエンジニアリ	10	JD-Gr.				
7	985	株式会社ジャパンディスプレイ;株式会社日立ディスプレ	5	JD-Gr.				
8	993	株式会社ジャパンディスプレイセントラル;東芝電子エン	5	JD-Gr.				
9	983	株式会社ジャパンディスプレイ;キヤノン株式会社	1	JD-Gr.				
10	987	株式会社ジャパンディスプレイ;日立デバイスエンジニアリ	1	JD-Gr.				
11	990	株式会社ジャパンディスプレイウェスト;国立大学法人東	1	JD-Gr.				
12	992	株式会社ジャパンディスプレイセントラル;株式会社東芝	1	JD-Gr.				
13	225	エルジーディスプレイカンパニーリミテッド	375	LGD-Gr.				
14	223	エルジーエレクトロニクスインコーポレイティド	25	LGD-Gr.				
15	228	エルジー電子株式会社	4	LGD-Gr.				
16	224	エルジーセミコンカンパニーリミテッド	2	LGD-Gr.				
17	221	エルジイ・セミコン・カンパニィ・リミテッド	1	LGD-Gr.				
18	222	エルジーイノテックカンパニーリミテッド	1	LGD-Gr.				
19	226	エルジーディスプレイカンパニーリミテッド;ポステックアカ	1	LGD-Gr.				
20	227	エルジーフィリップスエルシーディーカンパニーリミテッド	1	LGD-Gr.				
21	1488	日本電気株式会社	433	NEC-Gr.				
22	25	NECディスプレイソリューションズ株式会社	172	NEC-Gr.				
23	1485	日本電気ホームエレクトロニクス株式会社	45	NEC-Gr.				
24	35	NEC液晶テクノロジー株式会社	33	NEC-Gr.				
25	1278	埼玉日本電気株式会社	21	NEC-Gr.				
26	19	NECアクセステクニカ株式会社	18	NEC-Gr.				
27	33	NECモバイルコミュニケーションズ株式会社	12	NEC-Gr.				
28	1203	関西日本電気株式会社	12	NEC-Gr.				
29	27	NECパーソナルコンピュータ株式会社	10	NEC-Gr.				
30	29	NECビューテクノロジー株式会社	9	NEC-Gr.				
31	21	NECエンジニアリング株式会社	8	NEC-Gr.				
32	31	NECプラットフォームズ株式会社	7	NEC-Gr.				
33	1492	日本電気株式会社;ルネサスエレクトロニクス株式会社	6	NEC-Gr.				
34	26	NECディスプレイソリューションズ株式会社;セイコーエプ	5	NEC-Gr.				
35	1240	群馬日本電気株式会社	5	NEC-Gr.				
36	1481	日本電気アイシーマイコンシステム株式会社	5	NEC-Gr.				
37	28	NECパーソナルプロダクツ株式会社	4	NEC-Gr.				
38	32	NECマイクロシステム株式会社	4	NEC-Gr.				
39	1491	日本電気株式会社;NLTテクノロジー株式会社	4	NEC-Gr.				
40	1497	日本電気株式会社;日本電気エンジニアリング株式会社	4	NEC-Gr.				
41	39	NLTテクノロジー株式会社;NECエンジニアリング株式会	3	NEC-Gr.				
42	1316	山形日本電気株式会社	3	NEC-Gr.				
43	1354	新潟日本電気株式会社	3	NEC-Gr.				
44	1375	日本電気株式会社	3	NEC-Gr.				

list-28 list-30 list-36 年次推移 出願人分析-36 名寄せ

● 関数を使った「名寄せ」の実行

いよいよ、実際の名寄せを実行します。図6-13に示しますように、FI=G09G 3/36のデータである「list-36」シートのcsvデータに名寄せを実行する関数を記入した列を追加します。

まず、T列に「=MATCH(I38,名寄せ!$B$1:$B$343,0)」を入力します。MATCH関数の構文は、「MATCH(検査値,検査範囲,照合の型)」で、検査範囲の中に検査値と一致するものがあれば、その位置を表す数値を返し、一致するものがなければ「#N/A」のエラーになります。「照合の型」は「一致」としたいので「0」を指定してあります。検査値である「I38」はその行の「出願人・権利者（最新）」の列で

csvデータに名寄せの列を追加する（6-13）

	I	J	T	U	V	W	X
1	出願人・権利者(最新)	出願人・権利者(公報)			出願人(名寄せ済)	出願年	出願件数
2	キヤノン株式会社	キヤノン株式会社	74	キヤノンGr.	キヤノンGr.	2015	1
3	株式会社ジャパンディ	株式会社ジャパンディ	12	JD-Gr.	JD-Gr.	2014	1
4	株式会社ジャパンディ	株式会社ジャパンディ	12	JD-Gr.	JD-Gr.	2014	1
5	セイコーエプソン株式会	セイコーエプソン株式会	117	セイコーGr.	セイコーGr.	2014	1
6	キヤノン株式会社	キヤノン株式会社	74	キヤノンGr.	キヤノンGr.	2014	1
7	株式会社ジャパンディ	株式会社ジャパンディ	12	JD-Gr.	JD-Gr.	2014	1
8	富士ゼロックス株式会	富士ゼロックス株式会	#N/A	#N/A	富士ゼロックス株式会	2014	1
9	株式会社ジャパンディ	株式会社ジャパンディ	12	JD-Gr.	JD-Gr.	2014	1
10	株式会社ジャパンディ	株式会社ジャパンディ	12	JD-Gr.	JD-Gr.	2014	1
11	株式会社ジャパンディ	株式会社ジャパンディ	12	JD-Gr.	JD-Gr.	2014	1
12	株式会社ジャパンディ	株式会社ジャパンディ	12	JD-Gr.	JD-Gr.	2014	1
13	株式会社ジャパンディ	株式会社ジャパンディ	12	JD-Gr.	JD-Gr.	2014	1
14	株式会社半導体エネル	株式会社半導体エネル	213	半エネ研	半エネ研	2015	1
15	シャープ株式会社	シャープ株式会社	106	シャープGr.	シャープGr.	2012	1
16	株式会社半導体エネル	株式会社半導体エネル	213	半エネ研	半エネ研	2015	1
17	株式会社半導体エネル	株式会社半導体エネル	213	半エネ研	半エネ研	2015	1
18	リンナイ株式会社	リンナイ株式会社	#N/A	#N/A	リンナイ株式会社	2014	1
19	株式会社ジャパンディ	株式会社ジャパンディ	12	JD-Gr.	JD-Gr.	2014	1
20	株式会社ジャパンディ	株式会社ジャパンディ	12	JD-Gr.	JD-Gr.	2014	1
21	株式会社ジャパンディ	株式会社ジャパンディ	12	JD-Gr.	JD-Gr.	2014	1
22	キヤノン株式会社	キヤノン株式会社	74	キヤノンGr.	キヤノンGr.	2014	1
23	株式会社JVCケンウッ	株式会社JVCケンウッ	#N/A	#N/A	株式会社JVCケンウッ	2014	1
24	船井電機株式会社	船井電機株式会社	#N/A	#N/A	船井電機株式会社	2014	1
25	株式会社ジャパンディ	株式会社ジャパンディ	12	JD-Gr.	JD-Gr.	2014	1
26	キヤノン株式会社	キヤノン株式会社	74	キヤノンGr.	キヤノンGr.	2014	1
27	株式会社ジャパンディ	株式会社ジャパンディ	12	JD-Gr.	JD-Gr.	2014	1
28	三菱電機株式会社	三菱電機株式会社	319	三菱Gr.	三菱Gr.	2014	1
29	キヤノン株式会社	キヤノン株式会社	74	キヤノンGr.	キヤノンGr.	2015	1
30	キヤノン株式会社	キヤノン株式会社	74	キヤノンGr.	キヤノンGr.	2015	1
31	株式会社ジャパンディ	株式会社ジャパンディ	12	JD-Gr.	JD-Gr.	2014	1
32	株式会社ジャパンディ	株式会社ジャパンディ	12	JD-Gr.	JD-Gr.	2014	1
33	株式会社ジャパンディ	株式会社ジャパンディ	12	JD-Gr.	JD-Gr.	2014	1
34	シャープ株式会社	シャープ株式会社	106	シャープGr.	シャープGr.	2014	1
35	ラピスセミコンダクタ株	ラピスセミコンダクタ株	#N/A	#N/A	ラピスセミコンダクタ株	2014	1
36	キヤノン株式会社	キヤノン株式会社	74	キヤノンG	キヤノンG	2014	1
37	セイコーエプソン株式会	セイコーエプソン株式会	117	セイコーGr.	セイコー	2014	1
38	セイコーエプソン株式会	セイコーエプソン株式会	117	セイコーGr.	セイコー	2014	1

=MATCH
(I38,名寄せ!$B$1:$B$343,0)
"名寄せ"リストに含まれる
出願人/権利者(最新) の行

=IF(ISERROR
(T35),I35,U35)
"名寄せ"リストに
含まれない場合は
元の出願人名

出願年
=YAER(C38)、
出願件数＝1
の列を追加

=INDEX(名寄せ!$A$1:$D$343,'list-36'!T38,4)
"名寄せ"リストに含まれる場合のグループ名

す。その出願人名を検査値とし、「名寄せ」シートで名寄せ対象の出願人名が記載されているB列1行目から343行目を検査範囲として検索します。一致した場合はその行番号が返され、一致するものがなければ「#N/A」のエラーになります。

　次のU列には「=INDEX(名寄せ!$A$1:$D$343,'list-36'!T38,4)」を入力します。INDEX関数の構文は「INDEX(配列,行番号,列番号)」で、n行m列の配列の中の「行番号」と「列番号」で指定されるセルの値を返します。「名寄せ」シートのA列1行目からD列343行目の範囲で、先ほどT列に求めた行番号の4列目の値、つまりグループ名を返します。これで名寄せは終わりのようにも思えますが、名寄せのリストに含まれていない出願人名だと「#N/A」のエラーになってしまっています。

　そこで、次のV列には「=IF(ISERROR(T35),I35,U35)」を入力します。「ISERROR(T35)」はT列がエラーかどうかを調べる関数で、True(真)かFalse(偽)かを返します。その結果、True(真)つまりエラーならI列の元の「出願人・権利者(最新)」を、U列のFalse(偽)の場合には名寄せされたグループ名を、それぞれ返します。

　この3列を使って、I列の元の「出願人・権利者(最新)」が"名寄せ"リストに含まれている場合はグループ名を、含まれていない場合は元の出願人名を、V列に表示するという、名寄せの処理を実行したことになります。

　さらに、W列の出願年と、X列の出願件数「1」は、図6-6と同じように追加します。これで、csvデータの加工は終わりです。

● 名寄せ後のピボットテーブル

　図6-14に、名寄せの作業をした後のcsvデータを使って作り直したピボットテーブルを示します。グラフにすると、図6-15のようになります。

　このグラフからどんな知見を読み取ることができるかは、人それぞれでしょう。パナソニックGr.が2002年から出願件数を急減させたのに対して、セイコー、シャープ、JD(ジャパンディスプレイ)、三星の各グループは、同じ頃から出願件数を増やしています。半導体エネルギー研究所は2010年から急増させていて、他社とは違う動きだということがわかります。

名寄せ後のピボットテーブル（6-14）

合計 / 出願件数	列ラベル											
行ラベル	2005	2006	2007	2008	2009	2010	2011	2012	2013	2014	2015	総計
セイコーGr.	426	426	373	314	224	186	137	101	99	42	7	2335
シャープGr.	215	255	219	253	180	207	144	187	60	17	2	1739
JD-Gr.	127	133	178	167	111	82	53	74	80	55	4	1064
三星Gr.	115	136	123	74	79	64	51	36	30	25	5	738
ソニーGr.	62	112	122	112	74	40	47	27	10	4		610
パナソニックGr.	92	71	78	80	53	74	79	30	21	7		585
半エネ研	21	35	29	19	17	49	98	77	96	75	49	565
キヤノンGr.	39	28	29	34	37	42	75	76	70	38	6	474
東芝Gr.	72	105	60	46	40	47	33	8	5	1		445
ルネサスGr.	46	65	68	45	46	45	27	26	1			369
三菱Gr.	36	55	40	32	32	26	23	26	19	10	1	300
LGD-Gr.	33	99	44	31	10	11	10	23	13	6		280
富士通Gr.	44	34	43	35	29	42	21	5	1	2		256
カシオGr.	41	22	30	45	23	30	7	4	1	1		205
船井電機株式会社	26	25	38	25	26	18	24	7	10	3		202
NEC-Gr.	25	16	21	22	23	28	23	12	7	3		180
日立Gr.	49	37	29	12	15	16	8	3	1	1		171
株式会社JVCケンウッド	6	7	5	10	24	23	26	34	14	10		159
NLTテクノロジー株式会社	7	16	21	12	12	6	7	15	11	3		110
ラピスセミコンダクタ株式会社	8	12	21	21	8	10	5	7	5	4	2	103
シナプティクス・ディスプレイ・デ	6	8	3	7	3	5	1	8	29	20		90
京セラディスプレイ株式会社	14	27	6	1		10	9	8	7	1		83
ローム株式会社	11	8	16	8	5	11	8	7	4		1	79
コーニングプレシャスフィリップスエヌヴ	31	19	11	9	1		1	2	3	1		78
株式会社ニコン	9	9	9	5	12	14	4	9	5			76
株式会社リコー	12	18	16	6	6	1	2	3	1	1		66
友達光電股▲ふん▼有限公司	17	12	6	4	9	5	3	2	1			59
株式会社デンソー	9	6	15	3	7	8	1	2	4			55
統寶光電股▲ふん▼有限公司	12	7	13	17	3		1					53
奇美電子股▲ふん▼有限公司	7	11	9	16	8	2						53
EIZO株式会社	7	4	8	3	7	7	4					50

名寄せ後の出願人別年次推移（6-15）

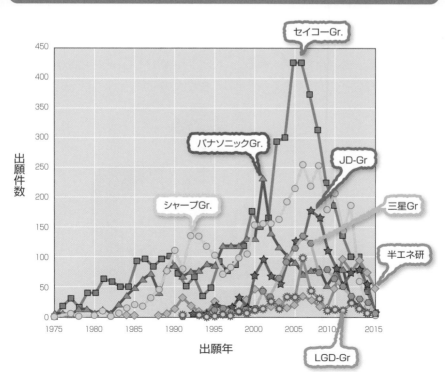

6

検索事例Ⅱ　特許文献情報を統計として活用するための検索／分析

253

● 関数を使った「名寄せ」はカッコ悪い!?

さて、名寄せにはExcelの関数を使いました。「随分カッコ悪いやり方だな」と感じられた方も少なくないのではないでしょうか?

プログラムを組んで走らせた方がずっとスマートですね。それはその通りだと思います。ただ、プログラムを組む場合にどうやってデバッグをしますか? プログラムデバッグに神経を使うくらいなら、多少カッコ悪くても、バグが入り込む余地が限りなく少ないやり方の方が、この場合はお勧めです。

逆に、プログラミングに自信のある方は、プログラムを作ったほうが早くて確実な場合もあるでしょう。準備だけではなくデバッグを含めた作業時間全体を見積もって、採るべき手段を決めます。

● 「名寄せ」シートは使い回しができる

「名寄せ」シートは使い回しができます。今回の事例の場合、FI=G09G 3/20のデータについて「名寄せ」シートを作っておけば、他のFI=G09G 3/28 とFI=G09G 3/30 とFI=G09G 3/36のすべてのデータについて共通に使うことができます。FI=G09G 3/20は最上位階層なので、他のデータはすべて含まれるからです。当然ですね。

ですから、一部だけ共通の複数のデータ群の分析をする場合にも応用できます。その場合には、全部を含む集合を作って、1回だけ名寄せをし、その名寄せシートを複数のデータ群すべてに、それぞれ適用して名寄せの処理をすればよいのです。

さらに詳しく知りたい方のために

☞ **1）更新されたデータでも名寄せは必要**

　社名変更はデータ上で更新されているので、名寄せは不要ではないかとお考えになる方もあるかもしれません。

　しかし、そうはいかないことがままあります。古い出願は、それぞれ、出願当時の会社名で出願されていたはずです。その後、その出願がまだ特許庁に係属していれば、出願人名が変更され、特許になっていれば、特許権者の名前が変更されまたは特許権が譲渡されて新たな特許権者名に更新されるはずです。

　しかし、会社名が変わった時までにみなし取り下げになっていたり、拒絶査定が確定していたりしたものは、変更されません。係属していない案件についてまで、特許庁では管理していませんから、名義変更届けを出しても受け付けてもらえません。ですから、随時更新するJ-Plat Patのようなデータベースから取得したデータでも、旧会社名と新会社名の名寄せは必要なのです。

☞ **2）元の順序に戻すための列の追加**

　A列はペースト直後に1行目から順に番号を振ったもので、ピボットテーブルの順序に戻すためのものです。実際には使いませんでしたから、結果的には不要でしたが、元の順序に戻せることはいろいろな場面で役に立ちますから習慣的に追加しています。たとえば、図6-14のピボットテーブルから別の列のコピーを忘れていて、後から「名寄せ」シートにペーストしたいときに、順序が同じでないとコピー＆ペーストできません。ピボットテーブルと同じ順序に戻してコピー＆ペーストしてから、また、元の順序に戻すような操作によって、コピーをし忘れた列を後から追加することができて便利です。

☞ **3）「名寄せ」はどこまでやるのか？**

　どこまでやれば終わりにしてよいかというと、「分析対象としたい順位までがもう変化しないと判断できるまで」です。

　名寄せすると、件数は増えますから、順位が逆転する可能性があります。たとえば、第5位の「松下電器産業株式会社」と第13位の「パナソニック株式会社」は旧会社名と新会社名ですから、当然、名寄せの対象です。旧会社名の方が多いことからも分かるとおり、名寄せによって、順位変動が発生する典型例です。さらに「三洋電機株式会社」も現在では同じグループですので、「パナソニックGr.」は、名寄せ前は第5位ですが、名寄せ後は第3位あたりまでランクアップするのではないでしょうか？

　このように、順位変動を加味して分析対象の順位までに変動がないであろうと判断できれば、その時点で完了としてよいです。この例では概ね上位20位まで名寄せ作業をしました。

> ある企業・機関がどんな分野に注力しているか、その注力分野が年の経過に伴ってどう変化してきたかを、特許文献データから抽出することができます。

● 周辺の技術分野との比較で調査主題への注目度を測る

FI=G09G 3/36の液晶ディスプレイが調査主題ですから、液晶に注目して見てきましたが、少し周辺技術にも目を向けてみましょう。上述したように、FI=G09G 3/20のマトリックス型ディスプレイには、液晶ディスプレイ以外にも、プラズマディスプレイと有機ELディスプレイが含まれています。「液晶」、「プラズマ」、「EL」、「その他」に分けて、各出願人がどんな比率で出願をしてきているのかを分析してみましょう。

● 各技術分野のピボットテーブルを作る

まず、FI=G09G 3/20について名寄せシートを作ります。こんなことになるのが最初からわかっていれば、FI=G09G 3/20について名寄せシートを先に作って、それをFI=G09G 3/36に適用すれば良かったのです。愚痴る代わりに汗を流して、新たな気持ちでFI=G09G 3/20について名寄せシートを作るか、FI=G09G 3/36で作った名寄せシートをうまく活用して楽をするか、そこはみなさんにお任せしましょう。いずれにしろ、FI=G09G 3/20とFI=G09G 3/28とFI=G09G 3/30についても同じように名寄せをして、ピボットテーブルを作ります。

● 分野ごとの出願割合を時系列で調べる

図6-16は、マトリックス型ディスプレイ全体（FI=G09G 3/20）の名寄せ後のピボットテーブルです。出願人別に、「液晶」、「プラズマ」、「EL」、「その他」の出願の割合を、時系列で追ってみることにします。実際は関心のある出願人について調べていただければよいのですが、この事例では上位4社に絞ってみます。「時系列で」とは言え、1年刻みにするとさすがに細かすぎるので、10年刻みでみることにします。（現実にはちょっと刻みが粗すぎる気がしますが）

マトリックス型ディスプレイ全体 (FI=G09G 3/20) の名寄せ後のピボットテーブル (6-16)

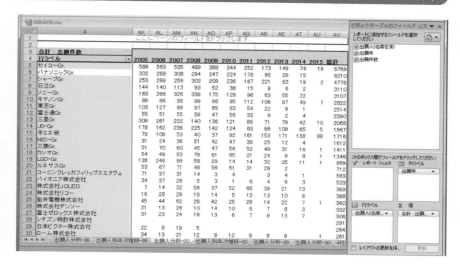

● 4社を比較するためのシート

図6-17に示すような、4社比較のためのシートを作成します。上の20行は、**FI=G09G 3/20**と**FI=G09G 3/28**と**FI=G09G 3/30**と**FI=G09G 3/36**の4つのピボットテーブルから抜粋したコピーです。2行目〜5行目は各ピボットテーブルからセイコーGr.の出願件数の年次推移をコピーしたものです。6行目に**全体**(2行目) −**プラズマ**(3行目) −**EL**(4行目) −**液晶**(5行目) の計算式を入力して、**その他**の出願件数を求めます。以下、他の3社、パナソニックGr.、シャープGr.、日立Gr.についても同様に、各ピボットテーブルからデータをコピーしておきます。

● 10年刻みで出願件数を集計

次に、10年刻みの出願件数を計算します。セイコーGr.の「全体」の1971年から1980年までの出願件数は、D25のセルに計算式「=SUM(D2:M2)」を入力して計算します。以下、他の技術、他のGr.、他の期間についても、同様に、件数を合計する計算式を入力して10年分の出願件数を求めます。

6

検索事例Ⅱ　特許文献情報を統計として活用するための検索／分析

G09G0320.xlsx

	A	B	C	D	E	F	G	H	I	J	K	L	M
1	G09G			1971	1972	1973	1974	1975	1976	1977	1978	1979	1980
2	3/20	全体	セイコーGr.	2	2	12	25	13	8	22	41	32	45
3	3/28	プラズマ	セイコーGr.										
4	3/30	EL	セイコーGr.		2		1						
5	3/36	液晶	セイコーGr.			10	20	6	3	18	33	16	40
6		その他		2	2	0	5	6	5	4	8	16	5
7	3/20	全体	パナソニックGr.	26	58	47	18	23	18	18	28	31	28
8	3/28	プラズマ	パナソニックGr.	6	18	14	6	5	6	7	4	3	3
9	3/30	EL	パナソニックGr.		1	3	2	2	3	1	5	4	3
10	3/36	液晶	パナソニックGr.	9	21	8	5	5	5	4	12	13	7
11		その他		11	18	22	5	11	4	6	7	11	15
12	3/20	全体	シャープGr.	6	11	13	21	32	32	63	29	16	17
13	3/28	プラズマ	シャープGr.	1		1	1	4	1	1			
14	3/30	EL	シャープGr.	2	5	7	11	26	26	50	19	2	7
15	3/36	液晶	シャープGr.		3	2	1	1		5	2		3
16		その他		3	3	3	8	1	5	8	7	14	7
17	3/20	全体	日立Gr.	6	17	43	41	34	33	27	21	16	25
18	3/28	プラズマ	日立Gr.	5	4	14	9	12	7	4	2		
19	3/30	EL	日立Gr.	2		3	1	2	3	3	1	2	
20	3/36	液晶	日立Gr.		12	24	28	17	20	17	14	8	14
21		その他		-1	1	2	3	3	3	3	4	6	11
22													
23													
24	G09G			1971-1980									
25	3/20	全体	セイコーGr.	202									
26	3/28	プラズマ	セイコーGr.	0									
27	3/30	EL	セイコーGr.	3									
28	3/36	液晶	セイコーGr.	146									
29		その他		53									
30													
31													
32													
33													
34													
35	3/20	全体	パナソニックGr.	295									
36	3/28	プラズマ	パナソニックGr.	72									
37	3/30	EL	パナソニックGr.	24									
38	3/36	液晶	パナソニックGr.	89									
39		その他		110									
40													
41													
42													
43													
44													

凡例（円グラフ）: ■プラズマ ■EL ■液晶 ■その他

出願人別年次推移-20／出願人分析-28／出願人分析-30／4社比

● 円グラフで「見える化」

F25～L33の部分に作成した円グラフが、セイコーGr.の1971年～1980年における「液晶」、「プラズマ」、「EL」、「その他」の出願の割合です。

A35～L43の範囲は、同じようにして作った、パナソニックGr.の1971年～1980年における「液晶」、「プラズマ」、「EL」、「その他」の出願の割合のデータと円グラフです。

同じ作業を他の2社にも行い、さらに、他の期間（1980年代、1990年代、2000年代についても繰り返します。

● 4社比較の円グラフ

完成した「4社比較」シートの全体を、図6-18に示します。文字は小さすぎて読めませんが、4行5列の円グラフは見えると思います。4行はセイコーGr.、パナソニックGr.、シャープGr.、日立Gr.の4社です。一番右の1列に示した4個の少し大きめの円グラフは、出願年によらない1971年～2015年までの出願件数の合計を各社ごとに作成したものです。他の列は、左から順に、1971年～1980年（1970年代）、1981年～1990年（1980年代）、1991年～2000年（1990年代）、2001年～2010年（2000年代）の時系列です。

時系列のグラフだけを抜き出してもう少し見やすくしたのが図6-19です。プレゼン用には、このくらいにまとめますよね。エプソンGr.は1970年代から一貫して液晶に注力してきていて、最近ELに注力し始めました。パナソニックGr.と日立Gr.はだいたい同じような傾向と言ってよいかもしれませんね。どちらもプラズマディスプレイへの注力が目立ちます。シャープGr.は1970年代にELに注力していたのが特長的です。その後は一気に液晶に舵を切っています。

内容としては、専門の方々にとっては当たり前に感じられることだったかもしれませんが、FIを使った分析から見える化までの流れは概ねご理解いただけたのではないでしょうか？　ご自分の専門分野で、ぜひともオリジナルな分析にチャレンジしてみてください。

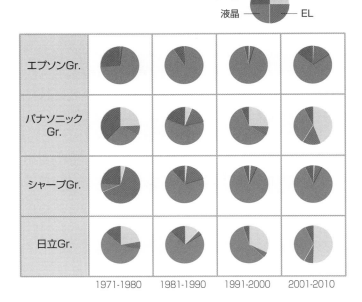

出願人別注力分野の年次推移（6-19）

課題分析

　ここまでは、比較的表面的な統計データを使って、分析と見える化を行った事例を紹介しました。しかし言うまでもなく、特許文献からはもっと深い技術情報も取得することができます。ここからは、そのような技術的に深い情報を使って、分析する事例として、課題分析をご紹介しましょう。

● 「発明」＝「課題」×「解決手段」

　発明というものは、まず背景技術から**課題**を抽出して、なんらかの**解決手段**を提供するものです。ですから、課題と解決手段は、発明を技術的に理解するための最も基本的な要素です。したがって、特許文献からその発明の課題と解決手段を、分析・見える化すると、いろいろな技術潮流が見えてくるはずです。

● Fタームは課題や解決手段を解析した結果

　本来は、課題や解決手段のような深い技術情報を、特許文献から理解するには、それ相応の知識と、さらにそれ相応の労力を必要とします。

　2-13節で説明したように、そのような深い知識を持った方がそれなりの労力を使って、特許文献に書かれた内容を技術的に深く分析した結果が、**Fターム**に現れています。ただし、どのような課題、どのような解決手段を、分類項目にするかという分類方法は、Fタームでは特許庁の審査の都合で決められていますから、必ずしも自分の調査目的、調査主題と合致するとは限りません。とはいえ、すでに解析が終わっているというメリットは捨て難いので、うまく活用するとよいでしょう。

● Fタームを使って、課題分析をしよう

　この検索事例の調査主題では、どのテーマコードを使うのがよいでしょう？

　6-1節で説明したように、調査主題に合致するマトリックス型の液晶ディプレイは、FI＝G09G 3/36で、Fターム＝5C006が最適だろうということがわかりました。**FI＝G09G 3/36**のcsvダウンロード項目には、Fタームを含めておきましたから、シート「list-36」を分析対象データにすればよいことになります。

「課題」が年の経過とともにどう変化してきたかを分析してみましょう。技術潮流の一端が見えてくるかもしれません。

● Fタームに規定されている課題が、分析に使えるか？

Fターム＝5C006（液晶表示装置の制御）にはどんな「課題」が規定されているのか、確認してみましょう。

図6-20に5C006の「目的、効果」の部分（PMGSからコピー）を示します。「課題」という観点があれば良かったのかも知れませんが、「目的」と「課題」は特許の世界では同義語と言ってもよいほどですし、「効果」は「課題」の裏返しなので、「目的、効果」はそのまま課題分析に使うことができます。

5C006の「目的、効果」に列挙されているFタームは、必ずしもご自分の調査目

課題分析に使うFターム（6-20）

5C006	液晶表示装置の制御								
					Fターム				
FA00	FA01	FA02	FA03	FA04	FA05	FA06	FA07	FA08	
目的、効果	·切り換え·共用	··CRTとの共用	··1つの表示装置で複数種の表示	···駆動方式の切り換え	···表示領域の切り替え	··複数種のメディア情報を表示	··複数種入力信号汎用	··異なる同期信号	
	FA11	FA12	FA13	FA14	FA15	FA16		FA18	FA19	FA20
	·高速化	··表示書換の高速化	··データ伝送の高速化	··電圧レスポンスの向上	··タイミングに余裕	·タイミング合わせ		·補償	··温度補償	··製造時のばらつき補償
	FA21	FA22	FA23	FA24	FA25	FA26	FA27		FA29
	·均一化	··パネル上の場所的輝度の均一化	··フリッカの低減	··ムービング低減	··表示パターンによる輝度むら低減	··電圧ばらつきの低減	··周波数の均一化		·偽輪郭への対応
	FA31	FA32	FA33	FA34		FA36	FA37	FA38	
	·ノイズ低減	··不要輻射低減	··表示器劣化の防止対策	··残像低減		·リークへの対応	·配線抵抗·容量への対応	·直流成分除去	
	FA41	FA42	FA43	FA44	FA45	FA46	FA47	FA48	
	·規模縮小化	··配線数の低減	··素子数の低減	··メモリ容量の低減	·電圧源数低減	·電圧低減	·消費電力低減	·周波数低減	
	FA51	FA52		FA54	FA55	FA56			FA59
	·コスト低減	·高価な部品の回避		·コントラスト向上	·視野角改善	·多色化·多階調化			·表示面の反射防止

的、調査主題にぴったりとは言えないかもしれません。本来は、自分の調査目的、調査主題に合致するものを探しますが、この事例では、最も粗く分類された目的を選びましょう。ところが、ドットが1個の最上位概念の「目的」ですら、以下の20個もありました。

```
FA01：切り換え・共用
FA11：高速化
FA16：タイミング合わせ
FA18：補償
FA21：均一化
FA29：偽輪郭への対応
FA31：ノイズ低減
FA33：表示器劣化の防止対策
FA36：リークへの対応
FA37：配線抵抗・容量への対応
FA38：直流成分除去
FA41：規模縮小化
FA45：電圧源数低減
FA46：電圧低減
FA47：消費電力低減
FA51：コスト低減
FA54：コントラスト向上
FA55：視野角改善
FA56：多色化・多階調化
FA59：表示面の反射防止
```

　ちょっと多いような気がします。ほんとうは、「高精細化」、「画質の向上」、「高機能化」、「消費電力低減」、「コスト低減」、「その他」くらいに、もっとずっと大雑把に分析してみたかったのですが。そんな大雑把な「目的」で分類したのでは、特許庁の審査には役に立たないのでしょう。ではどうすればよいでしょうか？

● 細かすぎる分類で進めるか、粗い分類を作り直すか

　このままの分類で分析を進めるか、この20項目を自分なりの粗い分類を作り直すかです。たとえば、補償（FA18）、均一化（FA21）、偽輪郭への対応（FA29）、ノイズ低減（FA31）、コントラスト向上（FA54）、視野角改善（FA55）、多色化・多階調化（FA56）、表示面の反射防止（FA59）をまとめて、つまり件数を合計して、

「画質の向上」とすることができます。

　「とりあえず、上の20項目で分析しておいて、必要に応じて結果の件数を合計すればよい」とお考えの方があるかもしれません。しかし、それはそう甘くありません。1件の特許に複数の目的のFタームが付与されていることがままあるからです。

　「製造時のばらつき補償と均一化とを共に達成している」発明だと、補償（FA18）の下位概念のFA20と均一化のFA21の両方が付与されている可能性があります。そうすると、「とりあえず、上の20項目で分析」すると、補償（FA18）が1件、均一化（FA21）が1件として計算されますから、後から合計すると2件と計算されてしまいます。はじめの分析の時に、「FA18 or FA21」で検索すれば1件として分析できます。ですから、後から集計を見直すだけでは済まないのです。

　ただ、この事例ではFタームに規定されている20項目のまま、発明の目的がどのように変化してきたかをみていきましょう。

● 分析方法を考えてみよう

　データの分析方法は、何通りか考えられます。

①一括してcsvダウンロードしてExcelで分析

　FI＝G09G 3/36*Fターム＝5C006全体をcsvダウンロードして、Excelなどを使って分析する。一言でExcelでの分析と言っても、関数を使うかマクロを使うか、選択肢はいろいろあります。

②目的の項目ごとに検索式

　FI＝G09G 3/36*Fターム＝5C006 FA01など、目的の項目ごとに検索式を作って、それぞれの検索結果をcsvダウンロードし、6-2節のような方法で年次推移を求める方法があります。この事例では検索式は20個、csvダウンロードされるファイルも20個になります。

③目的の項目ごと×出願年ごとに検索式

　FI＝G09G 3/36*Fターム＝5C006 FA01*出願年の検索式を作って、ヒット件数だけをデータとして使います。この事例では目的が20項目ありますから、出願年30年分の分析をするなら、検索式の数は600個にもなってしまいます。

②と③は、あまり知恵を使わずに汗をかく解決方法ですよね。一見、①がスマートなようですが、間違える危険、デバッグに時間と労力を費やされること、などを考えると、②と③は一概に捨てるべき選択肢ではありません。②と③であれば必要な作業を終えたときには確実に結果が得られるからです。しかし、本書では①の事例をご紹介しましょう。

● csvダウンロードしてからExcelで分析

「FI=G09G 3/36*Fターム=5C006」全体は、6-2節で説明した図6-5や図6-6と同じものです。シート「list-36」と呼んでいた部分ですが、この節ではシート「list」と短縮しました。

今までは詳しく説明してきませんでしたが、ここではFターム分析が主役ですので、csvダウンロードした**Fターム**の項のフォーマットを詳しく見てみましょう。図6-21は、csvダウンロードしたFタームの例です。SRPARTNERの例ですが、ご自分でお使いの検索データベースでのフォーマットは、それぞれ調べてみてください。

すべて半角英数字の1行です。途中に改行は含まれていません。「テーマコード」「空白」「Fターム」「;」の連続で構成されています。「;」はフィールドセパレータです。この例に示した特許には、2H191、2H193、5C006、5C080の4つのテーマコードのFタームが付与されています。

csvダウンロードしたリストのシート「list」に、図6-22のようにFターム分析の列を追加します。AF列以降が追加した列で、各列には3行目に分析対象のFタームを記載しておきます。ここでは、Fタームの列（L列）に記載される通りに記載します。つまり、すべて英数半角文字で、「テーマコード」「空白」「Fターム」の形で記入します。図6-22では、途中で折り返（改行）されていて、「空白」の有無がわかりにくくなっていますが、「空白」を忘れないでください。

csvダウンロードしたFターム（6-21）

2H191 FA83Z;2H191 FA84Z; 〜 ;2H191 LA24;2H193 ZG12;2H193 ZG14; 〜 ;
〜 2H193 ZH58;5C006 AA11;5C006 AA22;5C006 AF45;5C006 BB11;5C006 BB29;5C006
BF39;5C006 EA01;5C080 AA10; 〜5C080 JJ07

L列目(Fターム)の中から
3行目のFタームを探す

3行目にFタームを入力

| AF4 | ▼ | fx | =IF(ISERROR(FIND(AF$3,$L4)),0,1) |

F-term(5C006)による課題分析.xlsx

	A	C	L	AF	AG	AH	AI	AJ	AK	AL	AM	AN
				5C006	5C006	5C006	5C006	5C006	5C006	5C006	5C006	5C006
3	公報番号	出願日(受理)	Fターム(最新)	FA01	FA02	FA03	FA04	FA05	FA06	FA07	FA08	FA09
4	特開2015-232689	2015/3/6	2H191 FA83Z;2H191 FA8	0	0	0	0	0	0	0	0	0
5	特開2015-232602	2014/6/9	2H193 ZA04;2H193 ZE04	0	0	0	0	0	0	0	0	0
6	特開2015-232601	2014/6/9	5C006 AC22;5C006 AC2	0	0	0	1	0	0	0	0	0
7	特開2015-232590	2014/6/9	2H193 ZA04;2H193 ZE06	0	0	0	0	0	0	0	0	0
8	特開2015-231140	2014/6/5	5C006 AA11;5C006 AA2	0	0	0	0	0	0	0	0	0
9	特開2015-230599	2014/6/5	2H092 GA62;2H092 JA2	0	0	0	0	0	0	0	0	0
10	特開2015-230446	2014/6/6	2K101 AA04;2K101 BA0	1	0	0	1	0	0	0	0	0
11	特開2015-230442	2014/6/6	2H088 EA06;2H088 EA4	0	0	0	1	0	0	0	0	0
12	特開2015-230411	2014/6/5	2H193 ZA04;2H193 ZD1	0	0	0	0	0	0	0	0	0
13	特開2015-230400	2014/6/5	2H092 GA14;2H092 GA4	1	0	0	0	0	0	0	0	0
14	特開2015-230395	2014/6/5	2H092 GA14;2H092 GA5	0	0	0	1	0	0	0	0	0
15	特開2015-230343	2014/6/5	2H092 ZA04;2H193 ZC0	0	0	0	0	0	0	0	0	0
16	特開2015-229653	2015/6/9	5C006 AA02;5C006 BB1	0	0	0	0	0	0	0	0	0
17	特開2015-228536	2012/9/25	2H191 FA56X;2H191 GA	0	0	0	0	0	0	0	0	0
18	特開2015-228039	2015/8/20	2H192 AA24;2H192 BC3	0	0	0	0	0	0	0	0	0

● 関数を使って階層検索と同等の分析

　本来は階層検索を行いたいところですが、関数を使ってステップ・バイ・ステップで確実に同じ機能を実現することにしました。まずはFA01～FA60すべてのFタームそれぞれが付与されているかどうかを判定し、その後、上位階層のFタームごとにまとめました。ですから、3行目にはFA01～FA60すべてのFタームが記載してあります（図6-22）。

　4行目以降の各特許文献に対応する行では、追加した各列に関数「=IF(ISERROR(FIND(AF$3,$L4))),0,1」」を入力します。FIND関数の構文は、「FIND(検索文字列,対象,開始位置)」で、開始位置から対象の文字列の検索を始め、その中に検索文字列と一致する文字列があれば、その位置を表す数値を返し、一致するものがなければ「#VALUE!」のエラーになります。開始位置は省略可能です。「FIND(AF$3,$L4)」は、AF列3行目に記入されているFタームがL列4行目に含まれているか否かの検索を行い、含まれていればその位置を、含まれていなければ「#VALUE!」のエラーを応答します。3行目のFタームの入力に「空白」を忘れないでくださいと念を押したのは、ここで検索文字列として参照するためです。

ISERROR関数の構文は、「ISERROR(値)」で、値が「#N/A」、「#VALUE!」、「#REF!」などのエラーの場合はTRUEを、エラーがなければFALSEを返します。

AF列以降の各列の3行目に記載されているFタームが、L列つまりcsvダウンロードされた特許文献ごとの付与されたFタームの項目に、含まれているか否かを調べていることになります。含まれていなければ「#VALUE!」のエラーになりますから、エラーになったかどうかで、検索対象のFタームがその特許文献に付与されているFタームに含まれているかどうかがわかります。ISERRORの結果をIf文で判定して、検索対象のFタームがその特許文献に付与されていれば「1」、いなければ「0」をそのセルの値としています。

図6-22にはAF4（AF列4行目）に入力した関数を表示してあります。このセルには4行目の特許文献（特開2015-232689）に付与されたFターム(L4)にAF3のFタームが含まれているかを調べる関数が入力されていることになります。同様の関数を5C006 FA60が入力されているCM列までコピーします。これで、4行目の特許文献（特開2015-232689）に、FA01〜FA60のうちのどのFタームが付与されどのFタームが付与されていないかが、1つ1つ表されることになります。これと同じ関数のコピーを、すべての特許文献に展開します。つまり、4行目の関数を最終行の34563行目まで、すべてにコピーします。

こんなことをすると、ファイルサイズは数十MBに膨れ上がり、コピー＆ペーストや再計算に時間がかかります。とてもカッコ悪いですが、バグを作り込むリスクがとても低い、また、仮にバグがあってもすぐにわかるというメリットがあります。

● 下位階層を上位階層にまとめる関数

この時点ではまだ階層検索にはなっていません。そこで、図6-23のように、5C006 FA01の下位階層に含まれるFA01〜FA08のどれかに「1」が立っているかどうかを判定する関数「=IF(SUM(AF4:AM4),0,0,1)」を、いままでと同じシート「list」の右の方のCP列に入力しています。FA01〜FA08に対応するAF列〜AM列の合計を「SUM(AF4:AM4)」で求め、その結果が「0」なら「1」と判定されたセルはないので、FA01〜FA08のどれも付与されていないことがわかります。逆に、SUM(AF4:AM4)が「0」でなければ、「1」と判定されたセルが少なくとも1個以上あるということになります。ですから、この場合はFA01〜FA08のどれかが付与されていることがわかります。これで、5C006 FA01の階層検索と同じ結

果が得られます。

関数を使ったFターム分析（階層検索と同じように集計する）(6-23)

AF列〜AM列の中に"1"があるかどうか

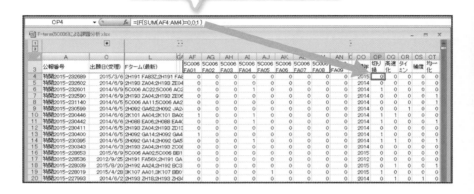

同様のことを、他の上位のFタームについて繰り返します。図6-23には表示しきれませんが、隣のCQ列は5C006 FA11の階層検索で、FA11〜FA15のどれかが付与されていれば「1」になります。さらに隣のCR列は、5C006 FA16の階層検索ですが、5C006 FA16には下位階層のFタームがないので、AU列をそのままコピーしただけです。最後のFターム5C006 FA59まで終わったら、これと同じ関数のコピーを、すべての特許文献に展開します。つまり、先ほどと同じように、4行目の関数を最終行の34563行目まで、すべてにコピーします。

これで、Fタームを使った課題分析は完了です。どのような目的を持った発明（特許）が何件出願されたかというデータが揃ったことになるからです。

● 「見える化」のための集計は、出願人分析とは違う

次は見える化です。このデータのままでも、目的（課題）別の出願件数の年次推移をグラフに表すことができます。ただ、出願人別出願件数の年次推移とは少し状況が違います。出願人は、特許文献1件に対して1通り（単独出願なら1人）ですが、「目的別」では特許文献1件に対して複数の目的があるからです。出願年毎に各目的の特許出願が何件されたのかを集計してみましょう。

　図6-24がその集計をしているシートです。図6-23までのシート「list」とは別のシートを、集計用シート「目的の年次推移」としました。

　集計にはDSUM関数を使いました。DSUM関数の構文は、「DSUM(データベース,フィールド,条件)」で、データベースに指定したセル範囲の中のフィールドで指定した列に、条件で指定した条件を満たすセルのレコードの合計を返します。条件には範囲を指定します。

　集計用シート「目的の年次推移」は、出願年の列と各目的の列で構成しました。2行目のB列には、2015年に出願された目的が「切換共用」の文献数が集計されています。入力した関数は、

```
=DSUM(list!$CO$3:$DI$34563,list!CP$3,目的の年次推移!$A$1:$A2)
```

です。シート「list」の出願年が入力されているCO列からすべての目的 (最上位階層の20個) が入力されているDI列まで、3行目〜34563行目まですべての特許文献について、出願年が、この集計用シート「目的の年次推移」の A1〜A2で指定される範囲に入る特許文献の数、すなわち、出願件数を集計しています。

　次の3行目のB列には、2015年に出願された目的が「切換共用」の文献数が集計されています。入力した関数は、

```
=DSUM(list!$CO$3:$DI$34563,list!CP$3,目的の年次推移!$A$1:$A3)
-DSUM(list!$CO$3:$DI$34563,list!CP$3,目的の年次推移!$A$1:$A2)
```

です。引き算の後半 (引く数、第2項) は、2行目の2015年に出願された目的が「切換共用」の文献数です。一方、引き算の前半 (引かれる数、第1項) は、出願年がA1〜A2で指定される範囲、つまり2015年〜2014年に出願された文献数です。引き算の結果が、2014年の出願件数になります。

　以下、順に各年の出願件数を集計します。また、列方向にも同様の関数をコピーして、各目的の出願件数を集計します。

6

検索事例Ⅱ　特許文献情報を統計として活用するための検索／分析

listシートのFターム＝「切換共用」にヒットした文献のうち、出願年の条件（このシートのA列）A1～A3に合致する文献数からA1～A2に合致する文献数を引く

B3 ▼ fx =DSUM(list!$C:O$3,$D!$34563,list!C:P$3,目的の 年次推移!$A$1:$A3)-DSUM(list!$C:O$3,$D!$34563,list!O:P$3,目的の年次推移!$A$1:$A2)

F-term(5C006X)による課題分析.xlsx

	A	B	C	D	E	F	G	H	I	J	K	L	M	N	O	P	Q	R	S	T	U
1	出願年	切換共用	高速化	ビタミンの組合わせ	補償	カラー化	偽輪郭への対応	ノイズ低減	表示器劣化の防止対策	リークへの対応	配線抵抗・容量低減	直流成分除去	規模縮小化	電圧源数低減	電圧低減	消費電力低減	コスト低減	コントラスト向上	視野角改善	多色化・多階調化	表示面の反射防止
2	2015	26	19	9	14	33	6	14	16	15	8	2	27	2	2	45	22	13	8	5	0
3	2014	68	63	31	49	121	21	41	34	27	18	3	72	0	9	114	43	49	16	37	0
4	2013	117	110	62	75	221	52	63	83	49	46	14	131	1	20	223	103	94	34	60	2
5	2012	153	147	98	103	277	70	64	87	52	39	6	172	3	22	277	129	167	48	99	0
6	2011	192	177	130	134	316	89	87	114	63	45	22	196	2	26	277	120	162	36	117	2
7	2010	219	232	150	153	371	123	105	115	79	58	13	258	10	33	362	168	166	42	146	5
8	2009	195	218	146	136	384	109	109	106	56	49	26	274	14	39	332	190	214	60	169	4
9	2008	209	246	202	191	512	140	149	120	44	86	28	331	14	36	438	176	275	67	286	2
10	2007	392	336	344	264	531	200	133	142	54	91	38	404	14	69	480	204	280	74	231	5
11	2006	365	370	290	360	564	218	132	126	50	106	26	402	5	42	474	174	279	72	282	3
12	2005	312	324	259	359	582	158	122	127	50	131	26	413	8	41	447	159	210	80	299	3
13	2004	309	306	202	221	462	141	97	94	66	105	24	359	5	38	400	165	170	42	257	2
14	2003	293	259	242	258	467	98	78	98	87	105	52	345	19	43	423	142	158	33	343	1
15	2002	176	202	154	184	375	107	66	101	34	84	39	265	13	34	361	141	131	29	340	1
16	2001	141	142	56	146	341	54	56	78	39	71	11	245	10	37	443	111	92	18	192	2
17	2000	115	141	75	156	384	52	54	78	58	72	23	255	6	32	355	131	114	15	218	1
18	1999	113	140	105	157	348	24	56	69	41	76	15	252	5	39	231	148	108	17	212	1
19	1998	141	125	110	139	275	41	77	54	17	53	22	253	2	34	246	189	111	23	154	0
20	1997	181	114	74	100	247	46	59	56	22	62	42	159	1	30	198	155	80	22	126	1

● 折れ線グラフで「見える化」

　これを折れ線グラフにすれば、目的別出願件数の年次推移としての見える化が完了です。このグラフを作ってみましたが、1年刻みではちょっと細かすぎるように感じました。そこで、5年刻みにしてみたのが、図6-25です。初めからそれがわかっていれば、集計用シート「目的の年次推移」を5年刻みで作れば良かったのですが、集計前に予測するのはちょっと難しいので、必要な試行錯誤だったと考えましょう。

　心配していた通り、目的の分類が細か過ぎましたが、それでも何かを読み取れないでしょうか？　1996年～2000年に一度、出願件数が減っているのが目立ちます。その中で、「消費電力低減」と「偽輪郭への対応」は、その期間にも増えています。年単位か5年単位の全出願件数で正規化すれば、増加率がより顕著に見えるかもしれません。一方、1996年～2000年に続いて2001年～2006年も出願件数が減っているのが、「コスト低減」です。技術が成熟してくるに従って、発明の目的は、性能向上、機能向上から、コスト低減にだんだん移ってくるのではないかと、漠然と予想していたのですが、意外な結果でした。

● もっとスマートな方法はいくらでもある！

　簡単な事例紹介でしたが、いかがでしたか？

「もっとスマートな出願件数の集計方法があるだろう」とか、「関数の選び方が素人っぽい」、「自分ならマクロを使う」など。また、見える化についても、「もっとスマートなグラフがある」とか、「もっとわかりやすいグラフがある」とか。いろいろな感想を抱かれたのではないでしょうか？

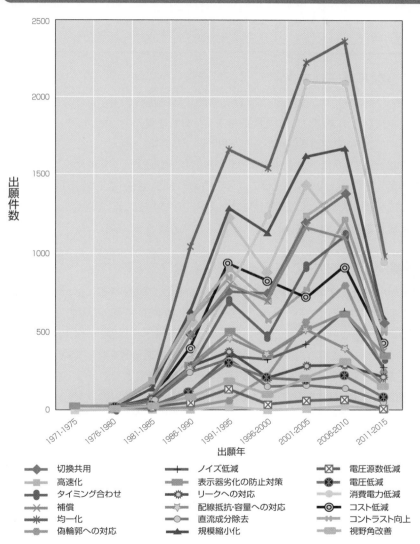

関数を使ったFターム分析（目的別の出願件数の年次推移）(6-25)

凡例:
- 切換共用
- 高速化
- タイミング合わせ
- 補償
- 均一化
- 偽輪郭への対応
- ノイズ低減
- 表示器劣化の防止対策
- リークへの対応
- 配線抵抗・容量への対応
- 直流成分除去
- 規模縮小化
- 電圧源数低減
- 電圧低減
- 消費電力低減
- コスト低減
- コントラスト向上
- 視野角改善

6-8 課題×解決手段の マトリックス分析

課題分析を見ていただきましたが、この節では、Fタームを使った2次元分析に挑戦してみましょう。発明＝課題×解決手段なので、「どんな課題に対してどんな解決手段が採られたか」という捉え方をすれば、どんな発明がされたのかが分析できることになります。

● 適当なFタームを選ぶ

「目的」と「課題」は、実質的に同じものなので、「課題」の分析はすでに終わっていることになります。ただ、また関数を使った分析を見ていただいても芸がないですから、ここでは**マクロ**を使った分析も見ていただきましょう。

まずは、5C006に解決手段を表すFタームが定義されているのかどうか、そこから見ていきましょう。図6-20にはFA00の「目的、効果」だけを示しましたが、5C006全体を示すには紙面が足りませんので、図6-26に示しますように、最上位だけに絞ってみていきます。

● 「解決手段」として使えるFタームは？

「解決手段」としてどのFタームが相応しいかというのは、実際には分析をされる方の関心の方向に強く依存するのですが、ここでは総花的に選んでみましょう。

「AA00」の「表示情報」は、まさにテレビ信号を表示するのか、静止画を表示するのか、コード化された文字を表示するのかなど、技術分野を詳しく規定する時には役に立ちそうですが、解決手段に直接は関係がなさそうです。

「AB00」は「表示状態を変えるもの」で「解決手段」の一つになりそうですが、下位概念をみると「拡大縮小」や「ポジネガ変換」なので、これも、技術分野を詳しく規定する時には役立っても、解決手段との直接の関係は薄そうです。

「AC00」は「表示器駆動信号」で、これも解決手段とは言えそうもないのですが、内容をみると、「スタティック駆動」、「時分割駆動」、「二周波によるもの」、「位相差によるもの」となっており、解決手段の一つになりそうです。

このような調子で、「解決手段」として適当なFタームを選んでいきます。上述の

解決手段に使うFターム（6-26）

5C006				液晶表示装置の制御					
AA00	AA01	AA02	AA03			AA06	AA07	AA08	AA09
表示情報	・テレビ信号	・静止画	・コード化文字			・一価関数	・アナログ値	・パターンに特徴	・カーソル・ポインタ
AB00	AB01	AB02	AB03		AB05				
表示状態を変えるもの	・拡大縮小、移動、反転	・ポジネガ変換	・データに基づくもの		・その他				
AC00	AC01	AC02	AC03	AC04	AC05	AC06	AC07		AC09
表示器駆動信号	・スタティック駆動	・時分割駆動	・1／Sバイアス法	・単位走査期間内に複数の電位をとるもの	・二周波によるもの	・位相差によるもの	・交流		・点順次走査
AF00	AF01	AF02	AF03	AF04	AF05	AF06	AF07		
処理内容	・フレームメモリ処理	・アドレッシングに特徴	・書き込みに特徴	・読み出しに特徴	・複数回読み出し	・複数メモリの制御	・書込み読出しを交互に行うもの		
BA00	BA01		BA03						
液晶	・GHモード		・周波数分散異方性						
BB00	BB01							BB08	
表示器	・セグメント型							・多層構造	
BC00		BC02	BC03		BC05	BC06	BC07	BC08	
表示器駆動回路		・回路配置	・走査側駆動回路		・画素単位回路に特徴	・3端子型	・2端子型	・積層構造に特徴	
BD00	BD01	BD02	BD03	BD04		BD06			
表示器駆動源	・光ビーム	・熱	・電子ビーム	・磁界		・その他			
BF00	BF01	BF02	BF03	BF04	BF05	BF06	BF07	BF08	BF09
機能素子（画素単位回路含まず）	・メモリ	・フレームメモリ	・シフトレジスタ	・ラッチ	・ラインメモリ	・フリップフロップ	・遅延回路	・・ROM	・その他の特徴的メモリ
EA00	EA01		EA03						
制御対象	・光源		・その他						
EB00	EB01		EB03	EB04	EB05	EB06			
保守、製造	・試験(検査)		・修理	・製造歩留まり向上	・集積技術	・集積回路への外付け			
EC00	EC01	EC02			EC05	EC06		EC08	EC09
応用	・他の装置との結合	・入力装置との結合			・入力機能を持つもの	・フリップフロップ		・特定用途	・車両用
FA00	FA01	FA02	FA03	FA04	FA05	FA06	FA07	FA08	
目的、効果	・切り換え・共用	・・CRTとの共用	・・1つの表示装置で複数種の表示	・・駆動方式の切り換え	・・表示領域の切替え	・・複数種のメディア情報を表示	・・複数種入力信号汎用	・・異なる同期信号	
GA00	GA01	GA02	GA03	GA04					GA10
記載表現	・範囲限定	・・数式限定	・・数値限定	・・電圧の限定					・行列表示

6

検索事例Ⅱ　特許文献情報を統計として活用するための検索／分析

説明には、異論も多いと思います。このことからわかるように、分析項目をどのように選ぶかということは、分析の目的に強く依存し、結果にも強く影響します。ですから、分析作業を他の方に依頼する場合にも、分析項目は必ず自分で選ぶことをお勧めします。そうは言っても、どう選んだらよいのかわからないのが現実ではないでしょうか。そのため、分析を外注する場合にも、少し自分で試行錯誤してみることは、有益なのです。

　話が逸れてしまいました。

　私は、同様の検討の結果、「解決手段」として適当なFタームとして、

　ACOO「表示器駆動信号」
　AFOO「処理内容」
　BFOO「液晶」
　BBOO「表示器」
　BCOO「表示駆動回路」
　BDOO「表示器駆動源」
　BFOO「機能素子」

を選びました。たまたま最上位のFタームだけですが、これに拘る必要はありません。下位階層のFタームを選んでもよいです。ただし、他のテーマコードのFタームを選ぶことはお勧めしません。もともとのヒット集合がFI=G09G3/36だけで作られていますから、他のFタームが詳しく付与されている可能性は低いと言わざるをえません。他のFタームはたまたま付与されているだけだと、割り切った方がよいでしょう。

　「解決手段」として使うFタームが決まれば、後は実際に手を動かすだけです。以降の節では、6-7節と同様にExcelの関数を使う方法の他、マクロを使う方法を2通りご紹介しましょう。

6-9 ▷ Excelの「関数」を使う

「解決手段」として使うFタームが決まれば、6-7節の「課題」の分析と同じように、Excelの関数を使って分析することができます。

● Fタームを検索文字列にしたFIND関数

図6-27に示しますように、「課題」の分析に使った列の後ろの列に関数「=IF(ISERROR(FIND("5C006 "&DJ\$2,\$L4))),0,1」を入力します。

5C006（液晶表示装置の制御）を使った「解決手段」の分析（6-27）

L列目（Fターム）の中から2行目のFタームを探す

	DJ4		▼		𝑓ₓ	=IF(ISERROR(FIND("5C006 "&DJ\$2,\$L4)),0,1)																		
	A	C	CO	CP	CQ	CR	CS	CT	CU	CV	CW	CX		DH	DI	DJ	DK	DL	DM	DN	DO	DP	
1				Y1	Y2	Y3	Y4	Y5	Y6	Y7	Y8	Y9		Y1a	19	Y20	X1	X2	X3	X4	X5	X6	X7
2				FA0	FA1	FA1	FA1	FA2	FA2	FA3	FA3	FA3		FA5	F	FA5	AC	AF	BA	BB	BC	BD	BF
3	公報番号	出願日(受理)	出願年	切り換	高速化	タイミン	補償	均一化	偽輪郭	ノイズ低	表示器劣	リーク		視野角改善	多色化・	白色化	表示題駆	処理内容	液晶	表示器	表示駆動	表示器駆	機能素子	
4	特開2015-232689	2015/3/6	2015	0	0	0	0	0	0	0	0	0		0	0	0	1	0	1	0	0	0	1	
5	特開2015-232602	2014/6/9	2014	0	0	0	0	0	0	0	1	0		0	0	0	1	1	0	1	1	0	1	
6	特開2015-232601	2014/6/9	2014	1	0	0	0	0	0	1	0	1		0	0	0	1	1	0	1	1	0	1	
7	特開2015-232590	2014/6/9	2014	0	0	0	0	0	0	1	0	1		0	0	0	1	1	0	1	1	0	1	
8	特開2015-231140	2014/6/6	2014	0	0	0	0	1	0	0	0	0		0	0	0	1	1	0	1	0	0	1	
9	特開2015-230599	2014/6/6	2014	0	0	1	0	0	0	0	0	0		0	0	0	1	1	0	1	1	0	0	
10	特開2015-230446	2014/6/6	2014	1	1	0	0	0	0	0	0	0		0	0	0	1	1	0	0	0	0	1	
11	特開2015-230442	2014/6/5	2014	0	0	0	0	0	0	0	0	0		0	0	0	1	1	0	1	1	0	1	
12	特開2015-230411	2014/6/5	2014	0	0	0	0	0	0	0	0	0		0	0	0	1	1	0	1	1	0	0	
13	特開2015-230400	2014/6/5	2014	0	0	0	0	0	0	0	0	0		0	0	0	1	1	0	1	0	0	0	
14	特開2015-230395	2014/6/5	2014	1	1	0	0	1	0	1	0	0		0	0	0	1	0	0	1	0	0	1	
15	特開2015-230343	2014/6/3	2014	0	1	0	0	0	0	0	0	0		0	0	0	1	1	1	0	0	0	1	
16	特開2015-229653	2015/6/9	2014	0	0	0	0	0	0	0	0	1		0	0	0	0	0	0	1	1	1	1	
17	特開2015-228536	2012/9/25	2012	0	0	0	0	0	0	0	0	0		0	0	0	1	1	0	1	0	0	0	
18	特開2015-228039	2015/8/20	2015	0	0	1	0	0	0	0	0	0		0	1	0	1	1	0	1	1	0	0	
19	特開2015-228019	2015/4/28	2015	0	0	0	0	0	0	0	0	0		0	1	0	1	1	0	1	1	0	0	
20	特開2015-227993	2014/6/2	2014	0	1	0	1	0	0	0	0	0		0	0	0	1	0	0	1	1	0	1	
21	特開2015-227950	2014/5/30	2014	0	0	0	0	0	0	0	0	0		0	1	0	1	1	1	1	1	0	1	
22	特開2015-227949	2014/5/30	2014	0	0	0	0	0	0	0	0	0		0	1	0	1	1	1	1	1	0	1	
23	特開2015-227948	2014/5/30	2014	0	0	0	1	0	0	0	0	0		0	1	0	1	1	0	1	1	0	0	
24	特開2015-227923	2014/5/30	2014	0	0	0	0	1	0	0	0	0		0	0	0	1	1	0	1	0	0	1	
25	特開2015-225321	2014/5/30	2014	0	0	0	0	0	0	0	0	1		0	0	0	1	1	0	1	1	0	0	

2行目には「AC」を入力してあります。FIND関数の検索文字列を「5C006 AC」とし、その行の文献に付与されているFタームが入力されているL列4行目に、その検索文字列が含まれているか否かの検索を行っています。6-7節の図6-22でも使った関数です。FIND関数は、ヒットしなかったときに#VALUEのエラーになる

ので、エラーかどうかをISERROR関数で判定し、その結果を使ってヒットのときは「1」、ヒットしなかったときは「0」を出力します。ACOOの階層検索は、ACOO〜AC30のどれにでもヒットしてほしいので、「5COO6 AC」が検索文字列になるように入力してあります。個々のFタームを個別に検索してORを取った、6-7節よりもずっと簡略になっています。

　同様の関数を、DP列まで、下は全文献34563行目まで、コピーします。簡単ですが、「解決手段」の分析もこれで完了です。

● マトリックスを作る

　20個の「課題（目的）」×7個の「解決手段」によるマトリックスで140個の出力があります。これを、図6-28のように、DR列〜JA列の140列としました。

　20個の「課題」をY1〜Y20とし7個の「解決手段」をX1〜X7として、DR列にはY1=1かつX1=1のときに結果が「1」になるような関数を入力してあり、次のDS列にはY1=1かつX2=1のときに結果が「1」になるような関数、以降順次DX列までY1=1でX1〜X7のいずれかが「1」であればその結果が「1」になるような関数を入力してあります。とはいえ、まじめにAND関数を使う必要もないので、掛け算を入力してあります。

● 掛け算でAND演算

　たとえばDR列には、1番目の課題である「切換共用」（Y1）にヒットしたかどうかを示しているCP列と、1番目の解決手段である「表示器駆動信号」（X1）にヒットしたかどうかを示しているDJ列とが、同時に「1」のときに結果を「1」としたいので、掛け算「=DJ4*CP4」を入力してあります。隣のDS列は、「=DK4*CP4」になります。DX列までは「CP4」のままにしたいので、「$CP4」と入力してあります。このように、DR列〜DX列には、「=DJ4*$CP4」〜「=DP4*$CP4」を入力します。

　次のDY列〜EE列には、「=DJ4*$CQ4」〜「=DP4*$CQ4」を入力します。

　2番目の課題である「高速化」（Y2）にヒットしたかどうかを示しているCQ列と、7個の「解決手段」（X1〜X7）とのAND演算をしていることになります。これを20番目の課題である「表示面の反射防止」（Y20）まで繰り返します。実際の作業は、関数のコピー＆ペーストです。140列の関数が入力できたら、これをさらに最下段の34563行目まで、コピー＆ペーストします。

5C006（液晶表示装置の制御）を使った「解決手段」の分析（6-28）

［課題（目的）のFタームにヒット］AND［解決手段のFタームにヒット］

DR4		=DJ4*$CP4

	A	C	DF	DG	DH	DI	DJ	DK	DL	DM	DN	DO	DP	CP	DR	DS	DT	DU	DV	DW	DX	DY	DZ	EA	EB	EC	ED	EE	EF	EG
1			Y17	Y18	Y19	Y20	X1	X2	X3	X4	X5	X6	X7	X1	X2	X3	X4	X5	X6	X7	X1	X2	X3	X4	X5	X6	X7	X1	X2	X7
2			FA5	FA5	FA5	FA5	AC	AF	BA	BB	BC	BD	BF	Y1	Y1	Y1	Y1	Y1	Y1	Y1	Y2	Y2	Y2	Y2	Y2	Y2	Y2	Y3	Y3	Y3
3	公報番号	出願日(受理)	コントラ	視野角改…	多色化…	表示面の	表示器駆	処理内容	液晶	表示器	表示駆動	表示器駆	機能素子	CP							CQ							CR		
4	特開2015-232689	2015/3/6	0	0	0	0	1	0	1	0	1	0	1	0	0	0	0	0	0	0	0	0	0	0	0	0	0	0	0	0
5	特開2015-232602	2014/6/9	0	0	0	0	1	1	0	1	1	0	1	0	0	0	0	0	0	0	0	0	0	0	0	0	0	0	0	0
6	特開2015-232601	2014/6/9	0	0	0	0	1	1	0	1	1	0	1	1	1	0	1	1	0	0	0	0	0	0	0	0	0	0	0	0
7	特開2015-232590	2014/6/9	0	0	0	0	1	1	0	1	1	0	1	0	0	0	0	0	0	0	0	0	0	0	0	0	0	0	0	0
8	特開2015-231140	2014/6/5	0	0	0	0	1	1	0	1	0	0	1	0	0	0	0	0	0	0	0	0	0	0	0	0	0	0	0	0
9	特開2015-230599	2014/6/5	0	0	0	0	1	1	0	1	0	0	1	0	0	0	0	0	0	0	0	0	0	0	0	0	0	0	0	1
10	特開2015-230446	2014/6/6	0	0	0	0	0	0	1	1	0	0	0	0	1	1	0	0	1	0	1	1	0	0	0	0	0	0	0	0
11	特開2015-230442	2014/6/6	0	0	0	0	1	1	0	1	1	0	1	0	1	0	1	0	0	0	1	0	0	0	0	0	0	0	0	0
12	特開2015-230411	2014/6/5	0	0	0	0	1	0	1	1	0	0	1	0	0	0	0	0	0	0	0	0	0	0	0	0	0	0	0	0
13	特開2015-230400	2014/6/5	0	0	0	0	1	1	0	1	1	0	1	1	1	0	1	1	0	0	0	0	0	0	0	0	0	0	0	0
14	特開2015-230395	2014/6/5	0	0	0	0	1	1	0	1	1	0	1	1	1	0	1	1	0	0	1	1	0	1	1	0	0	0	0	0
15	特開2015-230343	2014/6/3	0	0	0	0	1	1	1	1	1	0	1	0	0	0	0	0	0	0	1	0	1	1	0	1	0	0	0	0
16	特開2015-228653	2015/6/9	0	0	0	0	0	0	0	0	1	0	1	0	0	0	0	0	0	0	0	0	0	0	0	0	0	0	0	0
17	特開2015-228536	2012/9/25	0	0	0	0	1	0	0	0	0	0	1	0	0	0	0	0	0	0	0	0	0	0	0	0	0	0	0	0
18	特開2015-228039	2015/8/20	0	0	1	0	1	1	0	1	1	0	1	0	0	0	0	0	0	0	0	0	0	0	0	0	0	0	0	0
19	特開2015-228019	2015/4/28	0	0	0	0	1	1	0	1	1	0	1	1	1	0	1	1	0	0	1	1	0	1	1	0	0	0	0	0
20	特開2015-227993	2014/6/2	0	0	0	0	1	0	1	1	0	0	0	0	0	0	0	0	0	0	1	1	0	1	1	0	0	0	0	0
21	特開2015-227950	2014/5/30	0	0	0	0	1	1	0	1	1	0	1	0	0	0	0	0	0	0	0	0	0	0	0	0	0	0	0	0
22	特開2015-227949	2014/5/30	1	0	1	0	1	1	0	1	1	0	1	0	0	0	0	0	0	0	0	0	0	0	0	0	0	0	0	0
23	特開2015-227948	2014/5/30	0	0	1	0	1	1	0	1	1	0	1	0	0	0	0	0	0	0	0	0	0	0	0	0	0	0	0	0
24	特開2015-227923	2014/5/30	0	0	1	0	1	1	0	1	1	0	0	0	0	0	0	0	0	0	0	0	0	0	0	0	0	0	0	0
25	特開2015-225321	2014/5/30	0	0	0	0	1	0	1	1	0	1	1	0	0	0	0	0	0	0	0	0	0	0	0	0	0	0	0	0

● 集計のためのシート

　最後に、別のシートで集計をします。図6-29のように、行方向に20個の「課題」を、列方向に7個の「解決手段」を配列して2次元のマトリックスを作りました。それぞれのカラムには、ヒット件数を合計する関数「=SUM(list!DR4:DR34563)」を入力してあります。

COLUMN　「再計算」を「手動」に変更するのがおススメ

　Excelファイルのデータサイズがあまりにも大きくなったら、オプションの**数式－計算方法の設定**で、「再計算」を「自動」から「手動」に変更しておくとよいでしょう。現に、分析用のExcelファイルは1つで80MBにも達してしまい、開いたり閉じたり、再計算をする度に待たされることになりました。

6　検索事例Ⅱ　特許文献情報を統計として活用するための検索／分析

5C006（液晶表示装置の制御）を使った課題×解決手段のマトリックス分析の結果（集計表）（6-29）

		AC 表示器駆動信号	AF 処理内容	BA 液晶	BB 表示器	BC 表示駆動回路	BD 表示器駆動源	BF 機能素子
FA01-FA08	切り換え・共用	2209	4878	486	3972	3414	24	4287
FA11-FA15	高速化	3252	4903	1176	4667	4111	50	4418
FA16	タイミング合わせ	2114	3756	443	3344	2980	27	3360
FA18-FA20	補償	2367	4430	709	3868	3251	27	4078
FA21-FA27	均一化	6173	8945	1201	8626	7148	56	7580
FA29	偽輪郭への対応	854	1754	184	1528	1161	4	1357
FA31-FA32	ノイズ低減	1018	1800	157	1681	1625	9	1798
FA33-FA34	表示器劣化の防止対策	1775	2285	463	2262	1831	16	1965
FA36	リークへの対応	1186	1379	228	1569	1424	7	1217
FA37	配線抵抗・容量への対応	1477	1918	193	2076	2028	9	1810
FA38	直流成分除去	969	943	281	987	807	6	760
FA41-FA44	規模縮小化	3378	6095	616	5856	5595	62	6103
FA45	電圧源数低減	241	282	50	294	291	1	301
FA46	電圧低減	871	901	236	1027	928	6	907
FA47-FA48	消費電力低減	3700	6530	658	6295	5148	24	6176
FA51-FA52	コスト低減	2126	3623	505	3681	3197	38	3565
FA54	コントラスト向上	2337	4093	956	3904	2888	47	3267
FA55	視野角改善	571	878	228	872	680	2	671
FA56	多色化・多階調化	2842	5054	881	4525	3927	51	4203
FA59	表示面の反射防止	12	47	17	45	31	0	43

=SUM(list!DR4:DR34563)

● 3D棒グラフで見える化

　図6-29は単純な表ですが、図6-30に示す3D棒グラフのように、見える化することができます。この例では、課題を細かく分けすぎていて、特徴がつかみづらくなってしまっていますが、実際の分析作業でもこのような状況はよく発生します。

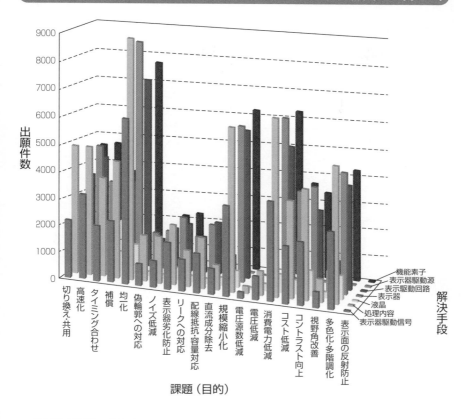

5C006（液晶表示装置の制御）を使った課題×解決手段のマトリックス分析の結果（グラフ）（6-30）

● 試行錯誤の勧め

　一度細かい分析をやっておけば、大まかに分類し直すことは比較的簡単です。この後、細かく分け過ぎた「目的（課題）」を分類し直すことも有効でしょう。

　一方、分析作業は少し戻ってしまいますが、さらに細かく分析することも有効です。たとえば、最上位概念だけで分析してしまった「解決手段」を、どれかの（あるいはいくつかの）Fタームに絞って、詳しく分析することができます。また、たとえば5年毎の時系列にも分析して、年の経過に伴った変化を見ることもできます。

　このような試行錯誤は、決してムダな作業ではありません。試行錯誤の過程から、何かひらめくことがありますから。

Excelの「マクロ」を使う Type-1

Excelの関数を使った分析事例をご紹介しましたが、「あまりスマートなやり方ではないな」と感じられた方も多いのではないでしょうか？

この6-10節と次の6-11節は、Excelの「マクロ」を使った分析事例を紹介します。

● マクロの一長一短

関数を使った分析というのは、確かにあまりスマートではありませんね。労を惜しまず汗を流しながらこつこつと積み上げるタイプの分析方法です。

一方、これからご紹介する**マクロ**を使った分析は、知恵を使った賢い分析という位置づけです。さらに、マクロのプログラムを書き換えることによって、いろいろな分析を試すことができますから、試行錯誤に適した方法だということもできます。たとえば、一度、6-9節のような分析をした後で、「解決手段」をさらに細かく分析したい場合、年次推移の分析に発展させたい場合などの仕様変更に対応するには、関数よりもマクロの方が適しています。

ただし、プログラムのデバッグに思いの外、長時間を浪費してしまうリスクがあります。関数を使った場合には、こつこつと地道にステップを踏みますから、どこで間違えたかは比較的簡単に見つけて対策できます。ところが、プログラミングのデバッグでは、ごく簡単な間違い（バグ）を見つけるのに、一苦労することがままあります。小さな虫ほどちょっとした物陰に隠れてしまうと見つけ難いのです。

● Fタームを定義したシートを準備

まず、課題（目的）と解決手段を表すFタームを定義したシート「def」を作りました（図6-31）。

Y1～Y20が課題で、階層検索が必要なので、それぞれの課題に含まれるFタームを列挙してあります。含まれるFタームの数は課題によってまちまちなので、有効なデータが入力されているセル数が、行によってばらばらな表になっています。

X1～X7は解決手段を表すFタームですが、こちらは階層検索をしないので、上位の2文字だけを列挙してあります。

MS-Excelのマクロを使う Type-1で使った、課題と解決手段を定義したシート ("def")（6-31）

	A	B	C	D	E	F	G	H	I	J	K	L
1	F-term	5C006										
2	Y1	切り換え・共用	FA01~FA08	FA01	FA02	FA03	FA04	FA05	FA06	FA07	FA08	
3	Y2	高速化	FA11~FA15	FA11	FA12	FA13	FA14	FA15				
4	Y3	タイミング合わせ	FA16	FA16								
5	Y4	補償	FA18~FA20	FA18	FA19	FA20						
6	Y5	均一化	FA21~FA27	FA21	FA22	FA23	FA24	FA25	FA26	FA27		
7	Y6	偽輪郭への対応	FA29	FA29								
8	Y7	ノイズ低減	FA31~FA32	FA31	FA32							
9	Y8	表示器劣化の防止対策	FA33~FA34	FA33	FA34							
10	Y9	リークへの対応	FA36	FA36								
11	Y10	配線抵抗・容量への対応	FA37	FA37								
12	Y11	直流成分除去	FA38	FA38								
13	Y12	規模縮小化	FA41~FA44	FA41	FA42	FA43	FA44					
14	Y13	電圧源数低減	FA45	FA45								
15	Y14	電圧低減	FA46	FA46								
16	Y15	消費電力低減	FA47~FA48	FA47	FA48							
17	Y16	コスト低減	FA51~FA52	FA51	FA52							
18	Y17	コントラスト向上	FA54	FA54								
19	Y18	視野角改善	FA55	FA55								
20	Y19	多色化・多階調化	FA56	FA56								
21	Y20	表示面の反射防止	FA59	FA59								
22	X1	表示器駆動信号	AC									
23	X2	処理内容	AF									
24	X3	液晶	BA									
25	X4	表示器	BB									
26	X5	表示駆動回路	BC									
27	X6	表示器駆動源	BD									
28	X7	機能素子	BF									

list / 5C006 / matrix / def / +

● マクロプログラム

図6-32がマクロプログラムです。

このプログラムで参照するシートは、「list」と「matrix」と「def」の3枚です。

「list」は、「FI=G09G 3/36*Fターム=5C006」全体は、6-2節で説明した図

```
Sub Macro1( )
'
' ANALYSYS of Problem vs. Means to solve the problem Matrix
'
'   2016.4.24  ver. 1 rev. 01 created by Hirotsugu Kojima
'
  Dim xSheet        As Worksheet
  Dim list_row      As Long
  Dim matrix_row    As Integer
  Dim matrix_col    As Integer
  Dim count         As Integer
  Dim F_term        As String
  Dim X_term        As String
  Dim Y_term        As String
  Dim Found_X_term  As Boolean
  Dim Found_Y_term  As Boolean
  Dim X_col         As Integer
  Dim Y_col         As Integer
'
  Set xSheet = Worksheets("matrix")
'
  xSheet.Select
  For matrix_row = 3 To 22
    For matrix_col = 3 To 9
      Cells(matrix_row, matrix_col) = 0
    Next matrix_col
  Next matrix_row
'
  For list_row = 4 To 34563
    F_term = Worksheets("list").Cells(list_row, "L")
    For matrix_row = 3 To 22
      Found_Y_term = False
      Y_col = 4
      Do
        Y_term = "5C006 " & Worksheets("def").Cells(matrix_row - 1, Y_col)
        Y_col = Y_col + 1
        If InStr(1, F_term, Y_term)  > 0 Then Found_Y_term = True
      Loop Until IsEmpty(Worksheets("def").Cells(matrix_row - 1, Y_col)) = True
      If Found_Y_term = True Then
        For matrix_col = 3 To 9
          Found_X_term = False
          X_col = 3
          Do
            X_term = "5C006 " & Worksheets("def").Cells(matrix_col + 19, X_col)
            X_col = X_col + 1
            If InStr(1, F_term, X_term) > 0 Then Found_X_term = True
          Loop Until IsEmpty(Worksheets("def").Cells(matrix_col + 19, X_col)) = True
          If Found_X_term = True Then
            Cells(matrix_row, matrix_col) = Cells(matrix_row, matrix_col) + 1
          End If
        Next matrix_col
      End If
    Next matrix_row
  Next list_row
'
End Sub
```

6-5や図6-6と同じもので、「list-36」と呼んでいましたが、前の6-9節からシート名は「list」に短縮しました。4行目から34563行目までに34560件の特許文献データがダウンロードされており、おなじみのL列がFタームです（図6-21）。

「matrix」は分析結果を出力するシートで、図6-29と同じ結果を目指します。

● 変数定義

図6-22のプログラムで、「Dim」で始まる12行が変数定義です。

「xSheet」は、シート名を入力するための変数で、今回の場合は分析結果を出力するシート名「matrix」を代入することになります。

「list_row」は、csvデータがダウンロードされているシート「list」の、行番号を指定するための変数です。4〜34563の間で変化させることによって、文献1件ごとの処理を行なうことができます。

「matrix_row」と「matrix_col」は、分析結果を出力するシート「matrix」の行番号と列番号を指定するための変数です。図6-29と同じ結果を目指しますから、「matrix_row」は3〜22の間で、「matrix_col」は3〜9の間で、それぞれ変化させます。

「F_term」は、文献に付与されたFターム、つまりシート「list」のL列に入力されている文字列が入力される変数です。

「X_term」と「Y_term」は、シート「def」に定義した、解決手段X1〜X7を表すFタームと課題Y1〜Y20を表すFタームを入力するための変数です。

もうお気づきかもしれませんが、「F_term」を検索範囲として、「X_term」や「Y_term」と一致する文字列があるかどうかを検索するつもりです。また、「Found_X_term」と「Found_Y_term」は、その検索結果を入力するための変数です。最後の「X_col」と「Y_col」は、シート「def」の列番号のポインタです。

変数の説明を聞いただけで、アルゴリズムの概略が見えてきている方もあるでしょう。あまり凝ったことはせず、愚直なプログラムを目指します。

● シートを活性化

まず「Set xSheet = Worksheets ("matrix")」は、Excel用のVBAに特徴的な定義で、「matrix」というシート名を変数「xSheet」に代入しています。

次の「xSheet.Select」で活性化しています。Excelでは「シート」と「行」と

「列」で「セル」を特定しますが、特に指定しなければ活性化されたシート内のセルが、これ以降の処理の対象になります。

● マトリックスの初期化

「matrix_row」と「matrix_col」の2重のForループでは、シート「matrix」の分析結果を出力する、20行7列の部分のすべてのセルを「0」に初期化しています。以下の処理では該当する文献が見つかる度に、該当するセルに入力されているデータを、1ずつインクリメントしていきます。つまり、プログラム内に20×7の配列変数を定義する代わりに、分析結果を出力するシート「matrix」のセルのデータをそのまま配列変数として使っていることになります。

● 特許文献ごとの分析のループ

ここからが、分析のメインです。

最も外側のForループでは、「list_row」を4～34563の間で変化させることによって、シート「list」のcsvデータを1行ずつ処理していきます。

「F_term = Worksheets("list").Cells(list_row, "L")」で「list_row」行L列のデータを変数「F_term」に代入します。その行の文献に付与されているFターム全体を含む文字列で、図6-21に示したように、セミコロン「;」をフィールドセパレータ（区切り文字）とした、1行の長い文字列です。テーマコードの「5C006」と「FA00」などのFタームの間には空白が1文字挿入されています。

● 課題分析のループ

次のForループは、「matrix_row」を3～22間で変化させることによって、分析結果を出力するシート「matrix」の行番号を指定しています。各行は、課題Y1～Y20を表すFタームに対応しています。

まず、対応する課題を表すFタームの文字列が、「F_term」に代入された文字列にあるかどうかを調べます。課題を表すFタームは、階層検索をする必要があるので、図6-21に示したシート「def」を参照しながら、下位階層のFタームすべてについての有無を検査した結果が、最終的な結果になります。

「Found_Y_term = False」と「Y_col = 4」は、変数の初期化です。「Found_Y_term」は、検索対象の課題の Fタームの文字列が未発見であるのが初期状態なの

で、「False」に初期化します。

　「Y_col = 4」は、シート「def」の4列目に初期化しています。シート「def」（図6-31）では、課題のFタームは2行から21目に入力されています。4列目はその課題の最上位階層のFタームで、5列目以降に下位階層のFタームが入力されています。ですから、4列目から空白のセルに至る前までのFタームを順に検索文字列として、「F_term」を検索します。

　「DO」～「Loop Until」のDoループがこれに当たります。「Until」の条件として、セルが空白かどうかを調べる「IsEmpty」関数を使っています。

　変数「Y_term」に検索文字列としてのFタームを代入しています。先頭には「5C006」と1文字の空白を付けて、シート「def」の「Y_col」列目のFタームを代入しました。代入した後、「Y_col = Y_col + 1」で次の列に移しておきます。

　次のIf文が、実際の検索です。InStr関数を使っています。InStr（[開始位置],検索対象文字列,検索文字列,[比較の型]）は、検索対象文字列の開始位置から検索文字列を検索して、見つかったときには最初に見つかった位置を返します。「比較の型」は、文字列で比較するかバイナリで比較するかの型を指定しますが、文字列の場合は省略可能です。「開始位置」も1文字目からであれば省略可能です。

　見つかったら、「Found_Y_term = True」を代入します。見つかった時点でDoループを抜けるようにした方が、実行スピードは速くなるでしょうけれども、最後まで検索する設計にしてあります。

　次のIf文で、「Found_Y_term = True」の場合、つまり課題のFタームが見つかった場合には、次の解決手段のFタームを検索するステップに進むという判断をしています。

● 解析手段分析のループ

　次のForループは、「matrix_col」を3～9の間で変化させることによって、分析結果を出力するシート「matrix」の列番号を指定しています。「matrix_row」で指定される各行は課題Y1～Y20に対応していますから、「matrix_col」で指定される解決手段X1～X7に対応する各列と組み合わせて、二次元のマトリックスが作成されます。

　解決手段のFタームの検索ステップも、課題の検索ステップと同様です。

　「Found_X_term = False」と「X_col = 3」は、変数の初期化です。「Found_X_

term」は、検索対象の解決手段のFタームの文字列が未発見であるのが初期状態なので、「False」に初期化します。「X_col = 3」は、シート「def」の3列目に初期化しています。解決手段のFタームは、下位階層の検索は行いませんから、「AC」、「AF」、「BA」などの数字を除く英字2文字のみを、シート「def」の3列目に入力してあり、これが検索文字列になります。

　下位階層の検索を行わないのですから、本来は、「DO」〜「Loop Until」のDoループを使う必要はないのですが、変更して書き換えることでバグを作り込むリスクを増やすのを嫌って、課題の検索ステップと同じ形をとることにしました。

● マトリックスの該当セルをカウントアップ

　次のIf文で、「Found_X_term = True」の場合、つまり解決手段のFタームが見つかった場合には、課題のFタームも見つかったということになりますから、件数をカウントアップするステップに進むという判断をしています。「matrix_row」と「matrix_col」で指定されるセルの値を読みだして1を加算した上で書き戻します。

● 実行スピードは遅い！

　このマクロを実行すると、シート「matrix」の二次元のマトリックスのセルの値が、1ずつ増えていきます。増えるスピードはそれなりに速いのですが、最後まで実行するのには、数分かかってしまいました。このマクロでは、シート「matrix」の二次元のセルを配列変数として使っていることになりますから、これがプログラムの実行スピードを遅くしている原因だと思われます。ですから、改良するなら、プログラム内に20×7の配列変数を定義するのがよいでしょう。

　しかし、繰り返し実行するプログラムではないので、実行時間が長いのは許容してよいと思います。実行時間を3分間縮めるのに、マクロプログラムを改良するのに30分かかってしまったら、どうでしょう。10回以上実行しないと割に合わない計算になります。

　特許分析に使うマクロプログラムは、実行する回数が少ないので、実行スピードを向上するよりも、バグのリスクをできる限り下げて、デバッグの手間や時間を抑えるように、極力シンプルなアルゴリズムにする方がよいと思います。

Excelの「マクロ」を使う Type-2

マクロを使った分析事例を、もう１通りご紹介しましょう。

分析と集計の２つのマクロプログラムを作ってみました。

● 分析のマクロプログラムの概要と結果

　分析のマクロでは、6-9節と同じように、シート「list」内に特許文献１件１件についての、課題（目的）と解決手段のＦタームごとに有無を示す1/0を入力する列を追加します。ここでは「関数」を使う代わりに「マクロ」を使いました。集計のマクロでは、シート「list」内にできあがった分析結果のデータを参照して、シート「matrix」に集計します。

　分析のマクロプログラムを３枚にわたって示します。図6-33は変数定義と解決手段の分析、図6-34は課題の分析、図6-35はマトリックスの分析です。

　分析結果を（マクロで）記入する、シート「list」を先に見てみましょう。図6-36は解決手段の分析結果、図6-37は課題の分析結果、図6-38はマトリックスの分析結果です。本来は結果を先にお見せすべきではないのかもしれませんが、プログラムを組む時には、必ず、結果のフォーマットを決めておかなければなりませんから、マクロプログラムよりも先に、結果をご紹介しています。

　元のシート「list」は、図6-5などと同じもので、「**FI=G09G 3/36*Ｆターム=5C006**」でヒットした34560件の特許文献データをcsvダウンロードしたもので、Ｌ列がそれぞれの文献に付与されたＦタームだということも同じです。

　Ｒ列〜Ｘ列に７個の解決手段X1〜X7の分析結果（図6-36）を、Ｚ列〜AS列に20個の課題Y1〜Y20の分析結果（図6-37）を、AU列〜GD列にマトリックスの分析結果（図6-38）を、マクロから出力します。

● マクロプログラムの説明

　図6-33は変数定義と解決手段の分析です。

　変数定義と言っても、使っている変数はわずか４個です。「xSheet」は、シート名を入力するための変数で、今回の場合は、変数定義の直後に、分析結果を出力する

シート名「list」を代入しています。「list_row」は、csvデータがダウンロードされているシート「list」の、行番号を指定するための変数で、4～34563の間で変化させます。「F_term」は、文献に付与されたFターム、つまりシート「list」のL列に入力されている文字列が入力される変数です。「i」は整数です。

図6-32のType-1のプログラムと同じように、最も外側のForループでは、「list_row」を4～34563の間で変化させることによって、シート「list」のcsvデータを1行ずつ処理していきます。「F_term = Worksheets("list").Cells(list_row, "L")」で「list_row」行L列のデータを変数「F_term」に代入します。

Excelのマクロを使う Type-2の分析プログラム（変数定義～解決手段の分析）（6-33）

```
'
' ANALYSIS of Problem vs. Means to solve the problem Matrix TYPE-2
'
'  2016.4.28  ver. 1 rev. 01 created by Hirotsugu Kojima
'
    Dim xSheet        As Worksheet
    Dim list_row      As Long
    Dim F_term        As String
    Dim i             As Integer

    Set xSheet = Worksheets("list")
'
    xSheet.Select
    For list_row = 4 To 34563
      F_term = Cells(list_row, "L")
'
'     ANALYSIS of Means

      If InStr(1, F_term, "5C006 AC") Then
        Cells(list_row, "R") = 1
      End If
      If InStr(1, F_term, "5C006 AF") Then
        Cells(list_row, "S") = 1
      End If
      If InStr(1, F_term, "5C006 BA") Then
        Cells(list_row, "T") = 1
      End If
      If InStr(1, F_term, "5C006 BB") Then
        Cells(list_row, "U") = 1
      End If
      If InStr(1, F_term, "5C006 BC") Then
        Cells(list_row, "V") = 1
      End If
      If InStr(1, F_term, "5C006 BD") Then
        Cells(list_row, "W") = 1
      End If
      If InStr(1, F_term, "5C006 BF") Then
        Cells(list_row, "X") = 1
      End If
```

● 解決手段の分析

　次に、7個の解決手段X1〜X7の分析を行います。7個のIf文で構成しています。

　最初のIf文では、「F_term」に「"5C006 AC"」が含まれているかどうかを判定して、含まれていればシート「list」のR列に「1」を出力します。今までと同様に、表示器駆動信号（AC00）に含まれるFタームのうちのどれかが付与されていれば「1」と判定しています。

　以下同様に、「"5C006 AF"」、「"5C006 BA"」、「"5C006 BB"」、「"5C006 BC"」、「"5C006 BD"」、「"5C006 BF"」まで繰り返します。

　このように、7個の解決手段について、該当するFタームが付与されていれば、それを示す「1」をシート「list」のR列〜X列に出力しているわけです。

　シート「list」では、Fタームが見つかった文献の行には「1」が出力されます（図6-36）。「0」は出力しないことにしました。ファイルサイズを小さくするとか、プログラムの行数を節約するとか、その理由はいくつかありますが、一番はシート「list」の見易さです。デバッグのときだけでなく、プログラムがうまく動作した後も、いろいろな分析の基礎データになりますから、「見易い」というのは重要なポイントです。

　「"5C006 AC"」などのFタームの文字列を変数にして、ループを組めばスマートなのですが、愚直に繰り返すことにしました。

● 課題の分析

　図6-34は20個の課題Y1〜Y20の分析です。解決手段の分析と同様にIf文を愚直に羅列して構成しています。途中を省略していますが、46個ものIf文です。さすがにここまで多くなると、もう少しスマートにする工夫をすべきだったかとも思いますが。

　最初のIf文では、「F_term」に「"5C006 FA01"」が含まれているかどうかを判定して、含まれていればシート「list」のZ列に「1」を出力します。

　次のIf文では、「F_term」に「"5C006 FA02"」が含まれているかどうかを判定して、含まれていれば同じくシート「list」のZ列に「1」を出力します。

　これを「"5C006 FA08"」が含まれているかどうかを判定するIf文まで、どのIf文で「含まれている」と判定されても同じZ列に「1」を出力するIf文を繰り返します。

　これで、FA01〜FA08の階層検索に代えています。

これ以降も同様です。このように、全部で20個の課題Y1〜Y20のFタームの階層解析を46個のIf文で愚直に書いているわけです。

下位階層に何個のFタームが含まれているかは、一定していないので、スマートなプログラムを書くにはそれなりの工夫が必要ですし、バグを作り込むリスクもそれなりに高くなります。私のようにプログラミングに慣れていない者にとっては、このように愚直なアルゴリズムを採用した方が、むしろ早く正しい分析結果を得ることができると思います。

このように、20個の課題Y1〜Y20については、該当するFタームが付与されているかどうかの階層解析を行っていて、付与されていれば、それを示す「1」をシート「list」のZ列〜AS列に出力しています。

Excelのマクロを使う Type-2の分析プログラム（課題の分析）（6-34）

```
'
'    ANALYSIS of Problems
'
If InStr(1, F_term, "5C006 FA01") Then
    Cells(list_row, "Z") = 1
End If
If InStr(1, F_term, "5C006 FA02") Then
    Cells(list_row, "Z") = 1
End If
```

```
If InStr(1, F_term, "5C006 FA08") Then
    Cells(list_row, "Z") = 1
End If
If InStr(1, F_term, "5C006 FA11") Then
    Cells(list_row, "AA") = 1
End If
If InStr(1, F_term, "5C006 FA12") Then
    Cells(list_row, "AA") = 1
End If
```

```
End If
If InStr(1, F_term, "5C006 FA59") Then
    Cells(list_row, "AS") = 1
End If
```

● マトリックス分析

　図6-35はマトリックスの分析です。それぞれが20回のForループを含む、7個のIf文で構成しています。

　シート「list」において、7個の解決手段X1～X7の分析結果が出力されているR列～X列と、20個の課題Y1～Y20の分析結果が出力されているZ列～AS列を参照して、両方が「1」であれば、AU列～GD列に分析結果を出力します（図6-38）。これは、6-9節でご紹介した図6-28のDR列～JA列の140列と同じですが、関数を使う代わりにマクロを使って分析結果を計算しているのです。

　始めの20列（AU列～BN列）には、X1＝1のときY1～Y20とのANDを出力し、次の20列（BO列～CH列）には、X2＝1のときY1～Y20とのANDを出力し、そのまま最後の20列（FK列～GD列）に、X7＝1のときY1～Y20とのANDを出力するまで繰り返すのです。

X1（R列）＝1 AND Y1（Z列）＝1 のとき AU列＝1
X1（R列）＝1 AND Y2（AA列）＝1 のとき AV列＝1
X1（R列）＝1 AND Y3（AB列）＝1 のとき AW列＝1
　　　：
X1（R列）＝1 AND Y20（AS列）＝1 のとき BN列＝1

　これを見てわかることは、X（R列）＝1のとき、AU列～BN列にはZ列～AS列の値をそのままコピーすればよいということです。

　図6-34のマクロでは、「If Cells（list_row, "R"） ＝ 1 Then」でR列（X1）＝1かどうかを判断し、R列（X1）＝1なら次のForループでlist_row行の20個のセルを順にAU列～BN列にコピーしています。「Cells」の構文は「Cells（行インデックス，列インデックス）」で、行/列インデックスは列の名前だけでなく番号でも変数でも指定できますから、「Cells（list_row, 47 ＋ i） ＝ Cells（list_row, 26 ＋ i）」の「Cells（list_row, 47 ＋ i）」はlist_row行AU列～BN列、「Cells（list_row, 26 ＋ i）」はlist_row行list_row行を指しています。

　同様のIf文とForループによる処理を残り6個の解決手段X2～X7について繰り返して、マトリックス分析は完了です。

　以上で、シート「list」に6-9節でご紹介した図6-28と同様の分析結果ができあがりました（図6-38）。

```
'
'       ANALYSIS of Matrix
'
      If Cells(list_row, "R") = 1 Then
        For i = 0 To 19
          Cells(list_row, 47 + i) = Cells(list_row, 26 + i)
        Next i
      End If
      If Cells(list_row, "S") = 1 Then
        For i = 0 To 19
          Cells(list_row, 67 + i) = Cells(list_row, 26 + i)
        Next i
      End If
      If Cells(list_row, "T") = 1 Then
        For i = 0 To 19
          Cells(list_row, 87 + i) = Cells(list_row, 26 + i)
        Next i
      End If
      If Cells(list_row, "U") = 1 Then
        For i = 0 To 19
          Cells(list_row, 107 + i) = Cells(list_row, 26 + i)
        Next i
      End If
      If Cells(list_row, "V") = 1 Then
        For i = 0 To 19
          Cells(list_row, 127 + i) = Cells(list_row, 26 + i)
        Next i
      End If
      If Cells(list_row, "W") = 1 Then
        For i = 0 To 19
          Cells(list_row, 147 + i) = Cells(list_row, 26 + i)
        Next i
      End If
      If Cells(list_row, "X") = 1 Then
        For i = 0 To 19
          Cells(list_row, 167 + i) = Cells(list_row, 26 + i)
        Next i
      End If
    Next list_row
End Sub
```

Excelのマクロを使う Type-2の解決手段の分析結果 (シート「list」)(6-36)

	A	C	H	L	R	S	T	U	V	W	X
1					X1	X2	X3	X4	X5	X6	X7
2					AC	AF	BA	BB	BC	BD	BF
3	公報番号	出願日(受理)	発明等の名称	Fターム(最新)	表示器駆動信号	処理内容	液晶	表示器	表示駆動回路	表示器駆動題	機能素子
4	特開2015-232689	2015/3/6	画像表示装置及びそ	2H191 FA83Z;2H191		1			1		1
5	特開2015-232602	2014/6/9	表示装置	2H193 ZA04;2H193 Z	1	1			1		1
6	特開2015-232601	2014/6/9	表示装置	5C006 AC22;5C006 A	1	1			1	1	1
7	特開2015-232590	2014/6/9	電気光学装置、電子	2H193 ZA04;2H193 Z	1	1			1		1
8	特開2015-231140	2014/6/5	画像処理装置、画像	5C006 AA11;5C006 A		1			1		1
9	特開2015-230599	2014/6/5	センサ付き表示装置	2H092 GA62;2H092 J		1			1		1
10	特開2015-230446	2014/6/6	表示装置	2K101 AA04;2K101 B		1	1	1			1
11	特開2015-230442	2014/6/6	表示装置	2H088 EA06;2H088 E		1			1		1
12	特開2015-230411	2014/6/5	表示装置	2H193 ZA04;2H193 Z		1			1		1
13	特開2015-230400	2014/6/5	表示装置	2H092 GA14;2H092 G	1	1			1		1
14	特開2015-230395	2014/6/5	表示装置	2H092 GA14;2H092 G	1	1	1		1		1
15	特開2015-230343	2014/6/3	表示装置	2H193 ZA04;2H193 Z	1	1	1		1		1
16	特開2015-228653	2015/6/9	半導体装置、表示装	5C006 AA02;5C006 B		1			1		1
17	特開2015-228536	2012/9/25	表示装置及び表示方	2H191 FA56X;2H191		1			1		1
18	特開2015-228039	2015/8/20	液晶表示装置の駆動	2H192 AA24;2H192 B		1			1		1
19	特開2015-228019	2015/4/26	半導体装置	3K107 AA01;3K107 B		1			1		1
20	特開2015-227993	2014/6/2	液晶表示付き操作ユ	2H193 ZH18;2H193 Z		1			1		1
21	特開2015-227950	2014/5/30	表示装置、表示装置	2H193 ZA04;2H193 Z		1			1		1
22	特開2015-227949	2014/5/30	表示装置、表示装置	5B057 CA01;5B057 C		1			1		1
23	特開2015-227948	2014/5/30	表示装置	5C006 AA22;5C006 A		1			1		1
24	特開2015-227923	2014/5/30	画像処理装置及びそ	2H193 ZF12;2H193 ZF		1			1		1
25	特開2015-225321	2014/5/30	画像表示装置	2H193 ZF13;2H193 ZF		1			1		1
26	特開2015-225239	2014/5/28	表示装置	2H191 FA13Z;2H191		1			1		1
27	特開2015-225228	2014/5/28	液晶表示装置の最適	2H092 GA14;2H092 H					1		1
28	特開2015-225195	2014/5/28	着脱可能操作部の画	2C061 AP01;2C061 C							

list　5C006　matrix　+

Excelのマクロを使う Type-2の課題の分析結果 (シート「list」)(6-37)

	A	C	H	Z	AA	AB	AC	AD		AQ	AR	AS
1												
2				Y1	Y2	Y3	Y4	Y5		Y18	Y19	Y20
				FA01~FA08	FA11~FA15	FA16	FA18~FA20	FA21~FA22		FA55	FA56	FA59
3	公報番号	出願日(受理)	発明等の名称	切り換え・共用	高速化	タイミング合わせ	補償	均一化	スト	視野角改善	多色化・多階調化	表示面の反射防止
4	特開2015-232689	2015/3/6	画像表示装置及びそ									
5	特開2015-232602	2014/6/9	表示装置									
6	特開2015-232601	2014/6/9	表示装置		1							
7	特開2015-232590	2014/6/9	電気光学装置、電子									
8	特開2015-231140	2014/6/5	画像処理装置、画像									1
9	特開2015-230599	2014/6/5	センサ付き表示装置				1					
10	特開2015-230446	2014/6/6	表示装置		1	1						
11	特開2015-230442	2014/6/6	表示装置		1			1				
12	特開2015-230411	2014/6/5	表示装置									
13	特開2015-230400	2014/6/5	表示装置									
14	特開2015-230395	2014/6/5	表示装置		1	1						
15	特開2015-230343	2014/6/3	表示装置									
16	特開2015-228653	2015/6/9	半導体装置、表示装									
17	特開2015-228536	2012/9/25	表示装置及び表示方									
18	特開2015-228039	2015/8/20	液晶表示装置の駆動					1			1	
19	特開2015-228019	2015/4/26	半導体装置	1								
20	特開2015-227993	2014/6/2	液晶表示付き操作ユ				1					
21	特開2015-227950	2014/5/30	表示装置、表示装置									
22	特開2015-227949	2014/5/30	表示装置、表示装置									
23	特開2015-227948	2014/5/30	表示装置									
24	特開2015-227923	2014/5/30	画像処理装置及びそ					1			1	
25	特開2015-225321	2014/5/30	画像表示装置								1	
26	特開2015-225239	2014/5/28	表示装置									
27	特開2015-225228	2014/5/28	液晶表示装置の最適									
28	特開2015-225195	2014/5/28	着脱可能操作部の画									

list　5C006　matrix　+

● 集計

　図6-39は集計結果を出力するシート「matrix」です。当然ながら図6-29と同様の集計結果を目指します。C列（3列目）～I列（9列目）が7個の「解決手段」X1～X7、3行目～22行目が20個の課題Y1～Y20です。両方が付与されている文献数をマトリックス状に集計することを目指します。

　図6-40は集計のためのマクロプログラムです。

　冒頭は変数定義です。6-9節と同様に、プログラム内に20×7の配列変数を定義するのではなく、シート「matrix」の二次元（20×7）マトリックスのセルを変数代わりにしました。

　定義した変数は、5個だけです。このうち4個はType-1と同じですが、念の為に、確認しておきましょう。「xSheet」は、シート名を入力するための変数で、分析結果を出力するシート名「matrix」を代入します。「list_row」は、csvデータがダウンロードされているシート「list」の行番号を指定するための変数で、4～34563の間で変化させることによって、文献1件ごとの処理を行ないます。次の「list_col」は、Type-2で初登場です。シート「list」の列番号を指定するための変数で、47～186の間で変化させることによって、上述の分析のマクロからAU列～GD列に出

Excelのマクロを使う Type-2のシート「list」の解決手段の分析結果 (6-39)

| | | AC | AF | BA | BB | BC | BD | BF |
		表示器駆動信号	処理内容	液晶	表示器	表示駆動回路	表示器駆動電源	機能素子
FA01-FA08	切り換え・共用	2209	4878	486	3972	3414	24	4287
FA11-FA15	高速化	3252	4903	1176	4687	4111	50	4418
FA16	タイミング合わせ	2114	3756	443	3344	2980	27	3360
FA18-FA20	補償	2367	4430	709	3868	3251	27	4078
FA21-FA27	均一化	6173	8945	1201	8626	7148	56	7580
FA29	偽輪郭への対応	854	1754	184	1528	1161	4	1357
FA31-FA32	ノイズ低減	1018	1800	157	1681	1625	9	1798
FA33-FA34	表示器劣化の防止対策	1775	2285	463	2262	1831	16	1965
FA36	リークへの対応	1186	1379	228	1569	1424	7	1217
FA37	配線抵抗・容量への対応	1477	1918	193	2076	2028	9	1810
FA38	直流成分除去	969	943	281	987	807	6	760
FA41-FA44	規模縮小化	3378	6095	616	5856	5595	62	6103
FA45	電圧源数低減	241	282	50	294	291	1	301
FA46	電圧低減	871	901	236	1027	928	6	907
FA47-FA48	消費電力低減	3700	6530	658	6295	5148	24	6176
FA51-FA52	コスト低減	2126	3623	505	3681	3197	38	3565
FA54	コントラスト向上	2337	4093	956	3904	2888	47	3267
FA55	視野角改善	571	878	228	872	680	2	671
FA56	多色化・多階調化	2842	5054	881	4525	3927	51	4203
FA59	表示面の反射防止	12	47	17	45	31	0	43

list 5C006 matrix +

力されたマトリックス分析結果（図6-38）を参照します。「matrix_row」と「matrix_col」は、お馴染みですが、分析結果を出力するシート「matrix」の行番号と列番号を指定するための変数で、「matrix_row」は3〜22の間で、「matrix_col」は3〜9の間で、それぞれ変化させます。

これもお馴染みですが、まず、「Set xSheet = Worksheets("matrix")」で、「matrix」というシート名を変数「xSheet」に代入し、次の「xSheet.Select」で活性化しています。

次の「matrix_row」と「matrix_col」の2重のForループでは、シート「matrix」の分析結果を出力する20行7列のすべてのセルを「0」に初期化しています。以下の処理では該当する文献が見つかる度に、該当するセルに入力されているデータを

1ずつインクリメントしていきます。

「集計」のマクロプログラム (6-40)

```
Sub Make_Matrix( )
'
' ANALYSIS of Problem vs. Means to solve the problem Matrix
'
'    2016.4.24  ver. 1 rev. 01 created by Hirotsugu Kojima

    Dim xSheet       As Worksheet
    Dim list_row     As Long
    Dim list_col     As Integer
    Dim matrix_row   As Integer
    Dim matrix_col   As Integer

    Set xSheet = Worksheets("Matrix")
'
    xSheet.Select
    For matrix_row = 3 To 22
      For matrix_col = 3 To 9
        Cells(matrix_row, matrix_col) = 0
      Next matrix_col
    Next matrix_row
    For list_row = 4 To 34563
      For matrix_row = 3 To 22
        For matrix_col = 3 To 9
          list_col = 46 + (matrix_col - 3) * 20 + (matrix_row - 2)
          If Worksheets("list").Cells(list_row, list_col) = 1 Then
            Cells(matrix_row, matrix_col) = Cells(matrix_row, matrix_col) + 1
          End If
        Next matrix_col
      Next matrix_row
    Next list_row
End Sub
```

● 集計のメイン

　最も外側のForループでは、「list_row」を4〜34563の間で変化させることによって、シート「list」のcsvデータを1行ずつ処理していきます。

　その内側に、「matrix_row」を3〜22の間で変化させるForループと、「matrix_col」を3〜9の間で変化させるForループの二重ループを構成して、シート「matrix」の分析結果を出力する20行7列のセルについて、順次1セルずつ指定して、処理をしています。

　「list_col = 46 +(matrix_col - 3)* 20 +(matrix_row - 2)」では、「matrix_row」と「matrix_col」に対応する、シート「list」の分析結果を表す列の番号を算出しています。シート「matrix」の3行目(matrix_row=3)には、課題Y1と各解決手

段X1〜X7のANDを満たす文献数を集計したいので、シート「list」の分析結果で
先頭のAU列が47列目なので、「matrix_col」を3〜9の間で変化させたときに
「list_col」は47から47+20×6＝167まで20刻みで変化します。以下はシー
ト「matrix」の4行目〜22行目（matrix_row=4〜22）も同様です。

　次のIf文で、シート「list」の分析結果が「1」かどうかを判定しています。
「Worksheets("list").Cells(list_row, list_col)」の部分がシート「list」の分析結果
で、それが「1」なら、次の「Cells(matrix_row, matrix_col) ＝ Cells(matrix_row,
matrix_col) ＋ 1」で、その時のマトリックスのセルの値を1だけインクリメントし
ます。

　ループが3重になっていて、ちょっとネストが深い感じもしますが、実行してい
る処理は単純なので、簡単に理解していただけると思います。

● 実行スピードは遅い！

　上で説明した分析のマクロの実行には約70分かかりましたが、集計のマクロの
実行は2-3分で済みました。合計1時間以上かかってしまうのでいくら何でも長す
ぎですが、目的としていた図6-39の集計結果をめでたく出力することができまし
た。

　実行速度を上げる方法はいろいろあると思いますし、プログラミングの能力に応
じて実行速度の速いプログラムに書き換えていただくのはよいことだと思います。
しかし、くどいようですが、関数やマクロは手段に過ぎませんから、最終的な分析結
果を、最も早く最も確実に得るためのアプローチを採ることをお勧めします。

　一方、マクロを使うメリットは、試行錯誤が容易だということ、もっと複雑な分析
に変更するのが容易だということ、などです。関数を使っていると、たとえば解決手
段をもう少し細かく分析しようとしたときに、列の挿入が発生してしまい、今まで
に入力したセルの参照関係が崩れてしまいかねません。また、複雑な分析に発展さ
せようとしても、どんな関数を使えばよいのか、簡単には思いつかないことも少な
くありません。これに対してマクロであれば、ソフトウェアの改変ですから、比較的
容易なのです。

● 時系列分析へ発展させてみる

　図6-37のマクロプログラムを改良して、図6-36の集計結果の表を、出願年で10年刻みの時系列で出力するマクロプログラムに改良してみました。シート「list」のマトリックス分析結果（図6-35）は同じものを使います。

　シート「matrix」の33行目～52行目に出願年が1971年～1980年の出願件数を集計し、以下30行刻みで出願年10年ごとの集計テーブルを、下のように作ります。図6-42の集計結果を先に見ていただければ、一目瞭然です。

33行目～52行目：出願年＝1971年～1980年
63行目～82行目：出願年＝1981年～1990年
93行目～112行目：出願年＝1991年～2000年
123行目～142行目：出願年＝2000年～2010年

　それぞれの集計テーブルの形は同じで、出願年で刻まない集計テーブル3行目～22行目の部分を、そのまま10年ごとの集計テーブルの予定地にコピーしておきます。出願件数は、これからご紹介するマクロで10年刻みの集計値に置き換えますが、項目名と枠はそのまま使います。項目名と枠も、マクロが出力するように作った方が、プログラムとしての完成度は当然高くなりますが、そこに労力をかける意味はあまりないので、省略しました。

　図6-41は、出願年を10年刻みで集計するマクロプログラムです。

　冒頭の変数定義から、「Set xSheet = Worksheets("matrix")」で、「matrix」というシート名を変数「xSheet」に代入し、次の「xSheet.Select」で活性化するまでの部分は、図6-41に示した、出願年で刻まない集計のためのマクロプログラムと同じです。

　まずは、集計テーブルの初期化です。集計集計テーブルそのものを配列変数代わりに使うという考え方は同じなので、4個の集計テーブルすべてを初期化します。

　次は、いよいよ出願年ごとの集計です。

　最も外側のForループでは、「list_row」を4～34563の間で変化させることによって、シート「list」のcsvデータを1行ずつ処理していきます。

　その内側に、「matrix_row」を3～22の間で変化させるForループと、「matrix_col」を3～9の間で変化させるForループの二重ループを構成して、シート「matrix」の分析結果を出力する20行7列のセルについて、順次1セルずつ指定し

出願年を10年刻みに改良した「集計」のマクロプログラム（6-41）

```
Sub Make_Matrix_10year_period( )
'
' ANALYSIS of Problem vs. Means to solve the problem Matrix
'       10-year term period
'
'   2016.5.4  ver. 1 rev. 01 created by Hirotsugu Kojima
'
    Dim xSheet       As Worksheet
    Dim list_row     As Long
    Dim list_col     As Integer
    Dim matrix_row   As Integer
    Dim matrix_col   As Integer
'
    Set xSheet = Worksheets("matrix")

    xSheet.Select
    For matrix_row = 33 To 52
      For matrix_col = 3 To 9
        Cells(matrix_row, matrix_col) = 0
      Next matrix_col
    Next matrix_row
    For matrix_row = 63 To 82
      For matrix_col = 3 To 9
        Cells(matrix_row, matrix_col) = 0
      Next matrix_col
    Next matrix_row
    For matrix_row = 93 To 112
      For matrix_col = 3 To 9
        Cells(matrix_row, matrix_col) = 0
      Next matrix_col
    Next matrix_row
    For matrix_row = 123 To 142
      For matrix_col = 3 To 9
        Cells(matrix_row, matrix_col) = 0
      Next matrix_col
    Next matrix_row
'
    For list_row = 4 To 34563
     For matrix_row = 3 To 22
      For matrix_col = 3 To 9
       list_col = 46 + (matrix_col - 3) * 20 + (matrix_row - 2)
       If Worksheets("list").Cells(list_row, list_col) = 1 Then
        Select Case Year(Worksheets("list").Cells(list_row, "C"))
        Case 1971 To 1980
         Cells(matrix_row + 30, matrix_col) = Cells(matrix_row + 30, matrix_col) + 1
        Case 1981 To 1990
         Cells(matrix_row + 60, matrix_col) = Cells(matrix_row + 60, matrix_col) + 1
        Case 1991 To 2000
           Cells(matrix_row + 90, matrix_col) = Cells(matrix_row + 90, matrix_col) + 1
        Case 2001 To 2010
         Cells(matrix_row + 120, matrix_col) = Cells(matrix_row + 120, matrix_col) + 1
        End Select
       End If
      Next matrix_col
     Next matrix_row
    Next list_row
'
End Sub
```

て、処理をしています。

If文で、シート「list」の分析結果「Worksheets("list").Cells(list_row, list_col)」が「1」かどうかを判定しています。

ここまでは、出願年を問わないで集計した図6-40のマクロと同じです。

分析結果が「1」だった場合に、「Year(Worksheets("list").Cells(list_row, "C"))」で出願年を取得しています。シート「list」のC列は出願日なので、YEAR関数を使って「年」を取り出しています。

● 10年刻みに振り分け

取得した出願年をCase文で10年刻みに振り分けて、出願年の条件に合う集計テーブルを更新します。Case文の構成は以下で、Case Elseは使っていません。

```
Select Case X
Case A to B
A ≦ X ≦ Bの条件が満たされたときの実行文
Case C to D
C ≦ X ≦ Dの条件が満たされたときの実行文
Case Else
以上の条件が満たされなかったときの実行文
End Select
```

● 集計結果

図6-42が集計結果です。一番上の1つは出願年を問わない、図6-39の集計結果で、その下に10年刻みで4つ並んでいます。

1970年代は、出願件数がとても少なく、テーブルで表現するほどでもないのかもしれませんが、「切り換え・共用」と「高速化」が原点だったことがわかります。また、このテーマコードには現れては来ない、液晶の物質自体や、液晶パネルの構造についての研究開発が、まだまだ中心だったのかもしれません。

それ以降の1980年代、1990年代、2000年代になると、10年刻みにしても十分統計に耐えられるだけの数の文献数があり、見る人が見れば、何らかの技術潮流が見つかるのではないでしょうか。グラフなどを使った見える化はしていませんが、このデータをうまく「見える化」すれば、何かが見えてくることでしょう。

出願年を10年刻みに改良した「集計」の結果（6-42）

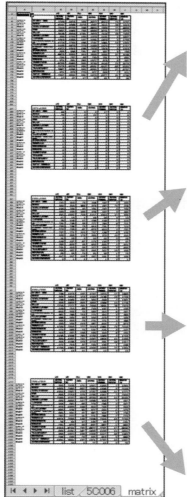

1971～1980

	AC 表示器駆動信号	AF 処理内容	BA 液晶	BB 表示器	BC 表示駆動回路	BD 表示器駆動源	BF 機能素子
FA01-FA08 切り換え・共用	13	1	0	9	12	0	8
FA11-FA15 高速化	26	2	6	15	4	1	3
FA16 タイミング合わせ	0	0	0	0	0	0	0
FA18-FA20 補償	0	0	0	0	0	0	0
FA21-FA27 均一化	0	0	0	0	0	0	0
FA29 偽輪郭への対応	0	0	0	0	0	0	0
FA31-FA32 ノイズ低減	0	0	0	0	0	0	0
FA33-FA34 表示器劣化の防止対策	0	0	0	0	0	0	0
FA36 リークへの対応	0	0	0	0	0	0	0
FA37 配線抵抗・容量への対応	0	0	0	0	0	0	0
FA38 直流成分除去	0	0	0	0	0	0	0
FA41-FA44 規模適小化	1	0	0	1	1	0	0
FA45 電圧源低減	0	0	0	0	0	0	0
FA46 電圧低減	0	0	0	0	0	0	0
FA47-FA48 消費電力低減	0	0	0	0	0	0	0
FA51-FA52 コスト低減	0	0	0	0	0	0	0
FA54 コントラスト向上	0	0	0	0	0	0	0
FA55 残像内低減	0	0	0	0	0	0	0
FA56 多色化・多階調化	0	0	0	0	0	0	0
FA59 表示面の反射防止	0	0	0	0	0	0	0

1981～1990

	AC 表示器駆動信号	AF 処理内容	BA 液晶	BB 表示器	BC 表示駆動回路	BD 表示器駆動源	BF 機能素子
FA01-FA08 切り換え・共用	257	519	70	443	452	5	506
FA11-FA15 高速化	594	645	330	670	597	24	573
FA16 タイミング合わせ	190	286	62	261	252	9	265
FA18-FA20 補償	405	480	135	473	442	6	435
FA21-FA27 均一化	957	1057	248	1112	1015	17	906
FA29 偽輪郭への対応	12	15	1	13	13	0	15
FA31-FA32 ノイズ低減	73	113	12	109	111	1	119
FA33-FA34 表示器劣化の防止対策	251	253	96	272	234	3	211
FA36 リークへの対応	269	263	76	318	281	2	216
FA37 配線抵抗・容量への対応	270	299	32	329	319	5	267
FA38 直流成分除去	252	221	114	242	193	3	169
FA41-FA44 規模適小化	469	669	120	680	678	19	655
FA45 電圧源低減	41	40	8	45	44	0	46
FA46 電圧低減	113	102	37	126	105	2	97
FA47-FA48 消費電力低減	236	350	59	340	354	4	354
FA51-FA52 コスト低減	291	419	88	422	404	9	395
FA54 コントラスト向上	560	587	297	653	542	19	480
FA55 残像内低減	80	95	24	94	80	1	95
FA56 多色化・多階調化	412	542	149	552	491	9	458
FA59 表示面の反射防止	0	1	0	1	1	0	1

1991～2000

	AC 表示器駆動信号	AF 処理内容	BA 液晶	BB 表示器	BC 表示駆動回路	BD 表示器駆動源	BF 機能素子
FA01-FA08 切り換え・共用	753	1420	182	1247	1024	12	1336
FA11-FA15 高速化	988	1345	476	1413	1183	19	1266
FA16 タイミング合わせ	703	1139	182	984	913	7	1062
FA18-FA20 補償	908	1366	350	1300	1033	14	1273
FA21-FA27 均一化	2256	2772	551	2913	2391	23	2528
FA29 偽輪郭への対応	155	214	39	240	162	1	190
FA31-FA32 ノイズ低減	348	559	74	560	514	3	597
FA33-FA34 表示器劣化の防止対策	632	733	210	774	614	8	636
FA36 リークへの対応	433	469	80	540	476	4	406
FA37 配線抵抗・容量への対応	494	640	78	771	721	4	633
FA38 直流成分除去	409	405	116	432	344	1	325
FA41-FA44 規模適小化	1285	2040	277	2116	1931	25	2145
FA45 電圧源低減	124	139	24	141	141	0	147
FA46 電圧低減	410	402	113	469	419	3	404
FA47-FA48 消費電力低減	1153	1643	235	1789	1438	5	1746
FA51-FA52 コスト低減	994	1487	242	1557	1340	14	1489
FA54 コントラスト向上	949	1183	429	1278	991	13	1017
FA55 残像内低減	177	210	97	254	190	1	163
FA56 多色化・多階調化	1298	1835	546	1856	1569	22	1695
FA59 表示面の反射防止	6	16	11	14	14	0	16

2001～2010

	AC 表示器駆動信号	AF 処理内容	BA 液晶	BB 表示器	BC 表示駆動回路	BD 表示器駆動源	BF 機能素子
FA01-FA08 切り換え・共用	950	2423	171	1812	1585	7	1994
FA11-FA15 高速化	1356	2438	307	2135	1953	6	2146
FA16 タイミング合わせ	1044	2007	175	1792	1563	11	1722
FA18-FA20 補償	889	2219	178	1789	1547	7	2040
FA21-FA27 均一化	2488	4252	310	3785	3165	14	3469
FA29 偽輪郭への対応	590	900	117	1063	849	2	987
FA31-FA32 ノイズ低減	449	902	36	779	793	5	857
FA33-FA34 表示器劣化の防止対策	679	1009	113	915	746	5	848
FA36 リークへの対応	360	473	34	522	494	3	426
FA37 配線抵抗・容量への対応	601	841	57	937	846	0	773
FA38 直流成分除去	267	272	41	271	233	2	226
FA41-FA44 規模適小化	1375	2889	159	2553	2540	16	2790
FA45 電圧源低減	73	95	17	100	96	1	101
FA46 電圧低減	231	323	65	362	332	1	335
FA47-FA48 消費電力低減	1919	3744	282	3377	2762	12	3353
FA51-FA52 コスト低減	690	1401	132	1356	1185	14	1344
FA54 コントラスト向上	689	1872	186	1548	1117	13	1439
FA55 残像内低減	243	458	75	404	310	0	333
FA56 多色化・多階調化	1051	2394	167	1871	1702	18	1852
FA59 表示面の反射防止	4	26	4	22	14	0	23

6

検索事例Ⅱ　特許文献情報を統計として活用するための検索／分析

● マクロを使えば、いろいろな方向への発展が容易

　出願年を問わないで集計した図6-40のマクロプログラムの枠組みをほとんど変えずに、時間軸の分析へ発展させることができているところに着目してください。このように、応用が容易な点が、マクロを使ったメリットの一つだと思います。分析項目を変えるにはどうしたらよいかなどは、技術者・研究者の方にとっては、簡単な応用問題でしょう。出願人別の分析となると、もう少し難問になると思いますが、ぜひ、挑戦してみてください。

COLUMN　Excelの関数やマクロの機能を利用

　分析にはマイクロソフトの (MS-) Excelを使いました。csv形式の特許文献データを読み込むことができて、関数やマクロなどの分析ツールと、グラフなどの見える化のためのツールが揃っていますから便利です。技術者・研究者にとっては、使い慣れたツールだと思います。

　ご存知とは思いますが「マクロ」というのは、正確には、マイクロソフト社からOfficeの中で提供されている、Visual Basic for Application (VBA) です。Excelの中で (正確にはExcelと一緒に) 使うことが多いですが、MS-Wordの中ででも使うことができます。

　本書は、一見、「マクロ」を使い慣れた方々を対象に書いてあるように見えるかもしれませんが、実は、未経験の方々にこそ試してみていただきたいと思っています。ここでご紹介する事例は、とても単純なプログラムですが、分析対象は直接明日の仕事で役に立つ内容なので、「マクロ」を習得するための第一歩に適したレベルにあるからです。技術者・研究者の方々なら共感されると思いますが、大量のデータに対して数十枚も同じような表やグラフを作らなければならないような機会は、よく発生します。その大量のデータが、様々に条件を変えながら行った実験で得られた場合などです。このようなデータの整理には、「マクロ」はとても便利なのですが、いざそのような実験を行ったときには、未経験の「マクロ」を使ってみるという冒険など、とてもできないのが実情でしょう。特許分析のように、たとえ失敗しても実務への影響が小さい機会に、簡単な分析事例を経験しておくと、「マクロ」に対するハードルを下げることができて、実験データのような実戦に使っても失敗するリスクは低く抑えることができます。

索引

おわりに

いかがでしたでしょうか？

「特許調査を自分でやってみよう」という気分になってもらえましたか？ 特許検索では、費やした時間と労力に応じた検索結果が得られそうな、光明が見えたでしょうか？ Fタームを使った分析では、自分でやってみたいいろいろなアイデアが浮かんではいませんか？

特許調査、特許検索、特許分析へのハードルが少しでも下がって、自分で手を動かしてみようという気分になってもらえたのなら、私にとっては大成功です。

検索手法というのは、一度身につけてしまうと、意識することなく自然に使いこなすことができますから、まさに、自転車の乗り方のようなものです。

自由に乗りこなして、特許文献という宝の山の中を、縦横無尽に動き回ってもらえたら嬉しいです。さらにそこで満足するのではなく、一大発明をして、大儲けをしてください。

みなさんの一大発明のお役に立てれば、この本の目的は達成です。

本書では紹介しきれなかった、事例研究やpythonのプログラミングによる特許情報分析を、ライブラリサイト（https://lib.aq-patent.com）で公開しています。ご参考になれば幸いです。

本書を出版するにあたり、お世話になった皆さまにこの場を借りて御礼を申し上げます。早川研精さんをはじめとする株式会社日立技術情報サービスの皆さまには、私に特許調査の手法を基礎から教えていただき、桐原俊夫さん、熊切謙次さんをはじめとする株式会社日立製作所の知的財産権本部の皆さまには、私に特許法や特許実務について基礎から教えていただきました。また、本谷孝夫さん、黒丸博昭さん、芝田美香さん、松本博行さん、米村道子さん他、淡路町ゼミのみなさんには、自主ゼミでの議論などを通じて、貴重なアドバイスをいただきました。誠にありがとうございました。

2017年2月＆2022年8月追記　　　　　　　　　　　　　　　弁理士　小島 浩嗣

●著者紹介

小島　浩嗣（こじま　ひろつぐ）

1986年　早稲田大学大学院修士修了（半導体物性の研究）
1986年〜2004年　（株）日立製作所中央研究所〜半導体事業部〜（株）ルネサステクノロジにて、ディジタル信号処理LSIの研究・開発・設計に従事
2004年〜2011年　（株）日立技術情報サービスにて、サーチャとして出願前調査、技術動向調査、無効化調査等に従事
　2009年　弁理士試験合格、2010年　弁理士登録
　2010年　特許検索競技大会　準優勝
2011年10月〜2017年3月　玉村国際特許事務所
2017年4月〜現在　英究特許事務所（代表）
ホームページ：https://www.aq-patent.com
ライブラリ：https://lib.aq-patent.com

●イラスト

南條好美

●図表制作

加賀谷育子

技術者・研究者のための
特許検索データベース活用術
［第2版］

発行日	2022年　9月20日	第1版第1刷

著　者　　小島　浩嗣

発行者　　斉藤　和邦
発行所　　株式会社　秀和システム
　　　　　〒135-0016
　　　　　東京都江東区東陽2-4-2　新宮ビル2F
　　　　　Tel 03-6264-3105（販売）Fax 03-6264-3094
印刷所　　三松堂印刷株式会社　　　　　Printed in Japan

ISBN978-4-7980-6748-3 C2034